Martin Pollakowski

Grundkurs Socketprogrammierung mit C unter Linux

Leserstimmen

„/.../ didaktisch ganz hervorragend! Besser kann man ein Lehrbuch nicht machen.“
Prof. Dr. Günter Klein, FH-Furtwangen

„Die Programmierung einer einfachen Client-Server-Struktur ergibt einen gut verständlichen, roten Faden'.“
Prof. Dr. Burkhard Kampschulte, FH Giessen-Friedberg

„Sehr praxisorientiert, nachvollziehbare Beispiele und Übungsaufgaben mit Lösungshinweisen.“
Prof. Dr. Alfred Rozek, TFH Berlin

„Gute und praktische Beispiele, die sich schnell umsetzen lassen.“
Prof. Dr. Burkhard Wrenger, FH Lippe/Höxter

„Dieses Buch werde ich meinen Studenten empfehlen, weil es gute Programmbeispiele enthält.“
Prof. Dr. Achim Gottscheber, FH Heidelberg

„Sehr gut für ein Grundgerüst zur Programmierung von Client/Server-Programmen. Guter Aufbau, klarer und verständlicher Stil.“
Prof. Dr. Hans-Peter Weber, FH Darmstadt

Martin Pollakowski

Grundkurs Socketprogrammierung mit C unter Linux

Das Einsteigerbuch

2., aktualisierte Auflage

Mit 36 Abbildungen

STUDIUM

VIEWEG+
TEUBNER

Bibliografische Information der Deutschen Nationalbibliothek
Die Deutsche Nationalbibliothek verzeichnet diese Publikation in der Deutschen Nationalbibliografie; detaillierte bibliografische Daten sind im Internet über <http://dnb.d-nb.de> abrufbar.

Das in diesem Werk enthaltene Programm-Material ist mit keiner Verpflichtung oder Garantie irgendeiner Art verbunden. Der Autor übernimmt infolgedessen keine Verantwortung und wird keine daraus folgende oder sonstige Haftung übernehmen, die auf irgendeine Art aus der Benutzung dieses Programm-Materials oder Teilen davon entsteht.

Höchste inhaltliche und technische Qualität unserer Produkte ist unser Ziel. Bei der Produktion und Auslieferung unserer Bücher wollen wir die Umwelt schonen: Dieses Buch ist auf säurefreiem und chlorfrei gebleichtem Papier gedruckt. Die Einschweißfolie besteht aus Polyäthylen und damit aus organischen Grundstoffen, die weder bei der Herstellung noch bei der Verbrennung Schadstoffe freisetzen.

1. Auflage 2004
2., aktualisierte Auflage 2009

Lektorat: Sybille Thelen | Andrea Broßler

Vieweg+Teubner ist Teil der Fachverlagsgruppe Springer Science+Business Media.
www.viewegteubner.de

Umschlaggestaltung: KünkelLopka Medienentwicklung, Heidelberg
Druck und buchbinderische Verarbeitung: MercedesDruck, Berlin
Gedruckt auf säurefreiem und chlorfrei gebleichtem Papier.

ISBN 978-3-8348-0378-8

Vorwort zur 2. Auflage

Das Thema „Socketprogrammierung" ist ein Dauerbrenner. Das belegen die vielen Leserzuschriften, der rasche Abverkauf der ersten Auflage und die zahlreichen Neuerscheinungen auf dem Büchermarkt.

Sie halten nun die zweite, gründlich überarbeitete Auflage des Grundkurses „Socketprogrammierung mit C unter Linux" in den Händen. Das didaktische Konzept hat sich bewährt und wurde beibehalten: In kleinen Schritten mit ausführlichen Erläuterungen zum selbst geschriebenen Client und Server.

Neu ist insbesondere die Verwendung von Funktionen, die auch das Internet Protokoll der Version 6 (IPv6) akzeptieren. Ihre Programme sind somit ab sofort „IPv6 ready". Neben weiteren kleineren Optimierungen wurde außerdem der Dateitransfer des Beispielserver durch Einsatz effizienter Systemfunktionen verbessert.

Die kommentierte Bibliographie hat großen Anklang gefunden. Sie wurde wieder auf den neuesten Stand gebracht und um die zwischenzeitlich erschienenen Titel ergänzt. Das Gleiche gilt für die Funktionsreferenz. Hier wurden die neuen Funktionen aufgenommen, die für die Verarbeitung der IPv6-Adressen benötigt werden.

Der Online-Service zum Buch ist auf den Server des Vieweg+Teubner-Verlages umgezogen (www.viewegteubner.de). Dort können Sie den Quellcode zum Buch herunterladen und finden ggf. Aktualisierungen, die nach Drucklegung dieses Werkes angebracht erscheinen.

Viel Erfolg beim Einstieg in die Welt der Client/Server-Programmierung und der Sockets !

Für Kritik und Anregungen bin ich jederzeit sehr dankbar !

Gelsenkirchen, im März 2009

Martin Pollakowski

Kontakt:

E-Mail: `martin.pollakowski@fh-gelsenkirchen.de`

Online-Service zum Buch:

`http://www.viewegteubner.de`

Vorwort zur 1. Auflage

Die Zahl der Nutzer des Internet wächst mit atemberaubender Geschwindigkeit. Immer mehr Menschen, aber auch immer mehr Maschinen erhalten Zugang zum „Netz der Netze". Den Entwicklern von Web-Anwendungen eröffnet sich somit ein weites Betätigungsfeld und Raum für nützliche Innovationen.

Die gesamte Kommunikation des Internet basiert auf einfachen und standardisierten Protokollen. Die zugehörigen Client- und Server-Programme kann man daher problemlos selbst programmieren. Die benötigten Programmierhilfsmittel sind zudem frei verfügbar und weit verbreitet.

Client/Server-Programmierung mit Sockets (Socketprogrammierung) verspricht vielfältigen Nutzen. Dem Lernenden ermöglicht sie einen „Blick hinter die Kulissen" und führt zu einem tieferen Verständnis von „Browsern" und „Servern", und von Kommunikationsnetzen insgesamt. Dem Anwender ermöglicht sie die Entwicklung von maßgeschneiderten Programmen, den vollen Zugriff auf den Quellcode und damit die optimale Nutzung der verfügbaren Ressourcen.

Dieses Buch entstand aus einer Vorlesung über „Kommunikationsnetze" für Studierende der Elektrotechnik an der Fachhochschule Gelsenkirchen. Es ist ein Lehrbuch für Schüler, IT-Berufsanfänger und Studierende. Es wendet sich an Ingenieure und Praktiker, die daran interessiert sind, eigene Web-Clients und Server zu entwickeln, und die dies an einem konkreten Beispiel erlernen wollen. Programmierern der Informations- und Automatisierungstechnik bietet es einen zielorientierten Einstieg in die Thematik. Lernende und Lehrende in der Aus- und Weiterbildung werden von den verfügbaren Lehrmaterialien zusätzlich profitieren.

Dieses Buch ist kein Programmierhandbuch, das alle Details der benutzten Sprache erschöpfend behandelt. Auf entsprechende Literatur, die in Fülle verfügbar ist, wird an geeigneter Stelle für weitergehende Studien verwiesen. Dieses Buch ist ein Lehrbuch, das gezielt ausgewähltes Fachwissen in übersichtlichen Lehreinheiten vermittelt. In kleinen und lückenlosen Schritten werden Web-Clients und Web-Server entwickelt. Der Leser lernt alle wesentlichen Zusammenhänge kennen und erhält so ein Grundgerüst für eigene Projekte.

Das Buch gehört zu einer Vorlesung, die im 4. Semester eingeplant ist, und setzt grundlegende Informatikkenntnisse voraus. Für das Programmieren der Anwendungsbeispiele sind Kenntnisse der Programmiersprache C oder einer anderen höheren Programmiersprache erforderlich. Die konkret benötigten C-Konstrukte und Funktionen werden jedoch an geeigneter Stelle repetiert. Für das Verständnis der Zusammenhänge sind Erfahrungen mit dem Internet hilfreich.

Die verwendeten Softwarepakete (Editoren, C-Compiler) sind sowohl für Linux als auch für Windows verfügbar. Socket-Programmierung ist unter beiden Betriebssystemen möglich. Die hier entwickelten Beispielprogramme sind unverändert jedoch nur unter Linux lauffähig, für Windows müssen kleinere Modifikationen, insbesondere in den verwendeten Bibliotheken vorgenommen werden. Die prinzipielle Programmstruktur bleibt aber erhalten. Linux hat im Lehrbetrieb und Praxiseinsatz einige Vorzüge. Mit Linux lassen sich ganze PC-Pools kostengünstig ausstatten.

Der Stoff wird im stetigen Wechsel von Theorie und Übung erarbeitet. Nach jedem Theoriekapitel kann das neue Wissen in einer Übung ausprobiert und verfestigt werden. Die Vorlesungsunterlagen (Präsentationsfolien, Übungszettel, Hilfsblätter und Musterlösungen) können von einem Web-Server heruntergeladen werden. Die gesamte benötigte Software ist als Open-Source im Internet verfügbar und kann kostenlos an die Studierenden verteilt werden.

Das Buch besteht aus zwei Teilen: in den Kapiteln 1 - 4 erfolgt eine Einführung in die Prinzipien der Internetkommunikation und die Entwicklung der Web-Clients (Browser). In den Kapiteln 5 – 8 erfolgt eine Vertiefung der Thematik durch die Programmierung der Web-Server.

Zu Beginn des Buches werden die Prinzipien der Internet-Kommunikation erläutert und die für die Socket-Programmierung wichtigen Protokolle vorgestellt. Das erste Kapitel dient somit der Begriffsklärung und Motivation.

Im zweiten Kapitel erfolgt eine Einführung in die C-Programmierung unter Linux. Die wichtigsten Hilfsmittel und Linux-Kommandos werden zusammengestellt und erste Beispielprogramme entwickelt.

Kapitel 3 stellt das erste Web-Client-Programm vor und führt in die Verwendung von Sockets ein. Dieses Programm kann schon zu beliebigen Internet-Adressen und Port-Nummern Verbindungen herstellen.

Danach wird dieser Client zu einem Web-Browser erweitert, der tatsächlich Daten von einem Web-Server anfordern kann. Das vierte Kapitel zeigt, wie Browser und Web-Server mit Hilfe des HTTP-Protokolls kommunizieren.

Es folgt in Kapitel 5 ein Einstieg in die Server-Programmierung. Insbesondere wird das Starten und Verwalten von Prozessen unter Linux erörtert.

Kapitel 6 widmet sich der Datenübertragung vom Web-Server zum Browser. Der selbst geschriebene Server stellt nun eine Web-Seite im HTML-Format bereit, die jeder handelsübliche Browser darstellen kann.

Web-Server verwalten in der Praxis mehr als eine Web-Seite. Daher wird im 7. Kapitel gezeigt, wie die Wünsche der Browser mit Hilfe eines Parsers analysiert und in ihre Bestandteile zerlegt werden können.

Mit Kapitel 8 wird der Web-Server vervollständigt. Er kann danach Statusmeldungen abgeben und beliebige Dateien an einen Browser senden.

Als Ergänzung finden sich im Anhang Zusammenstellungen von Linux- und HTML-Befehlen sowie eine Sammlung von C-Funktionen. Diese haben sich in den Übungsstunden als sehr nützlich erwiesen.

Eine kommentierte Bibliographie gibt einen Überblick über die weiterführende Literatur. Die wichtigsten Bücher zum Thema werden inhaltlich beschrieben und bewertet.

Abschließend noch ein herzliches Dankeschön an Herrn Peter Mroczek für die tatkräftige Unterstützung bei der Durchführung der Lehrveranstaltung Kommunikationsnetze.

Diesem Buch wünsche ich eine freundliche Aufnahme und den Lesern viel Erfolg beim Einstieg in die Welt der Client/Server-Programmierung.

Für Kritik und Anregungen bin ich jederzeit sehr dankbar !

Gelsenkirchen, im Februar 2004

Martin Pollakowski

Inhaltsverzeichnis

1 Kommunikation im World-Wide-Web

Dieses Kapitel dient der Motivation und der Begriffsklärung. Ausgehend von einigen aktuellen Beispielen wird erläutert, dass im World-Wide-Web in Kommunikationssystemen meist eine Client-Server-Architektur eingesetzt wird. Es folgt eine Vorstellung des Vermittlungsprotokolls IP (Internet Protocol), des Transportprotokolls TCP (Transmission Control Protocol), des Dienstprotokolls HTTP (Hypertext Transfer Protocol) und der Seitenbeschreibungssprache HTML (Hypertext Markup Language). Diese vier Internet-Standards bilden die Basis des World-Wide-Web und sind für das Verständnis von Kommunikationsprogrammen von grundlegender Bedeutung.

1.1 Client und Server

Sie haben dieses Buch aufgeschlagen, weil Sie lernen wollen, Programme zu schreiben, die über das World-Wide-Web (WWW) kommunizieren können. Das können Programme sein, die sich von einem entfernten Rechner Daten abholen, oder Programme, die für andere Nutzer des WWW Daten bereitstellen. Im ersten Falle würde man Ihr Programm als „Client" bezeichnen, im zweiten Falle als „Server" (Bild 1.1).

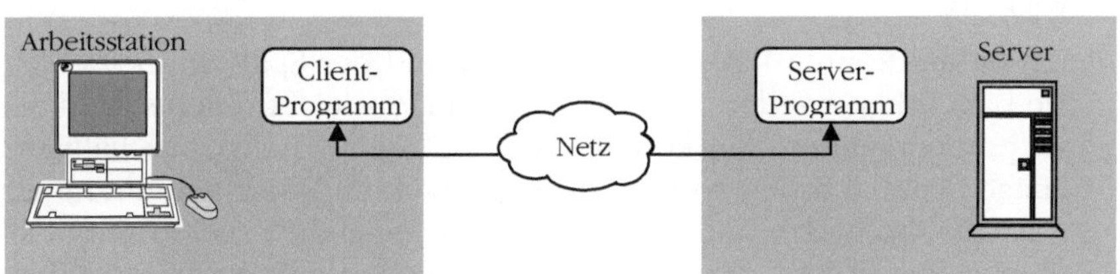

Bild 1.1: Client und Server im WWW

Diese Konfiguration kennen Sie schon von Ihren „Surf-Ausflügen" im WWW. Wenn Sie im Internet surfen wollen, dann starten Sie zuerst auf Ihrem Rechner (der Arbeitsstation in Bild 1.1) einen Browser (beispielsweise den Opera-Browser, den Netscape Navigator oder den Internet-Explorer). Dieser Browser ist das Client-Programm der folgenden Kommunikation über das Internet.

Nehmen wir an, Sie möchten nun die Homepage der Fachhochschule Gelsenkirchen besuchen. Dann muss Ihr Browser über das Internet mit einem Rechner Verbindung aufnehmen, auf dem diese Web-Seite gespeichert ist. Das könnte z.B. der Web-Server der Fachhochschule Gelsenkirchen sein. Dort steht ein Rechner, der 24 Stunden täglich in Betrieb ist und nur die Aufgabe hat, allen Nutzern des Internet weltweit die Informationsseiten der Fachhochschule Gelsenkirchen anzubieten. Ihr Browser sendet daher eine Nachricht an diesen Web-Server. Die Nachricht lautet in etwa: „Bitte sende mir die Web-Seite xyz". Der Server reagiert darauf, indem er ein Datenpaket (oder mehrere Datenpakete) an Ihren Browser sendet, in der alle Informationen der Web-Seite enthalten sind. Danach ist die Kommunikation beendet und Sie können sich die erhaltene Web-Seite auf Ihrer Arbeitsstation anschauen. Wollen Sie weitere Web-Seiten sehen, dann beginnt eine neue Kommunikation nach dem gerade beschriebenen Schema.

Der Web-Server-Computer der Fachhochschule Gelsenkirchen ist mit einem Web-Server-Programm ausgestattet (Bild 1.1, rechts). Dies ist eine spezielle Software, die dafür ausgelegt ist, in kürzester Zeit an eine Vielzahl von Internetnutzern Web-Seiten zu verschicken. Ein sehr bekanntes und lizenzfrei einsetzbares Web-Server-Programm ist der weit verbreitete Apache-Web-Server (www.apache.org), der mit jeder Linux-Distribution ausgeliefert wird. Es gibt aber noch eine Vielzahl weiterer Web-Server-Programme für die unterschiedlichsten Leistungsanforderungen und Einsatzgebiete.

Wie das gerade geschilderte Beispiel zeigt, benötigt der Nutzer des WWW also ein Client-Programm, das mit einem Server-Programm auf einem anderen Computer kommunizieren kann. Da es offensichtlich sowohl Client- als auch Server-Programme in Hülle und Fülle gibt, ist die Frage berechtigt, warum wir uns im Folgenden die Mühe machen sollen, solche Programme selbst zu entwickeln.

Ein Grund könnte Ihre Neugierde sein und der Spaß am Selbermachen. Wie Sie bald sehen werden, ist es tatsächlich ganz leicht, Clients- und Server selbst zu programmieren. Sie könnten sich mit dem Thema beschäftigen, weil Sie einfach einmal sehen wollen, „was die Welt im Innersten zusammenhält" und was die Software auf Ihrem Rechner eigentlich gerade tut, wenn eine „connecting to xyz" oder „connection stalled" Meldung in der Statuszeile Ihres Browsers erscheint. Oder Sie haben sich vorgenommen, die Kommunikationsmöglichkeiten des WWW für ganz neue Zwecke einzusetzen, beispielsweise zum Datenaustausch zwischen Maschinen.

Im WWW muss nicht unbedingt ein Mensch einen Browser bedienen, um eine Web-Seite zu lesen. Auch ein Computer kann ein Client-Programm einsetzen, um Daten beliebiger Art von einem anderen Computer anzufordern. Beispielsweise könnte eine Überwachungssoftware auf einem speziell dafür aufgestellten Rechner die Leistungsdaten von Solaranlagen an verschiedenen Orten abrufen, diese Daten verarbeiten und auf Funktionsstörungen hin untersuchen (Bild 1.2). Die Solaranlage benötigt dazu nur einen Anschluss an das Internet, was aber bei der rasanten Ausbreitung des Internet kein Problem sein sollte. Und es muss etwas „Intelligenz“ in Form eines Rechners vorhanden sein, der dann die Aufgabe des Web-Servers mit übernehmen kann. Auch dies ist bei modernen Solaranlagen meist gegeben, da die Elektronik für die Einspeisung der Energie in das Stromnetz ebenfalls intelligent sein sollte.

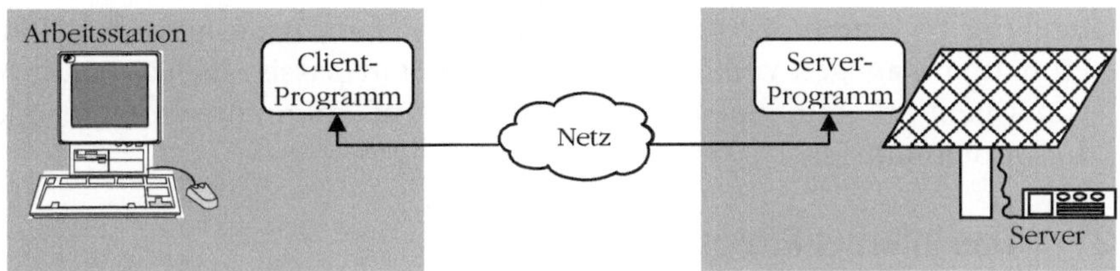

Bild 1.2: Überwachung einer Solaranlage mit Hilfe des WWW

Den Datenaustausch zwischen dem zentralen Überwachungsrechner und der Solaranlage können Sie eventuell auch mit Client- und Server-Software „von der Stange“ realisieren, wahrscheinlicher ist jedoch, dass die optimale Lösung darin besteht, Client- und Server-Programm selbst zu entwickeln.

Wahrscheinlich ist der Server an der Solaranlage kein ausgewachsener PC sondern nur ein Mikrocontroller mit minimalen Leistungswerten (Embedded Controller). Dann können Sie schon mal keinen Apache-Web-Server aufspielen, da dieser viel zu viel Speicher und Rechenleistung fordert. Sie benötigen auch gar nicht den Leistungsumfang von Apache, denn es soll ja nur ein einziger Rechner Daten, abholen und die Reaktionszeit ist auch nicht kritisch.

Auch der Client muss kein Ressourcen fressender Browser sein, Sie wollen ja nicht Dateien in verschiedensten Grafikformaten darstellen oder interaktive Web-Seiten erscheinen lassen. Ihr Browser muss nur die Daten der Solaranlage abholen und nach den von Ihnen festzulegenden Regeln verarbeiten.

Unser Solaranlagen-Überwachungs-System ist nur ein Beispiel für einen aktuellen Trend in der Automatisierungstechnik. Immer häufiger verwenden kleine und kleinste technische Systeme das Internet zur Kommunikation. Man greift dabei oft auf die bewährten Protokolle des WWW zurück. Technische und wirtschaftliche Argumente können dann dafür sprechen, selbst entwickelte Client- und Server-Software für die Abwicklung der Kommunikation einzusetzen. Kleine C-Programme, möglicherweise für eine abgespeckte Linux-Distribution für Kleinstrechner (z.B.: Embedded Linux für Embedded Controller) geschrieben, könnten dann das Mittel der Wahl sein.

Modernere Programmiersprachen, wie z.B. Java, würden Ihnen das Programmiererleben zwar erleichtern, weil diese Sprachen oft mit weniger Befehlszeilen auskommen. Aber gerade im Bereich der Kleinstrechner ist ein Vorteil von C, dass die erzeugten Programme weniger Speicherplatz benötigen und dass der erfahrene Programmierer mehr Einfluss auf die Umsetzung des Programms in Maschinensprache hat.

Zusammenfassend ist zu bemerken, dass wir die gerade geschilderte Unterteilung in Client- und Server-Software in unseren Programmen wiederfinden werden. Ein Client-Programm ist daran zu erkennen, dass es aktiv eine Verbindung zu einem Server herstellt und von dort Daten anfordert. Ein Server-Programm dagegen verhält sich nach dem Start passiv. Es wartet auf Anfragen von Client-Programmen und reagiert nur auf ankommende Aufforderungen zum Datentransfer.

1.2 Das Internet Protokoll (IP)

Client und Server sind im Internet in der Regel nicht direkt miteinander verbunden, sondern die ausgetauschten Daten durchlaufen eine Vielzahl von Netzen (Bild 1.3). Wenn Sie z.B. von zuhause aus den Web-Server der Fachhochschule Gelsenkirchen ansprechen wollen, dann ist Ihr Rechner wahrscheinlich über ein Modem mit dem Netz eines Internet-Providers (T-Online, AOL, usw.) verbunden. Dieses Netz hat eine Verbindung zum Wissenschaftsnetz, das ist ein Netz, das alle Hochschulen in Deutschland verbindet. Das lokale Netz der Fachhochschule Gelsenkirchen, an das der Web-Server angeschlossen ist, hat eine Verbindung zum Wissenschaftsnetz.

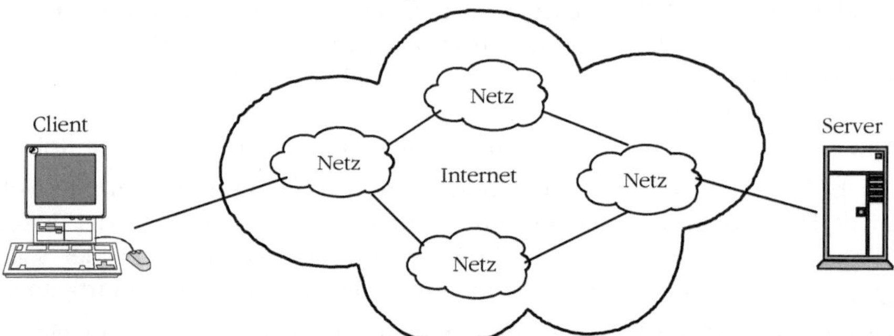

Bild 1.3: Internet – das Netz der Netze

Die Datenpakete müssen also ihren Weg durch dieses Netz aus Netzen finden. Dazu benötigen sie eine eindeutige Zielangabe. Im Internet hat man das dadurch gelöst, dass man jedem Rechner eine eindeutige Nummer gegeben hat. Diese Nummer ist heute meist (siehe unten: IPv4 vs. IPv6) eine 32-Bit Zahl und wird auch als IP-Adresse bezeichnet. IP steht dabei für Internet-Protokoll und bezeichnet den Standard, in dem die Bedeutung der einzelnen Bits dieser 32-Bit Zahlen festgelegt worden ist.

Anhand der IP-Adresse werden die Datenpakete durch das Internet von Netz zu Netz weitergeleitet, bis sie am Ziel angekommen sind. Jedes Datenpaket enthält eine IP-Adresse als Zielangabe und eine IP-Adresse als Absenderangabe. Im Vergleich zum Pakettransport der Post entspricht dies sozusagen dem Adressaufkleber und der Absenderangabe auf einem Paket.

Die Computersysteme des Internet verarbeiten die IP-Adressen in binärer Form, d.h. ein Rechner ist beispielsweise durch die folgende Bitkombination eindeutig adressiert:

```
11000010010111100111111111000101
```

Nun ist diese binäre Zahl zwar optimal für eine Verarbeitung durch eine Maschine, für Menschen ist diese Darstellung eher ungeeignet, da man sich eine so lange Binärzahl kaum merken kann. IP-Adressen werden daher meist als eine Kombination aus 4 Zahlen dargestellt, die durch jeweils einen Punkt getrennt sind. Diese Schreibweise nennt man „dotted decimal“, also eine Dezimalschreibweise mit Punkten. Die Dezimalzahlen erhält man, indem man jeweils 8 Bit der IP-Adresse zusammenfasst und in eine Dezimalzahl umwandelt:

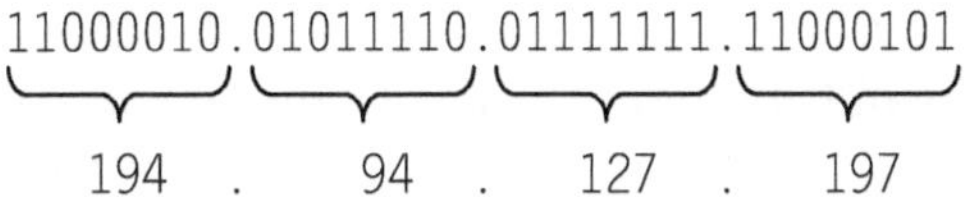

Da man mit 8 Bit nur 256 unterschiedliche Zahlen codieren kann, müssen die Dezimalzahlen im Wertebereich von 0 bis 255 liegen. Zahlen außerhalb dieses Bereiches sind keine gültigen IP-Adressen.

Die Umrechnung vom Dezimalformat in das Binärformat und umgekehrt müssen Sie als Programmierer zum Glück nicht selbst machen. Dafür gibt es fertige C-Funktionen, die wir an geeigneter Stelle kennen lernen werden.

Auch die Dezimalzahlen sind noch keine optimale Darstellung von Rechneradressen, da man aus diesen Zahlen keinen Bezug zu der Aufgabe des damit bezeichneten Computers ableiten kann. Deswegen hat man noch eine dritte Art von Internet-Adressen eingeführt, bei der aussagekräftige, symbolische Namen zum Einsatz kommen:

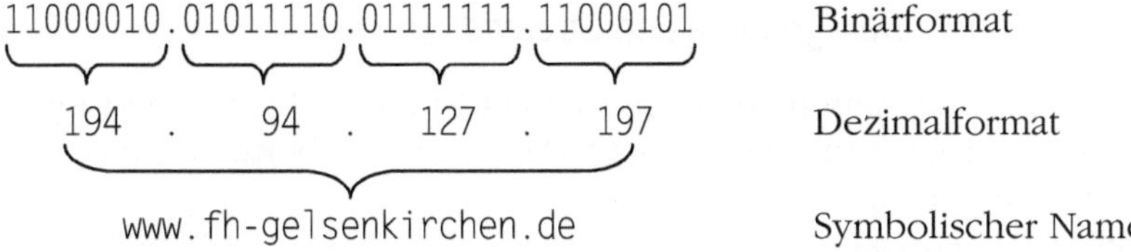

Der symbolische Name des Computers kann nun nicht mehr über eine mathematische Vorschrift hergeleitet werden. Die Zuordnung ist relativ willkürlich. Man hat daher Datenbanken angelegt, in denen alle Zuordnungen von symbolischen Namen und IP-Adressen gespeichert sind. Über einen speziellen

Dienst, den sogenannten „Domain Name Service", kurz DNS, kann jeder Rechner des Internet die IP-Adresse erfahren, die zu einem symbolischen Namen gehört.

Für Sie als Programmierer ist auch dieser Dienst als C-Funktion nutzbar. Allerdings muss Ihr Computer, wenn Sie eine solche C-Funktion starten, eine Verbindung zu einem DNS-Datenbank-Server aufbauen. Von dort erfährt Ihr Programm dann die gesuchte IP-Adresse, die Sie danach in das Binärformat wandeln und für die Datenübertragung verwenden können. Sollte Ihr Rechner keinen Zugang zu einem DNS-Server haben, dann funktioniert auch die Namensauflösung nicht. Diesen Ärger können Sie sich ersparen, wenn Sie in Ihren Programmen nur mit IP-Adressen im Dezimalformat arbeiten.

Abschließend noch ein kurzer Ausblick auf eine neuere Entwicklung im Zusammenhang mit IP-Adressen: Das gerade beschriebene IP-Adressformat wird in der Fachwelt genauer als IPv4, d.h. Version 4 des IP-Standards, bezeichnet. Da inzwischen die IP-Adressen knapp geworden sind, hat man ein neues IP-Adressformat, das IPv6 (IP Version 6) entwickelt. Dieses Adressformat hält langsam (langsamer als von vielen Experten erwartet) Einzug ins Internet. Da die IPv6 Adressen etwas unhandlich sind, werden in diesem Buch nur IPv4 Adressen verwendet. Die hier entwickelten Client- und Serverprogramme sind aber bereits für den Einsatz von IPv6 Adressen vorbereitet. Bei Bedarf müssen Sie nur einige Textkonstanten ändern. Hinweise dazu finden Sie in der Funktionssammlung im Anhang und in der Literaturliste (z.B. [Zahn]).

Erfreulicherweise müssen wir uns als Socket-Programmierer nicht mit den weiteren Details des IP-Protokolls auseinandersetzen. Diese Aufgabe erledigen die bereits vorhandenen C-Funktionen. Unsere Aufgabe besteht nur darin, unseren Programmen mitzuteilen, zwischen welchen IP-Adressen der Datenaustausch stattfinden soll (Client-Adresse und Server-Adresse). Die IP-Adressen können wir direkt im Dezimalformat angeben und mit Hilfe von Bibliotheksfunktionen in das Binärformat wandeln lassen.

1.3 Das Transmission Control Protokoll (TCP)

1.3.1 Datagramme und Streams

Die Größe eines Datenpakets im Internet ist auf einige tausend Byte begrenzt. Wenn ein Programm eine größere Datenmenge übertragen möchte, z.B. den Inhalt einer großen Datei, dann muss diese Datenmenge beim Senden auf mehrere Datenpakete aufgeteilt werden (Bild 1.4). Der Empfänger muss die Datenpakete sammeln und in der richtigen Reihenfolge und ohne Lücken wieder zusammensetzen. Sollte eines der Datenpakete verloren gehen oder beschädigt sein, dann muss dieses Datenpaket noch einmal angefordert werden. Schließlich sollte jedes Paket auf Fehlerfreiheit untersucht werden.

Für diese Routinetätigkeiten gibt es erfreulicherweise eine Standardprozedur, die in dem „Transmission Control Protokoll“ (TCP) festgelegt worden ist. Falls Sie sich als Socket-Programmierer entscheiden, dieses TCP-Verfahren zu nutzen, brauchen Sie sich nicht mehr um die Paketverarbeitung zu kümmern. Sie übergeben einfach alle zu übertragenden Daten an eine C-Funktion, und diese Funktion sorgt mit Hilfe des TCP-Standards für eine gesicherte und zuverlässige Übertragung Ihrer Daten.

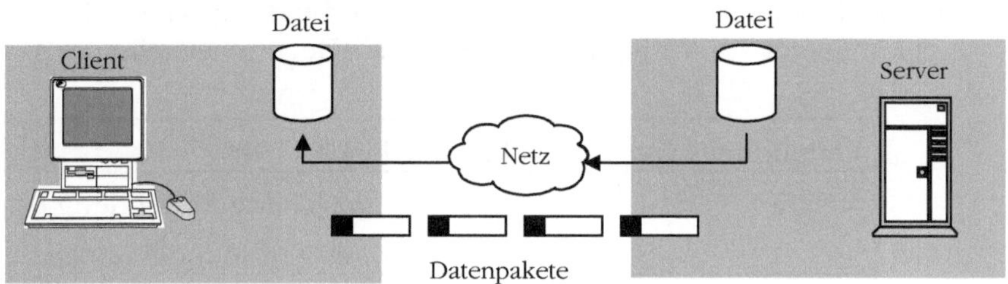

Bild 1.4: Dateiübertragung mit Hilfe von TCP

Für Sie als Programmierer ist eine TCP-Verbindung zu einem anderen Rechner sehr praktisch. Sie können diese Verbindung so nutzen, als würden Sie in eine Datei schreiben. Daher nennt man diese Verbindungsart auch „stream“. Ihre Anwendung erzeugt einen Datenstrom beliebiger Länge, und die C-Funktionen sorgen dafür, dass diese Daten unbeschadet beim Empfänger ankommen. Der Empfänger kann mit diesen Daten ebenfalls so arbeiten, als kämen sie aus einer Datei.

Die Ähnlichkeit zum Dateizugriff geht sogar noch einen Schritt weiter: Sie öffnen zuerst eine TCP-Verbindung, genau so, wie Sie eine Datei vor der Bearbeitung öffnen müssen. Dann lesen oder schreiben Sie die Daten, je nachdem, ob Sie am Client-Ende oder am Server-Ende der Verbindung sitzen. Nach Beendigung des Datentransfers schließen Sie die Verbindung, analog zum Schließen einer Datei.

Im Hintergrund laufen dabei die Verfahren des TCP-Protokolls ab. Beim Öffnen der Verbindung schickt Ihr Rechner sofort eine Anfrage an den Zielrechner, um herauszufinden, ob überhaupt eine Datenkommunikation möglich ist. Sollte diese Anfrage scheitern, dann merken Sie das in Ihrem Programm daran, dass sich die Verbindung nicht öffnen lässt.

Wir werden in diesem Buch ausschließlich mit TCP-Verbindungen arbeiten. Es gibt in der Praxis aber auch (selten) Anwendungsfälle, bei denen das TCP-Verfahren nicht optimal ist. Daher bieten die C-Funktionen auch noch andere Verbindungstypen an.

Die wichtigste Alternative zu TCP ist die ungesicherte Paketübertragung (datagram) mit Hilfe des UDP-Verfahrens (User Datagram Protocol). Falls Sie sich für UDP entscheiden, wird Ihr Rechner vor dem eigentlichen Datentransfer keine Verbindung zum Zielsystem aufbauen, sondern die Datenpakete „auf gut Glück" abschicken. UDP ist somit schneller als TCP, Sie haben aber auch keine Garantie mehr, dass die Daten am Ziel ankommen. UDP kann auch sinnvoll sein, wenn Sie Daten an mehrere Empfänger schicken wollen. Dann würde man von „Multicasting" sprechen. Für dieses spezielle Anwendungsfeld sei auf das Buch von Almeroth und Makofske [Almeroth] verwiesen.

Hier noch einmal die beiden wichtigsten Verbindungstypen, die dem Socket-Programmierer zur Verfügung stehen, in der Gegenüberstellung:

Verbindungstyp	Protokoll	Eigenschaft
Stream	TCP	- gesicherte Verbindung - mit Verbindungsaufbau
Datagram	UDP	- ungesicherte Verbindung - ohne Verbindungsaufbau

Tabelle 1.1: Gegenüberstellung von TCP und UDP

Sie haben als Socket-Programmierer nun die Qual der Wahl und müssen sich für den Verbindungstyp entscheiden, der am besten zu Ihrer Anwendung passt. In Ihrem Programm geben Sie den Verbindungstyp dann als einen Parameter an die entsprechende C-Funktion weiter. Um alles weitere kümmert sich danach die C-Funktion.

1.3.2 Port-Nummern

Alle Client- oder Server-Programme, die auf einem Rechner arbeiten, müssen sich eine IP-Adresse teilen, weil die IP-Adresse dem Rechner insgesamt (genauer gesagt: seiner Netzwerkkarte) zugewiesen wird. Beispielsweise können Sie gleichzeitig im Internet surfen (mit einem Browser) und eine E-Mail empfangen (mit einem E-Mail Client). Um nun ankommende Datenpakete dem richtigen Programm zuordnen zu können, werden die Programme, die das Internet nutzen, sozusagen durchnummeriert. Die Nummern werden allerdings nicht fortlaufend, sondern weitgehend nach einer standardisierten Tabelle vergeben. Der Fachbegriff für diese „Programm-Nummern" ist „Port-Nummer" (Bild 1.5). Der Fachmann sagt: ein Client nutzt das Port xyz, oder ein Server wartet am Port xyz auf Anfragen.

Ein Datenpaket, das durch das Internet läuft, enthält als Zielangabe daher immer sowohl die IP-Adresse als auch eine Port-Nummer. Mit Hilfe der IP-Adresse findet das Paket den richtigen Zielrechner. Mit Hilfe der Port-Nummer findet das Paket das richtige Programm auf dem Zielrechner.

Port-Nummern gibt es sowohl bei TCP- als auch bei UDP-Verbindungen. Da Ihr Rechner ein TCP-Paket von einem UDP-Paket unterscheidet, kann jede Port-Nummer zweimal vergeben werden.

Sie als Programmierer legen die Port-Nummer Ihres Programms als Übergabeparameter einer C-Funktion fest. Sie müssen nur darauf achten, keine Nummer zu nehmen, die schon von einem anderen Programm auf Ihrem Rechner benutzt wird. In diesem Buch verwenden wir daher meist eine Port-Nummer im Bereich ab 5000. Die Port-Nummern im unteren Bereich sind zu einem großen Teil an Standard-Dienste des Internet, wie E-Mail, Telnet, Dateitransfer (FTP) usw. vergeben. Diese belegten Ports werden auch als „well known ports“ bezeichnet.

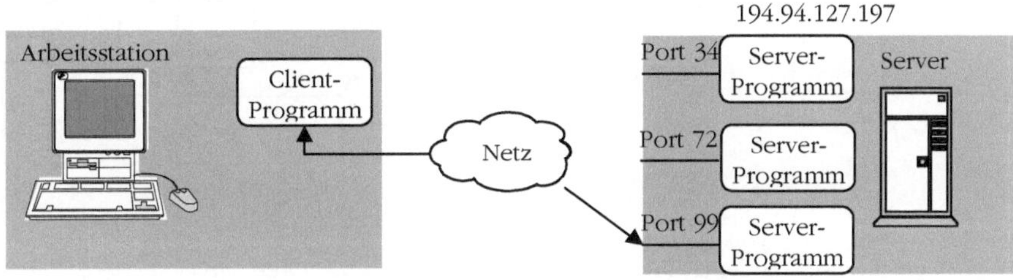

Bild 1.5: Port-Nummern zur Unterscheidung mehrerer Programme

Gelegentlich wird die vollständige Adresse eines Serverprogramms, bestehend aus IP-Adresse und Port-Nummer, in Dezimalschreibweise zusammengefasst. IP-Adresse und Port-Nummer werden dabei durch einen Doppelpunkt getrennt:

```
194.94.127.197:99
```

Die hier angegebene Adresse würde beispielsweise das dritte Serverprogramm in Bild 1.5 identifizieren, das auf dem Server mit der IP-Adresse `194.94.127.197` arbeitet und das Port `99` benutzt. Wir werden diese Schreibweise in einer der folgenden Übungen benötigen, um mit Hilfe eines Standard-Browsers ein von uns geschriebenes Server-Programm anzusprechen.

1.4 Das Hypertext Transfer Protokoll (HTTP)

Die bis hier beschriebenen Protokolle IP und TCP sind nur für den Transport von Daten zwischen Client und Server zuständig. Man nennt sie daher auch transportorientierte Protokolle. Sie transportieren Daten beliebiger Anwendungen durch das Internet.

Die Anwendungen selbst haben ihre eigenen Protokolle, die im wesentlichen aus einer Sammlung von Befehlen bestehen. Beispielsweise muss eine Anwendung, die Dateien vom Server zum Client überträgt, einen Befehl enthalten, der dem Server mitteilt, welche Datei gewünscht wird. Der Server hingegen muss einige standardisierte Antworten kennen, mit deren Hilfe er dem Client sagen kann, ob die angeforderte Datei verfügbar ist oder nicht.

Das gesamte World Wide Web (WWW) basiert auf einem derartigen Anwendungsprotokoll. Das Anwendungsprotokoll hat den Namen Hypertext Transfer Protokoll (HTTP), d.h. Protokoll zum Transport von Hypertexten. Als Hypertexte werden dabei Dateien (Texte) bezeichnet in denen Verweise (Hyperlinks) auf andere Dateien (Texte) enthalten sind (Bild 1.6).

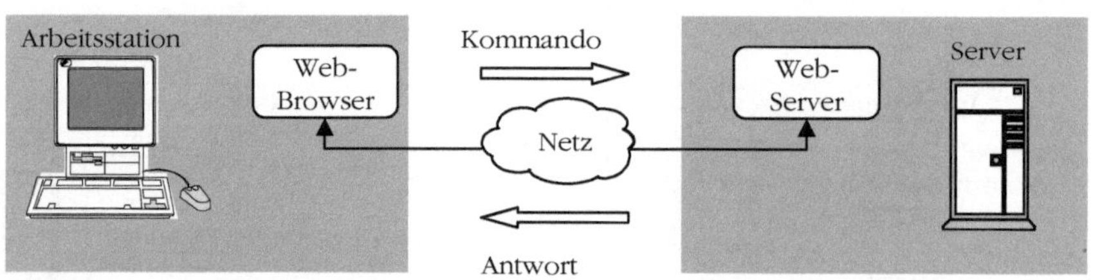

Bild 1.6: Datei-Transfer mittels HTTP

Ursprünglich wurde dieses Protokoll entworfen, um wissenschaftliche Texte miteinander zu verknüpfen, um somit den Wissenschaftlern die Suche nach Informationen zu erleichtern. Sobald der Leser des Textes eine solche Verknüpfung auswählt, sendet sein Computer einen Befehl an einen Server, um die gewünschte Datei anzufordern. Wie Sie aus eigener Erfahrung mit dem Internet wissen, hat sich das WWW weit von einem reinen Text-Modus entfernt. Heute können eine Vielzahl von Dateiarten (Bilder, Musik, Videos) per HTTP-Protokoll angefordert werden.

Wir werden in diesem Buch ebenfalls das HTTP-Protokoll einsetzen, um Dateien zu übertragen. Natürlich hätten wir uns auch ein eigenes Protokoll ausdenken können, das möglicherweise noch einfacher gewesen wäre. Für unsere Übungszwecke hat HTTP aber einen großen Vorteil: Jeder Web-Browser und jeder Web-Server versteht HTTP. Wir können unsere selbst geschriebenen Programme, sofern sie HTTP verwenden, gleich an einem dieser fertigen Programme testen.

Damit Sie schon mal einen Vorgeschmack davon bekommen, wie einfach HTTP zu programmieren ist, hier der wichtigste Teil des Kommandos, das einem Web-Server sagt, er soll die Datei `bild.jpg` senden:

```
GET /bild.jpg
```

Der Web-Server reagiert darauf, indem er die folgende Antwort sendet, und die gewünschte Datei direkt daran anfügt:

```
200 OK
```

Vor und nach diesen Texten sind noch ein paar weitere Parameter zu übertragen, die sich aber selten ändern und die man nur einmal einprogrammieren muss. Dazu mehr später...

1.5 Die Hypertext Markup Language (HTML)

Web-Seiten sind eine Mischung aus Texten, Bildern und Links auf andere Web-Seiten. Damit ein Browser, der eine solche Web-Seite empfängt, die einzelnen Bestandteile voneinander trennen kann, sind die unterschiedlichen Informationseinheiten durch spezielle Markierungen voneinander getrennt. Alle erlaubten Markierungen bilden zusammen eine Seitenbeschreibungssprache. Dies ist quasi eine Programmiersprache für Web-Seiten und wird als Hypertext Markup Language (HTML) bezeichnet.

Die HTML-Sprache besteht nur aus lesbaren Zeichen (ASCII-Zeichen). Daher kann man mit jedem beliebigen Text-Editor eine Web-Seite programmieren. Die HTML-Datei, also der Quellcode der Web-Seite, wird als Datei auf der Festplatte eines Web-Servers abgelegt (Bild 1.7). Ein Web-Browser kann diese Datei dann per HTTP-Befehl anfordern. Der Browser liest die Datei und wertet die enthaltenen HTML-Markierungen aus. Das Ergebnis dieser Auswertung wird dann auf dem Bildschirm des Internet-Nutzers dargestellt. Die HTML-Marken werden für den Betrachter nicht sichtbar (es sei denn, er sieht sich den Quellcode an, was die meisten Browser optional ermöglichen).

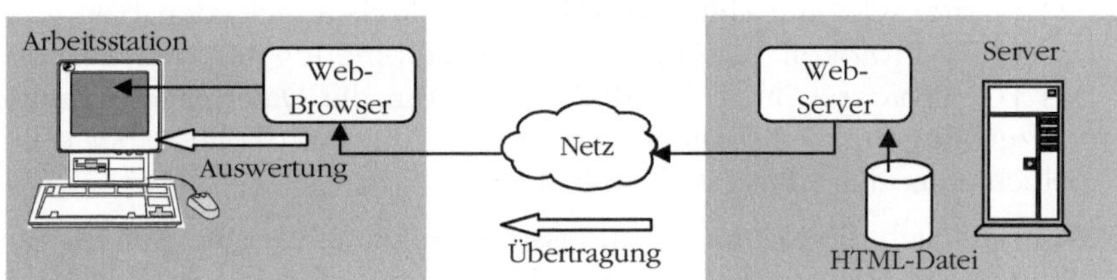

Bild 1.7: Speicherung und Darstellung von Web (HTML)-Seiten

HTML-Markierungen erkennen Sie leicht daran, dass diese mit dem Kleiner-Zeichen < und Größer-Zeichen > hervorgehoben sind:

```
Dieses <B> Wort </B> wird fett gedruckt
```

In diesem Beispiel enthält der HTML-Quellcode die Festlegung, dass ein Wort fett gedruckt werden soll. Fettdruck wird durch das Kennwort B = `bold` =fett bewirkt. Die erste Marke <B> legt fest, wo der Fettdruck beginnt. Die zweite Marke </B> legt fest, wo der Fettdruck endet. Der Schrägstrich symbolisiert dabei eine Negierung (Verneinung) und kann als „nicht“ gelesen werden (/B = nicht fett).

Ein Browser würde diese HTML-Zeile interpretieren und die Anweisung so gut wie möglich umsetzen. Der Betrachter würde dann z.B. die folgende Ausgabe auf dem Bildschirm sehen:

Dieses **Wort** wird fett gedruckt

Sie werden an gegebener Stelle dieses Buches noch mehr über die Syntax der Sprache HTML erfahren. Wir werden dann ein paar einfache Web-Seiten mit Hilfe eines Text-Editors erstellen oder anfänglich sogar direkt in unsere C-Programme einbetten. Dies hat den Vorzug, dass wir die Funktion unseres selbst geschriebenen Web-Servers sofort mit Hilfe eines Standard-Browsers testen können.

1.6 Verknüpfung von IP, TCP, HTTP und HTML

Nun kennen Sie alle Protokolle und Standards, die in diesem Buch eingesetzt werden. Lassen Sie uns zusammenfassend das Verhältnis und die Verknüpfung dieser Protokolle untersuchen.

1. 6. 1 Schichtenstruktur der Kommunikationssoftware

Aus Sicht des Programmierers bauen die vier Protokolle aufeinander auf. Die HTML-Datei wird mit Hilfe des HTTP-Protokolls angefordert bzw. übertragen. Das HTTP-Protokoll benötigt eine TCP-Verbindung für den Datentransport. Das TCP-Protokoll nutzt das IP-Protokoll um die Datenpakete zum Zielrechner zu bringen. In der Literatur finden Sie die Protokolle daher oft in einem „Schichtenmodell“ dargestellt (Bild 1.8).

Man stellt sich die Kommunikationssoftware dabei als eine Aufeinanderschichtung voneinander unabhängiger Teilprogramme dar. Die im Bild höher eingezeichnete Schicht nutzt immer nur die im Bild darunter eingezeichnete Schicht. Oder anders ausgedrückt: die unten eingezeichnete Schicht bietet der darüber liegenden Schicht ihre Dienste (Funktionen) an.

HTTP nutzt also z.B. TCP, nicht aber IP. HTTP übergibt beispielsweise die zu sendende HTML-Datei an die TCP-Schicht. TCP zerlegt die Datei in kleine Pakete und übergibt ein Paket nach dem anderen an die IP-Schicht. Programmtechnisch muss die TCP-Schicht also einen Dienst „übertrage-eine-Datei“ anbieten. Die IP-Schicht dagegen wird einen Dienst „übertrage-ein-Paket“ bereit stellen. Diese Dienste sind nichts anderes als Funktionen (Unterprogramme), die von der höheren Schicht bei Bedarf aufgerufen werden können. HTTP ruft demnach die Funktion „übertrage-eine-Datei“ auf. Diese Funktion ist Teil der TCP-Programmschicht. Die Funktion „übertrage-eine-Datei“ wird dann wiederholt die Funktion „übertrage-ein-Paket“ nutzen, bis die gesamte Datei erfolgreich übertragen ist. Danach meldet TCP an die HTTP-Schicht, dass der gewünschte Dienst erfolgreich ausgeführt worden ist.

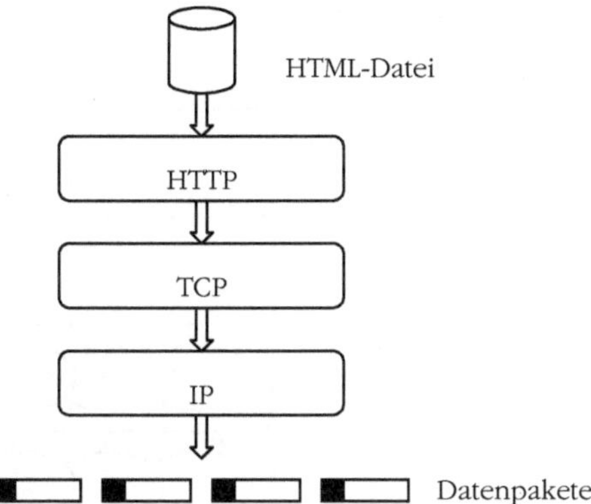

Bild 1.8: Schichtenmodell der Kommunikationsprotokolle

HTTP hat also keinen direkten Kontakt zur IP-Schicht und erfährt dementsprechend auch nichts von der Zerlegung der Datei in kleinere Datenpakete. Genauso wenig erfährt die IP-Schicht, dass die zu transportierenden Datenpakete mit Teilen einer Datei gefüllt sind, in denen sich HTTP-Kommandos und eventuell HTML-Daten befinden. Für uns als Programmierer hat diese Unabhängigkeit der Schichten den großen Vorteil, dass die Schichten bei Bedarf auch ausgetauscht werden können. Wir könnten die Dienste der TCP-Schicht z.B. auch nutzen, um eine E-Mail zu verschicken. Dann müssten wir nur die Kommandos des E-Mail Transport Protokolls (z.B. SMTP = Simple Mail Transfer Protocol) an Stelle von HTTP-Kommandos verwenden.

1.6.2 Programmierschnittstelle

Wie bereits erwähnt, brauchen wir als Socket-Programmierer nicht alle Dienste aller Protokolle selbst zu programmieren. Wir können auf eine Sammlung von C-Funktionen zurückgreifen, die in Form von Standard-Bibliotheken jedem C-Compiler beigelegt sind (Bild 1.9).

Die Standard-Bibliotheken umfassen die TCP- und die IP-Schicht, oder anders ausgedrückt, den TCP/IP-Protokollstapel (mehrere Schichten werden als Stapel = „stack“ bezeichnet). Daher wird hier auch oft von einem mitgelieferten TCP/IP-Stack gesprochen. Der Socket-Programmierer greift somit auf einen bereits implementierten TCP/IP-Stack zurück.

Sie erkennen dies später daran, dass wir Funktionen wie `read()`, `write()` oder `socket()` aufrufen. Die Socket-Programmierschnittstelle besteht somit aus einer Sammlung von Funktionen, die alle benötigten Dienste der TCP-Schicht, und indirekt auch der IP-Schicht, bereitstellen. Unser selbst geschriebenes Programm wird dann die benötigten Funktionen an geeigneter Stelle aufrufen. Wir müssen diesen Funktionen nur noch durch einige Parameter mitteilen, an welche IP-Adresse, mit welchem Verbindungstyp und zu welchem Port die Daten geschickt werden sollen.

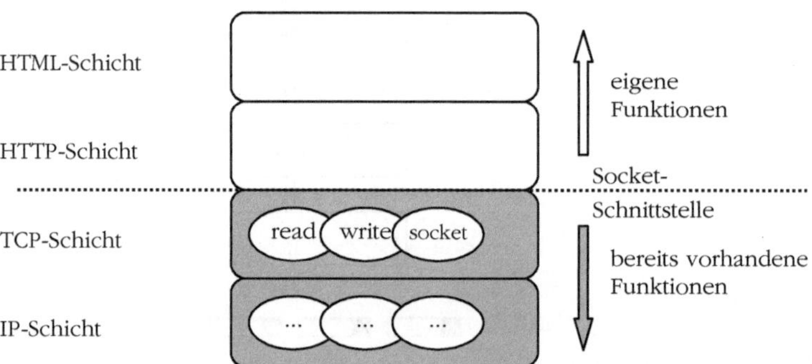

Bild 1.9: Socket-Programmierschnittstelle im Protokollstapel

Für HTTP und HTML können wir auf keine fertigen Funktionen zurückgreifen. Wir müssen daher die Befehle dieser Protokolle im Klartext in unsere Programme einbauen und, falls wir HTTP- und HTML-Befehle empfangen, diese ggf. auch selbst auswerten.

Prinzipiell sollten wir (und für größere Programme ist das auch sehr zu empfehlen) die beiden Protokollschichten in unseren Programmen voneinander trennen. Dies könnte z.B. dadurch geschehen, dass wir eigene Funktionen schreiben, die alle benötigten und HTTP-spezifischen Befehle zusammenfassen. Oder wir lagern alle HTML-spezifischen Befehle in Dateien aus. Bei den letzten und kompliziertesten Beispielen dieses Buches wird dies auch der Fall sein. Am Anfang jedoch werden wir aus Gründen der Übersichtlichkeit die HTTP- und HTML-Kommandos zusammenfassen.

1. 6. 3 Aufbau eines Datenpaketes

Die Zusammenfassung von HTTP und HTML ist möglich, weil die zugehörigen Daten in einem Datenpaket einfach hintereinander gepackt werden. Während die Protokollschichten aus Sicht des Programmierers in einer Schichtenstruktur übereinander gestapelt werden, werden die Daten der aufeinander folgenden Schichten im Datenpaket hintereinander angeordnet (Bild 1.10), und zwar beginnend mit der untersten Schicht.

Jedes Datenpaket beginnt mit den Informationen der IP-Schicht, also z.B. der IP-Adresse des Zielrechners und der IP-Adresse des sendenden Rechners. Dann folgen die Daten der TCP-Schicht. Dazu gehört die Port-Nummer, aber auch weitere Informationen darüber, um welches Teilpaket einer größeren Sendung es sich hier handelt. Die Daten der IP-Schicht und der TCP-Schicht sind binär codiert. Dies braucht uns aber nicht weiter zu beunruhigen, denn dieser Teil des Datenpakets wird ja von den bereits vorhandenen C-Funktionen des TCP/IP-Stacks erzeugt.

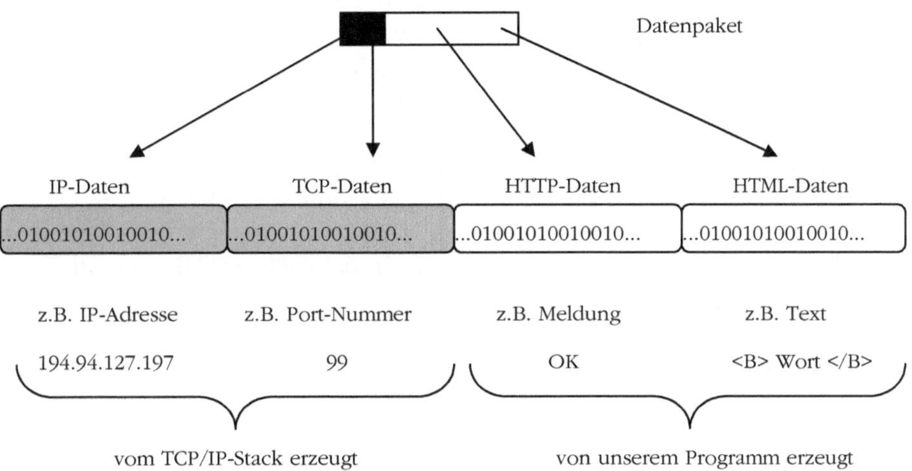

Bild 1.10: Anordnung der Protokollschichten im Datenpaket

Danach kommen HTTP- und HTML-Schicht. Diese Protokolle arbeiten mit lesbarem Text im ASCII-Code. Die gewünschten Kommandos können daher von uns in unserem eigenen C-Programm bequem als Text erzeugt werden. Den Text übergeben wir dann an eine Sende-Funktion der TCP-Schicht. Die Sende-Funktion fügt unseren Teil mit dem bereits fertigen Paketteil zusammen und sorgt dafür, dass das ganze Paket abgeschickt wird.

1.7 Weiterführende Literatur zur "Socket-Programmierung"

Dieses erste Kapitel sollte Ihnen einen Überblick über die verwendeten Kommunikationsprotokolle und die prinzipielle Software-Architektur liefern. Nach einer Einführung in die C-Programmierung unter Linux im zweiten Kapitel, werden wir uns in den restlichen Kapitel mit der Programmierung von Clients- und Servern befassen.

Natürlich kann dies nur exemplarisch geschehen. Da der Appetit bekanntlich beim Essen kommt (und an mancher Stelle Ihre Wissbegierde das angebotene Lesefutter übersteigen mag), hier einige Hinweise auf weiterführende Literatur. Beachten Sie hierzu auch die kommentierte Bibliographie im Anhang dieses Buches.

Die Details der Protokolle IP, TCP, HTTP und HTML sind alle offengelegt und in kostenlos herunterladbaren Dokumenten (den berühmten RFCs = Request for Comment) im WWW erhältlich. Dies sind die ultimativen Informationsquellen. Allerdings sind die Dokumente in einem für Anfänger mitunter schwer verständlichen Englisch abgefasst. Daher scheint mir für den Einstig ein Blick in ein kommentierendes Fachbuch empfehlenswerter.

Speziell um TCP/IP und HTTP hat sich Herr Stevens verdient gemacht. Sein dreibändiges Werk mit dem Titel „TCP/IP illustrated“ ist ein Klassiker und lässt wahrscheinlich keine Frage hinsichtlich der Protokolle unbeantwortet.

Für die Vertiefung von HTML macht ein Buchtipp wenig Sinn, da zu diesem hochaktuellen Thema ständig neue Bücher erscheinen. Suchen Sie sich ein möglichst neues Buch zum Thema „Web-Design“, „Web-Seiten-Erstellung“ o.ä. aus. Der HTML-Standard entwickelt sich rasant weiter, und man sollte sich an der zuletzt verabschiedeten Standard-Version orientieren. Erfreulicherweise gibt es auch sehr gute Tutorials im WWW, z.B. unter www.selfhtml.org. Suchen Sie mit einer Suchmaschine einfach mal nach „HTML Tutorial“.

Von den weiterführenden Büchern zum Thema „Socket-Programmierung“ sei insbesondere auf das mehrbändige Werk der Autoren Comer und Stevens („Internetworking with TCP/IP“) hingewiesen. Auch diese Buchserie ist zu einem Klassiker avanciert und wird von fast allen nachfolgenden Autoren referenziert. Die Bücher gibt es mittlerweile auch in deutscher Übersetzung.

Die Autoren Donahoo, Gay, Snader und Walton erweitern die im vorliegenden Grundkurs dargestellten Socket-Programme in verschiedener Hinsicht. Diese Bücher sind insbesondere dann zu empfehlen, wenn Sie einen Server benötigen, der viele unterschiedliche Kommunikationsbeziehungen gleichzeitig aufbauen kann.

Herr Almeroth wurde bereits erwähnt, da er ein schönes Buch über „Multicast Sockets“ geschrieben hat. Hier erfahren Sie mehr darüber, wie Sie Daten an viele Empfänger gleichzeitig verschicken können.

Den Umstieg auf die Version 6 des Internetprotokolls erläutert Ihnen Herr Zahn. Sie finden dort auch wertvolle Hinweise zu Sicherheitsaspekten der Internetkommunikation und lernen, wie man parallele Prozesse programmiert.

Das eine oder andere C-Programmierlehrbuch (z.B.: Matthew/Stones) geht ebenfalls auf die Socket-Programmierung ein. Allerdings sind die entsprechenden Kapitel oft etwas kurz gehalten und für den Einsteiger schwer verdaulich.

2 C-Programmierung unter Linux

In diesem Kapitel erfahren Sie, wie man unter dem Betriebssystem Linux C-Programme erstellen kann. Zunächst lernen Sie, sich die Arbeitsumgebung einzurichten. Dann wird ein einfaches Beispielprogramm editiert und in einer Quellcode-Datei gespeichert. Diese Datei wird anschließend mit Hilfe eines Compilers in Maschinensprache übersetzt und kann danach ausgeführt werden. Die Anweisungen des Beispielprogramms werden Zeile für Zeile erläutert. Weiterhin lernen Sie einige wichtige Linux-Kommandos für die Verwaltung von Dateien kennen. Anhand der Übungsaufgaben können Sie prüfen, ob Ihre C-Kenntnisse für die folgenden Kapitel genügen. Die Lösungshinweise zu den Übungsaufgaben helfen Ihnen dabei, die wichtigsten C-Konstruktionen zu wiederholen.

2.1 Die Linux-Arbeitsumgebung einrichten

2.1.1 Linux installieren

Sollte Ihr Rechner noch nicht mit dem Betriebssystem Linux ausgestattet sein, dann können Sie entweder eine permanente Installation von Linux auf der Festplatte des Rechners vornehmen, oder Sie benutzen eine abgespeckte Linux-Betriebssystem-CD. Für Kleinrechner und Embedded-Systeme gibt es spezielle Embedded-Linux Distributionen.

Als Distribution bezeichnet man eine Sammlung von Linux-Anwendungen und Hilfsprogrammen, die von Firmen oder Organisationen zusammengestellt und vertrieben werden. Bekannte Distributionen für PCs sind z.B. „Suse Linux", „Red Hat Linux" oder „Debian Linux".

Bezugsquellen für Linux sind die offiziellen Linux-Webseiten, von denen Sie Linux kostenlos herunterladen können. Für Einsteiger ist es jedoch sinnvoller, sich eine aktuelle Distribution einer der oben genannten Firmen zu beschaffen, da diese in der Regel mit Installationshilfsmitteln geliefert werden. Das Zusammenstellen einer eigenen Distribution ist zeitaufwendig und erfordert einen gewissen Überblick.

Als Startpunkt für eine Internet-Recherche könnten Sie z.B. bei wikipedia den Artikel zu Linux durchforsten:

`www.wikipedia.de` bzw. `de.wikipedia.org/wiki/Linux`

Sollten Sie bereits ein Betriebssystem auf Ihrem Rechner haben, dann können Sie Linux als zweites Betriebssystem installieren. Sie benötigen dazu einen Teil der Festplatte, auf dem eine sogenannte „Partition“ eingerichtet wird. Dieses „Partitionieren“ der Festplatte kann das Installationsprogramm von Linux übernehmen. Es wird dann auch ein Hilfsprogramm installiert, das Sie bei jedem Start des Rechners fragt, mit welchem Betriebssystem Sie arbeiten möchten. Dieses Hilfsprogramm wird „Boot-Manager“ genannt. Es steuert den „Boot-Vorgang“, also das Laden des Betriebssystems beim Start des Rechners. Weitergehende Informationen zur Installation und Konfiguration von Linux bieten beispielsweise [Kofler], [Teufel] und [Welsh].

Sollten Sie vor einer Linux-Installation zurückschrecken, dann können Sie es auch erst einmal mit einem Betriebssystemstart von CD/DVD versuchen. Klaus Knopper [www:Knopper] beispielsweise hat die Knoppix-Distribution zusammengestellt, die Sie auch als Beilage in Computer-Fachzeitschriften finden [www:Knoppix c't]. Sie müssen dazu Ih ren Rechner nur so konfigurieren, dass er beim Start prüft, ob im CD/DVD-Laufwerk eine Betriebssystem-CD/DVD liegt. Wie man das macht, wird auf den CD/DVDs erklärt..

2.1.2 Linux starten

Linux ist ein Mehrbenutzersystem und erwartet von Ihnen eine Anmeldung mit Benutzername und Passwort. Linux unterscheidet Nutzer mit unterschiedlichen Rechten. Beispielsweise gibt es einen Administrator, der das ganze System umkonfigurieren darf, und normale Nutzer, die nur eingeschränkte Rechte besitzen. Für die in diesem Buch beschriebenen Programmierbeispiele benötigen Sie keine Administrator-Rechte.

Wählen Sie nach dem Einschalten Ihres Rechners das Betriebssystem Linux aus dem Boot-Menü (falls Sie mehrere Betriebssysteme auf dem Rechner installiert haben). Sie sehen danach eine ganze Reihe von Textmeldungen auf dem Bildschirm, die Ihnen den Start diverser Module und Hilfsprogramme von Linux anzeigen. Warten Sie, bis eine Aufforderung zur Eingabe eines Nutzernamens erscheint:

```
pc01 login:_
```

Dies ist die Meldung eines Rechners mit dem Namen `pc01`. Geben Sie dann Ihren Nutzernamen ein. Danach werden Sie nach dem zugehörigen Passwort gefragt.

```
Password:_
```

Das Passwort wird aus Sicherheitsgründen nicht angezeigt. Somit kann Ihnen niemand beim Anmelden über die Schulter schauen und Ihr Passwort erfahren.

Nach erfolgreicher Anmeldung meldet sich Linux mit einer Eingabeaufforderung, die den Namen des Rechners und Ihren Benutzernamen enthält:

```
Last login: Thu Oct 23 17:36:54 on tty1
Have a lot of fun...
pc01@pc01:~ >_
```

Falls Ihr Konfigurationsskript nicht automatisch eine grafische Benutzeroberfläche startet, dann befinden Sie sich nun im Textmodus und können Linux über Kommandozeilenbefehle steuern. Sollte sich eine grafische Benutzeroberfläche (z.B. KDE) aufbauen, dann öffnen Sie bitte ein Text-Eingabefenster (eine Text-Konsole). Dazu müssen Sie das Monitor-Symbol (Monitor und Muschel) am unteren Bildschirmrand anklicken.

Geben Sie zur Orientierung doch einmal die Kommandos `dir` oder `ls -l` ein. Diese Befehle zeigen Dateien und Verzeichnisse an. Der Befehl `dir` ist eigentlich ein DOS-Kommando, er wurde aber im Linux implementiert, um den Umstieg von DOS auf Linux zu erleichtern. Das eigentliche Kommando lautet `ls`. Meist wird es mit der Option `-l` zusammen verwendet, weil man nur so ausführliche Informationen über die Dateien und Verzeichnisse erhält.

Linux zeigt nun eine Liste an, in der jede Zeile eine Datei oder ein Verzeichnis beschreibt:

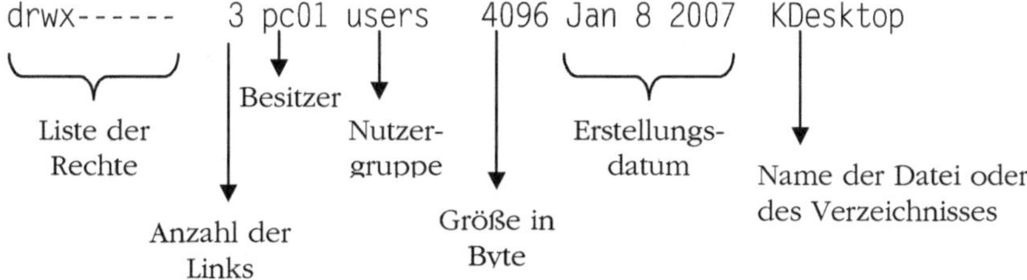

`KDesktop` beispielsweise ist ein Verzeichnis. Sie erkennen dies an dem ersten Buchstaben in der Liste der Rechte (d für directory = Verzeichnis). Nach diesem ersten Buchstaben folgen 9 weitere Zeichen, die Auskunft über die Berechtigungen für diesen Eintrag geben. Möglich sind hier:

- `r` für read = das Recht, diese Datei zu lesen
- `w` für write = das Recht, diese Datei zu verändern (schreiben)
- `x` für execute = das Recht, diese Datei auszuführen
- `-` als Platzhalter, wenn eines der oben genannten Rechte fehlt

In unserem Beispiel hat der Besitzer des Verzeichnisses das Recht, in diesem Verzeichnis Dateien zu lesen, zu schreiben und auszuführen. Weitere Rechte sind nicht vergeben, daher folgen sechs Bindestriche (-).

Besitzer des Verzeichnisses ist der Nutzer pc01 aus der Nutzergruppe users. Der Verzeichniseintrag belegt 4096 Byte und wurde am 8. Jan 2007 erstellt.

Das folgende Beispiel zeigt, dass die Buchstaben r, w und x je drei mal erscheinen können, da Linux drei Nutzergruppen unterscheidet:

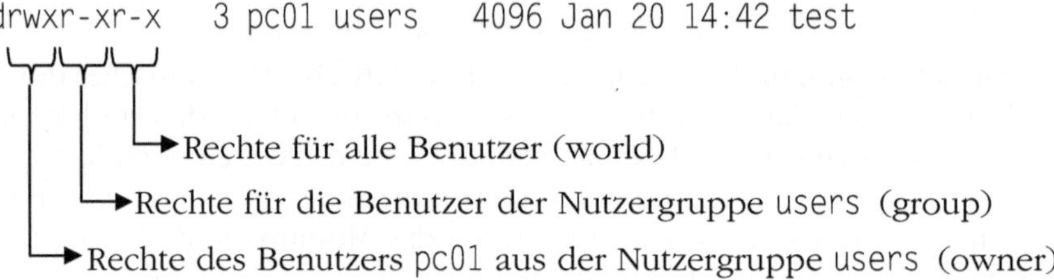

Für das Verzeichnis test hat also nur der Benutzer pc01 aus der Nutzergruppe users das Schreibrecht.

Das letzte Beispiel zeigt die ausführbare Datei hello mit einer Größe von 13492 Byte, die von allen Benutzern ausgeführt werden darf:

```
-rwxr-xr-x   3 pc01 users  13492 Jan 20 14:47 hello
```

2.1.3 Ein Arbeitsverzeichnis einrichten

Für die folgenden Programmierversuche empfiehlt es sich, ein Arbeitsverzeichnis einzurichten, in dem alle erzeugten Dateien abgelegt sind. Mit dem Befehl mkdir (= make directory) können Sie ein neues Verzeichnis anlegen. Soll dieses Verzeichnis socket heißen, dann geben Sie das folgende Kommando ein:

```
mkdir socket
```

Mit dem Befehl cd (= change directory) können Sie in dieses Verzeichnis wechseln:

```
cd socket
```

Nach diesem Befehl ändert sich die Eingabeaufforderung des Betriebssystems. Nun wird zusätzlich der Name des Verzeichnisses angezeigt, in dem Sie aktuell arbeiten:

```
pc01@pc01:~/socket>
```

Möchten Sie zurück in das Hauptverzeichnis, dann geben Sie das Kommando cd mit einem Leerzeichen und danach zwei Punkten ein:

cd .. (Leerzeichen beachten)

Möchten Sie in ein weiter entferntes Verzeichnis wechseln, dann können Sie auch den ganzen (absoluten) Pfad des Verzeichnisses eingeben:

```
cd /home/pc01/socket/
```

Ein existierendes Verzeichnis können Sie mit dem Befehl `rmdir` (= remake directory) wieder löschen:

```
rmdir socket
```

Falls Sie keine Lust haben, sich die hier beschriebenen Linux-Kommandos zu merken, dann können Sie auch das Hilfsprogramm „Midnight Commander" verwenden. Dieses Programm bietet eine Semi-Grafik Oberfläche und erleichtert die Datei- und Verzeichnisverwaltung, da man nun alle Funktionen per Funktionstaste erreichen kann. Der Midnight Commander wird durch Eingabe des Kommandos `mc` gestartet.

2.2 Ein einfaches Beispielprogramm editieren und speichern

2.2.1 Quellcode editieren

Nun können Sie schon damit beginnen, Ihr erstes C-Programm unter Linux zu schreiben. Sie benötigen dazu einen Text-Editor. Die Auswahl an Werkzeugen ist groß. Die fortgeschrittenen Programmierer bevorzugen die Editoren `emax` und `vi`. Allerdings kann man sich als Anfänger in der Vielzahl der möglichen Befehle leicht verirren. Daher empfehle ich zum Einstieg den Editor `joe`. Sollten Sie im Grafikmodus arbeiten, dann ist der Editor `kedit` besser, weil sich dieser mit der Maus bedienen lässt.

Unser erstes C-Programm soll den Dateinamen `prog.c` erhalten. Starten Sie also den Editor mit dem folgenden Kommando:

	`joe prog.c`	(im Textmodus)
oder	`kedit prog.c`	(im Grafikmodus)

Nun öffnet sich ein Editierfenster, in das Sie direkt den Quellcode des folgenden Beispielprogramms eintippen können:

```
#include <stdio.h>

main()
  {
     printf("\n Mein erstes C-Programm für LINUX \n");
  }
```

Sollten Sie den Editor `joe` benutzen, dann ist Ihnen schon aufgefallen, dass die Maus nicht funktioniert. Sie können den Editor mit sogenannten „Kontrollkomandos“ bedienen. Dazu drücken Sie immer zuerst die Tasten `Strg` und `K` gleichzeitig und danach einen einzelnen Buchstaben. Wichtige Befehle finden Sie in der folgenden Aufstellung:

- `Strg-K H` = Hilfe anzeigen
- `Strg-K D` = Datei sichern
- `Strg-K X` = Datei sichern und Editor verlassen
- `Strg-C` = Editor verlassen ohne zu sichern

Wollen Sie einen Textblock kopieren oder verschieben, dann ist dafür eine Folge von Kontrollkomandos nötig. Zuerst gehen Sie mit der Eingabemarke (Cursor) zum Anfang des Textblocks und setzen dort eine Anfang-Marke (`Strg-K B`). Dann gehen Sie zum Ende des Textblockes und setzen dort eine Ende-Marke (`Strg-K K`). Dann gehen Sie zum Ziel und kopieren oder verschieben den Block an diese Stelle:

- `Strg-K B` = Anfang des Blocks markieren
- `Strg-K K` = Ende des Blocks markieren
- `Strg-K M` = Block bewegen (move)
- `Strg-K C` = Block kopieren (copy)

Für unser erstes Programm ist vorerst nur wichtig, dass Sie den eingegebenen Text in der Datei `prog.c` speichern. In `joe` geben Sie dazu das oben erläuterte Kommando `Strg-K X`. In `kedit` können Sie das über das Menü `Datei - Speichern` bequem mit der Maus erledigen.

Wichtig ist dabei, dass Ihre Datei die Dateierweiterung `.c` hat. Sonst bekommen Sie im nachfolgenden Arbeitsschritt ein Problem mit dem Compiler. Der Compiler entscheidet nämlich anhand der Dateiendung, um welche Art von Datei es sich handelt. Hat Ihre Datei nicht die Endung `.c`, dann erkennt der Compiler nicht, dass in der Datei C-Quellcode steht.

```
Name of file to save: prog.c
```

Sollten Sie sich beim Speichern der Datei vertan haben, dann können Sie Ihre Datei noch umkopieren oder umbenennen.

Der Kopierbefehl für das Linux-Dateisystem lautet cp (copy).

```
cp prog.c prog2.c
```

Dieses Kommando kopiert die Datei prog.c in die Datei prog2.c. Danach haben Sie zwei Dateien mit identischem Inhalt. Falls Sie nur den Namen der Datei ändern wollen, ist es besser, die Datei umzubenennen. Hierfür gibt es das Kommando mv (move).

```
mv alter_dateiname neuer_dateiname
```

2.2.2 m-Tools für MS-DOS/Windows-Disketten

Beachten Sie bitte, dass der soeben besprochene Kopierbefehl für Linux-Dateien im Linux-Dateissystem gedacht ist. Sie können damit keine Dateien auf eine Diskette kopieren, die von einem Windows-Rechner gelesen werden soll. Für dieses spezielle Problem gibt es eine Reihe von Hilfsprogrammen, die sogenannten m-Tools.

Die Bezeichnung m spielt auf das Betriebsystem MS-DOS an, das ein Vorgänger der Windows-Betriebssysteme darstellt. Die m-Tools sind die Abbildung der alten MS-DOS Kommandos zur Dateiverwaltung auf Linux. Die Programmnamen werden aus den alten MS-DOS Kommandos und einem davor gestellten m gebildet.

Beispielsweise kann man mit mcopy eine Datei auf eine MS-DOS/Windows-Diskette im Diskettenlaufwerk a: kopieren:

```
mcopy prog.c a:
```

Weitere m-Tools erlauben es, sich das Inhaltsverzeichnis der Diskette ausgeben zu lassen (mdir) oder Dateien auf Diskette zu löschen (mdel). Weitere Informationen hierzu finden Sie in den Hilfedateien (Manual-Pages).

```
man mdir
```

Dieses Kommando bewirkt die Ausgabe der Hilfedatei zu mdir auf dem Bildschirm. Es gibt Hilfedateien zu allen Kommandos der m-Tool Sammlung.

2.2.3 Include-Anweisungen

Doch nun zurück zu unserem Beispielprogramm. Die erste Zeile des Beispiels stellt eine include-Anweisung dar.

```
#include <stdio.h>
```

Die include-Anweisung wird vom Compiler ausgewertet. Der Compiler wird dadurch angewiesen, die Datei stdio.h zu öffnen und bei der weiteren Übersetzung zu berücksichtigen. Die Datei stdio.h ist eine sogenannte Header-Datei (erkennbar an der Dateiendung .h) und enthält Deklaration von Funktionen. In unserem Beispiel wird diese Header-Datei benötigt, weil wir weiter unten die Funktion printf() verwenden. Diese Funktion ist in stdio.h deklariert, weil stdio.h eine Sammlung oft verwendeter Ein/Ausgabe-Funktionen enthält. Der Dateiname stdio.h weist bereits darauf hin, da er eine Abkürzung für **St**an**d**ard **I**nput-**O**utput bildet.

Im weiteren Verlauf dieses Buches werden noch weitere Header-Dateien eingeführt. Es ist eine allgemeine Regel der Programmiersprache C, dass zu jeder verwendeten Funktion eine Deklaration vorliegen muss. Nur anhand der Deklaration kann der Compiler prüfen, ob die Funktion richtig verwendet wird. Als Programmierer müssen Sie daher darauf achten, die benötigten Header-Dateien mit Hilfe von Include-Zeilen einzubinden. In der Funktionsreferenz am Ende des Buches sind zu allen benötigten Funktionen auch die zugehörigen Header-Dateien angegeben.

2.2.4 Die Funktion main()

Der Startpunkt eines C-Programms wird durch die main()-Funktion gekennzeichnet. Jedes eigenständige C-Programm muss daher eine (und nur eine) main()-Funktion enthalten. Diese Funktion wird auch gelegentlich als Hauptprogramm bezeichnet:

```
main()
  {
       hier stehen die Anweisungen...
  }
```

Die Anweisungen des Programms werden durch ein Paar geschweifter Klammern zusammengefasst. Auch diese Klammern dürfen in keinem C-Programm fehlen.

Die oben gezeigte Schreibweise des Hauptprogramms ist eigentlich etwas nachlässig. Moderne Compiler, insbesondere C++ Compiler, meckern an dieser Stelle manchmal mit dem Hinweis, dass die main()-Funktion nicht vollständig sei. In diesem Falle sollten Sie die folgende Form wählen:

```
int main(void)
      {
          ...
      }
```

Diese Zeile besagt, dass die `main()`-Funktion keinen Übergabeparameter erwartet (`void`) und eine Integer-Zahl (`int`) als Ergebnis zurückliefert.

Aus Sicht des Betriebssystems ist die `main()`-Funktion eine ganz normale C-Funktion, der man Werte beim Start übergeben kann und die ein Ergebnis zurückliefert. Übergabewerte, die sogenannten Funktions-Parameter, werden in der runden Klammer nach dem Namen der Funktion aufgelistet. Falls es keine Parameter gibt, sollte man das vordefinierte Kennwort `void` eintragen. Der Compiler erkennt daran, dass hier vom Programmierer kein Parameter vergessen worden ist, sondern dass tatsächlich nichts an die Funktion übergeben wird.

Auf mögliche Übergabewerte der `main()`-Funktion soll hier nicht weiter eingegangen werden. Wir werden dies im Kapitel 3.8 unter dem Begriff „Kommandozeilenparameter" nachholen. Es ist damit möglich, einem C-Programm beim Start „von der Kommandozeile" einige Parameter mitzugeben, um die Programmausführung zu steuern.

Die `main()`-Funktion übergibt dem Betriebssystem bei Beendigung ein Funktionsergebnis. Dabei handelt es sich um eine ganze Zahl (Integer-Zahl), anhand derer das Betriebssystem erkennt, ob es bei der Ausführung des Programms Probleme gegeben hat. Um dem Betriebssystem mitzuteilen, dass alles o.k. ist, sollte man am Ende des Programms explizit die Rückgabe der 0 mit Hilfe einer `return`-Anweisung vorsehen:

```
int main(void)
    {
        ...
        return(0);
    }
```

Bei unserem kleinen Beispielprogramm haben wir auf diese Zeile aus Gründen der Übersichtlichkeit verzichtet. Bei den folgenden Client/Server-Programmen sollte man dies nicht tun.

2.2.5 Daten ausgeben mit der Funktion printf()

Unser Beispielprogramm hat nur die Aufgabe, einen Text auf dem Bildschirm erscheinen zu lassen. Diese Bildschirmausgabe wird durch die `printf()`-Funktion bewirkt:

```
printf("\n Mein erstes C-Programm für LINUX \n");
```

Ausgegeben wird alles, was zwischen den Anführungsstrichen innerhalb der runden Klammern erscheint. Dieser Text wird auch als Format-Zeichenkette bezeichnet, weil man hier auch das Ausgabeformat von Variablen festlegen kann. Davon ist auch der Funktionsname abgeleitet: formatierte Ausgabe = print formatted, kurz: `printf()`. In unserem Beispiel sind allerdings keine Variablen vorhanden, daher erscheint immer der gleiche Text auf dem Bildschirm.

Eine Besonderheit stellt die Kombination von Schrägstrich und `n` dar. Hierbei handelt es sich um ein sogenanntes Steuerzeichen. Das Steuerzeichen `\n` bewirkt einen Zeilenvorschub bei der Bildschirmausgabe, d.h. es wird an den Anfang der nächsten Zeile gesprungen.

Unsere Ausgabeanweisung wird daher vom Rechner folgendermaßen interpretiert: gehe zum Anfang der nächsten Zeile (`\n`), dann gib den Text aus (`Mein erstes C-Programm für LINUX`), dann gehe zum Anfang der nächsten Zeile (`\n`). Das letzte Steuerzeichen ist wichtig, weil das Betriebssystem nach Beendigung unseres Beispielprogramms wieder eine Eingabeaufforderung auf den Bildschirm schreibt. Ohne das Steuerzeichen würde dieser Text in der selben Zeile wie unser Text erscheinen.

2.3 Programme compilieren

2.3.1 Aufruf des Compilers gcc

Mit Hilfe des Editors haben wir nun den Quellcode unseres Programms in eine Datei geschrieben. Dieser Quellcode kann vom Rechner nicht direkt ausgeführt werden. Er muss zuvor in Maschinensprache übersetzt werden. Diese Übersetzung übernimmt ein Hilfsprogramm, der sogenannte Compiler. Der Compiler öffnet die von uns erstellte Quellcode-Datei, bearbeitet die darin enthaltenen Anweisungen und erstellt eine ausführbare Datei in Maschinensprache.

C-Programme können unter Linux mit Hilfe des GNU-C Compilers `gcc` übersetzt werden. Dieser sehr weit verbreitete, lizenzgebührenfreie Compiler sollte in allen Linux-Distributionen enthalten sein.

Ein Übersetzungsvorgang kann von der Kommandozeile beispielsweise wie folgt gestartet werden:

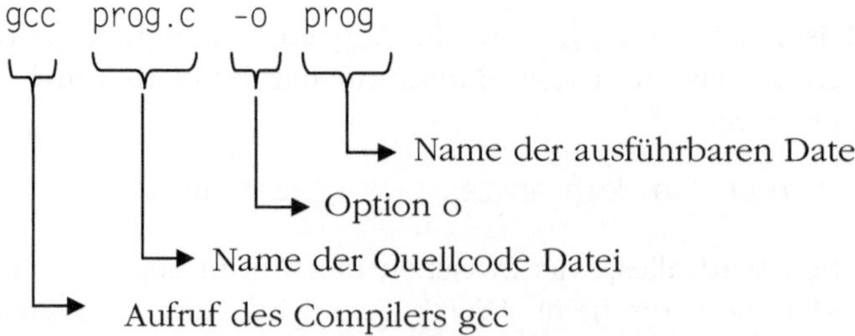

Hier wird der C-Compiler gcc mit der Option o aufgerufen. Dadurch kann der Name der ausführbaren Datei frei bestimmt werden. Im vorliegenden Falle heißt die ausführbare Datei prog (ohne Dateierweiterung). Der Quellcode wird aus der Datei prog.c gelesen.

Ohne die Option o erhält die ausführbare Datei automatisch den Namen a.out. Der Compileraufruf wird zwar kürzer, aber es ist äußerst unpraktisch, wenn alle ausführbaren Dateien den gleichen Namen erhalten:

```
gcc  prog.c
```

Dieser Compileraufruf erzeugt aus der Quellcodedatei prog.c die ausführbare Datei a.out.

Wie schon zuvor erwähnt, entscheidet der Compiler anhand der Dateiendung, wie mit der Datei zu verfahren ist. Daher ist es wichtig, dass Sie der Quellcode-Datei die Endung .c geben. Nur dann wird das von Ihnen geschriebene C-Programm übersetzt und eine ausführbare Datei erzeugt.

2.3.2 Fehlermeldungen des Compilers gcc

Falls beim Übersetzen Fehler gefunden werden, dann erhalten Sie eine entsprechende Fehlermeldung und es wird keine ausführbare Datei erzeugt. Haben Sie keine Fehler beim Eintippen des Programms gemacht, dann erhalten Sie keine Rückmeldung vom Compiler. Das ist am Anfang etwas verwirrend, weil man sich fragt, ob die Übersetzung überhaupt durchgeführt worden ist. Sie können sich aber mit Hilfe des Kommandos ls -l (oder dir) überzeugen, dass die ausführbare Datei angelegt worden ist.

Die Fehlermeldungen des C-Compilers enthalten meist eine Zeilennummer und eine Fehlerbeschreibung. Es empfiehlt sich, die Fehlermeldungen von oben nach unten abzuarbeiten, da manchmal ein Fehler eine ganze Reihe von Folgefehlern bewirkt. Weiterhin sollten Sie bei der Fehlersuche auch immer die Zeile über der angegebenen Fehlerzeile betrachten. Oft erkennt der Compiler einen Fehler erst bei der Bearbeitung der folgenden Zeile.

Zur Illustration der Fehlerbeschreibung des gcc-Compilers, werden im Folgenden einige typische Tippfehler und die daraus resultierenden Fehlermeldungen präsentiert. Dies sollte Ihnen bei der anfänglichen Fehlersuche helfen.

Zuerst vertippen wir uns bei der Include-Datei und geben den Dateinamen studio.h statt stdio.h ein:

```
#include <studio.h>
```

Die Datei `studio.h` existiert nicht. Daher meldet der Compiler einen Fehler in Zeile 1 der Quellcode-Datei `prog.c` und teilt mit, dass er weder eine Datei (file) noch ein Verzeichnis (directory) diesen Namens gefunden hat:

```
prog.c:1: studio.h: No such file or directory
```

Da der Compiler Gross- und Kleinschreibung beachtet, müssen die Namen von Funktionsaufrufen korrekt angegeben werden. Die Funktion `printf()` zur Bildschirmausgabe sei nun mit einem Grossbuchstaben geschrieben:

```
Printf("\n Mein erstes C-Programm für LINUX \n");
```

Dieser Fehler wird erst spät im Übersetzungsablauf erkannt. Erst beim Zusammenfügen der Funktionen zu einem Gesamtprogramm, beim sogenannten „Linken“ der Programmteile, merkt der Rechner, dass ihm eine Funktion fehlt. Er ist in unserem Beispiel gerade dabei eine temporäre Datei `ccUdRLZx.o` (ein per Zufallsgenerator erzeugter Dateiname) zu bearbeiten und merkt, dass er keinen Verweis (reference) auf die Funktion `Printf` findet. In diesem Falle erhalten Sie keinen Hinweis auf die fehlerhafte Zeile Ihrer Datei:

```
/tmp/ccUdRLZx.o: In function `main':
/tmp/ccUdRLZx.o(.text+0x9): undefined reference to `Printf'
collect2: ld returned 1 exit status
```

Texte in einem C-Programm (die auch Zeichenketten oder String genannt werden) müssen durch Anführungsstriche am Anfang und am Ende gekennzeichnet werden. In der folgenden Zeile fehlt das Anführungszeichen am Ende der Zeichenkette:

```
printf("\n Mein erstes C-Programm für LINUX \n );
```

Die Zeichenkette (string) ist also nicht korrekt begrenzt (terminated) und der Compiler meldet einen `unterminated string` in Zeile 5 der Quellcode-Datei `prog.c`:

```
prog.c:5: unterminated string or character constant
prog.c:5: possible real start of unterminated constant
```

Der C-Compiler erkennt eine Funktion an einem Paar von runden Klammern nach dem Funktionsnamen. In den runden Klammern stehen die Übergabeparameter der Funktion, falls die Funktion Übergabeparameter hat. Das Klammernpaar kann aber auch leer sein. Fehlende Klammern, wie unten gezeigt, bringen den gesamten Übersetzungsvorgang durcheinander:

```
printf("\n Mein erstes C-Programm für LINUX \n" ;
```

Der Compiler meldet nun einen `parse error` in Zeile 5. Das „parsing" ist ein Schritt ganz am Anfang der Übersetzung des C-Programms. Dabei werden Schlüsselwörter, Operatoren und eben auch Klammern gesucht und zugeordnet:

```
prog.c: In function `main':
prog.c:5: parse error before `;'
```

Etwas tückisch ist ein fehlender Strichpunkt (Semikolon), der normalerweise die Aufgabe hat, das Ende einer Anweisung zu kennzeichnen:

```
printf("\n Mein erstes C-Programm für LINUX \n")
```

Dieser Fehler wird beim „parsing" meist erst in der nächsten Zeile bemerkt. In unserem Falle ist das an der Stelle, an der die geschweifte Klammer des Hauptprogramms geschlossen wird. Der Compiler meldet dann einen `parse error` in Zeile 6, obwohl der Fehler bereits in Zeile 5 aufgetreten ist. Untersuchen Sie bei der Fehlersuche, wie schon erwähnt, daher auch immer die Zeile über der gemeldeten Fehlerstelle:

```
prog.c: In function `main':
prog.c:6: parse error before `}'
```

Der wahrscheinlich letzte mögliche Fehler in unserem Programm besteht darin, die geschweifte Klammer des Hauptprogramms zu vergessen. Auch dies wird vom Compiler als `parse error` bezeichnet, mit dem Hinweis, dass dieser Fehler am Ende der verarbeiteten Datei (`end of input`) aufgetreten ist:

```
prog.c: In function `main':
prog.c:6: parse error at end of input
```

2.3.3 Fehlerbeseitigungs-Strategie

Rufen Sie also im Falle eines Übersetzungsfehlers erneut den Editor auf (oder wechseln Sie in das Editor-Fenster), verbessern Sie die fehlerhafte Stelle und speichern Sie Ihre Quellcode-Datei erneut ab. Eine Änderung wird erst nach dem Speichern der Datei wirksam. Danach müssen Sie wieder den Übersetzungsvorgang starten. Erfreulicherweise speichert die Textkonsole Ihre eingegebenen Kommandos. Sie brauchen daher nicht jedes Mal den Compileraufruf einzutippen. Es genügt ein Tastendruck auf die Pfeiltaste (Pfeil nach oben) und Ihre letzte Eingabe wird wieder sichtbar.

Editieren und übersetzen Sie Ihr Programm so lange, bis es keine Fehlermeldung mehr gibt und eine ausführbare Datei entstanden ist.

2.3.4 Compiler-Warnungen einschalten

Manchmal ist es hilfreich, sich vom Compiler zusätzliche Warnmeldungen ausgeben zu lassen, z.B. wenn man neue C-Funktionen ausprobiert und sich nicht sicher ist, ob man die richtige Header-Datei eingebunden hat.

Warnmeldungen lassen sich individuell konfigurieren, meist genügt es aber, alle vorgesehenen Warnungen zu aktivieren. Rufen Sie dazu den Compiler mit der Option `Wall` (warning all, kurz W all) auf:

```
gcc -Wall prog.c -o prog
```

Mehr dazu erfahren Sie aus dem Hilfesystem des gcc-Compilers, den sogenannten „man pages“ (manual pages = Handbuch), das Sie von der Linux-Kommandozeile mit dem Kommando

```
man gcc
```

aufrufen, mit den Pfeiltasten durchblättern und mit der Taste `q` (quit) beenden.

2.4 Anwendungen ausführen

Zum Starten einer ausführbaren Datei müssen Sie deren Namen eintippen und die Eingabe-Taste (hier symbolisiert durch `<Eingabe>`) betätigen:

```
prog <Eingabe>
```

Das Betriebssystem sucht dann nach dieser Datei in allen Verzeichnissen Ihres Suchpfades. Falls Sie die ausführbare Datei in Ihrem aktuellen Arbeitsverzeichnis gerade mit einem Compiler erzeugt haben, sollte es eigentlich keine Probleme geben.

Läuft das Programm nicht an, dann sind zwei Dinge zu prüfen: erstens muss die Datei gefunden werden und zweitens muss sie ausführbar sein.

Gerade Linux-Einsteiger vergessen gelegentlich, dass bei Linux die Gross- und Kleinschreibung unterschieden wird. Das ist ein gravierender Unterschied zu MS-DOS/Windows-Rechnern:

```
Prog <Eingabe>
```

Dieses Kommando führt zu einer Fehlermeldung, weil `Prog` und `prog` (und `PROG` ...) jeweils unterschiedliche Dateien sind.

Weiterhin muss die ausführbare Datei im aktuellen Verzeichnis oder Suchpfad sein. Den Inhalt des aktuellen Verzeichnisses zeigt Ihnen `ls -l` (oder `dir`). Den Suchpfad anzeigen können Sie mit

```
$PATH <Eingabe>
```

Probleme kann es auch geben, wenn es in Ihrem Suchpfad bereits eine ausführbare Datei mit dem Namen gibt, den Sie Ihrer ausführbaren Datei zugedacht haben. In diesem Falle können Sie eine Ausführung im aktuellen Verzeichnis erzwingen:

```
./prog <Eingabe>
```

Der vorangestellte Punkt und der Schrägstrich bewirken, dass das Betriebssystem den Suchpfad ignoriert und die ausführbare Datei im aktuellen Arbeitsverzeichnis verwendet.

Sie sollten der ausführbaren Datei nicht den Namen `test` geben. In der Regel gibt es nämlich bereits eine ausführbare Datei dieses Namens in dem Verzeichnis `/usr/bin`. Findet das Betriebsystem diese Datei vor der von Ihnen erstellten Datei, dann wird Ihr eigenes Programm gar nicht ausgeführt. Sie sehen dann keinerlei Ausgabe auf dem Bildschirm, sondern nur eine erneute Eingabeaufforderung.

Eine gefundene Datei wird nur dann ausgeführt, wenn der aktuelle Nutzer das Recht zur Ausführung dieser Datei hat, d.h. wenn das entsprechende Attribut (x) der Datei gesetzt ist. Der Compiler setzt dieses Attribut automatisch. Sollten Sie jedoch eine ausführbare Datei von einer MS-DOS/Windows-Diskette kopieren, dann fehlt dieses Attribut.

Attribute werden mit Hilfe des Kommandos `chmod` verändert. Das folgende Kommando macht die Datei `prog` ausführbar:

```
chmod +x prog
```

Im Gegensatz zu dem Betriebssystem MS-DOS/Windows muss eine ausführbare Datei nicht die Dateierweiterung `.exe` oder `.com` haben. Es ist unter Linux sogar unüblich, diese Dateierweiterungen zu verwenden.

2.5 Entwicklungsumgebungen

Entwicklungsumgebungen sind Hilfsprogramme, die dem Programmierer die Arbeit erleichtern sollen. So kann zum Beispiel das Übersetzen des Quellcodes per Mausklick gestartet werden, und es entfällt das Eintippen der zugehörigen Kommandozeile. Entwicklungsumgebungen sind um so hilfreicher, je komplexer die zu entwickelnden Programme werden. Für die in diesem Buch behandelten einfachen Client- und Server-Programme wird allerdings keine Entwicklungsumgebung benötigt.

Für interessierte Leser sei hier erwähnt, dass es unter Linux eine ganze Reihe von Entwicklungsumgebungen gibt. Die Programme `wpe` und `xwpe` werden beispielweise von Helmut Herold [Herold C] vorgestellt und verwendet. Für Programmierer, die neben C auch weitere Programmiersprachen einsetzen möchten, könnte `kdevelop` (unter der Grafikoberfläche KDE) interessant sein.

2.6 Übungsaufgaben zu diesem Kapitel

Die folgenden Übungsaufgaben dienen der Wiederholung einiger grundlegender C-Konstrukte und gleichzeitig als Selbsttest. Sollten Sie die Aufgaben ohne Probleme lösen können, dann besitzen Sie genügend C-Kenntnisse für die nächsten Kapitel. Sind Ihnen die Lösungen nicht (oder nicht mehr) bekannt, dann sollten Sie die folgenden Lösungshinweise und Repetitorien sorgfältig durcharbeiten. Eventuell ist darüber hinaus auch ein Blick in ein C-Lehrbuch empfehlenswert.

2.6.1 Aufgabe 2.1: Ein Array mit Quadratzahlen füllen

Schreiben Sie ein Programm, das die folgenden Aufgaben ausführt:

- ein Array vom Typ `int` mit 20 Elementen deklariert
- dieses Array mit den Quadratzahlen von 1 – 20 beschreibt
- den Inhalt des Arrays auf dem Bildschirm ausgibt, und zwar in der Form: `Die Zahl xxx zum Quadrat ist yyy`

Hinweise:

- Ein Array für Integer-Zahlen deklarieren Sie mit der Anweisung

```
int zahlen[n];
```

wobei n die Anzahl der Elemente des Arrays angibt.

- Eine for-Schleife hat die Form:

```
for(x=0; x<10;x++)
```

mit `x=0` erste Anweisung
`x<10` Schleifenbedingung (muss erfüllt sein)
`x++` Schleifenanweisung, wird am Ende der Schleife ausgeführt

2.6.2 Aufgabe 2.2: Eine Datenstruktur für komplexe Zahlen

Schreiben Sie ein Programm, das die folgenden Aufgaben ausführt:

- eine Datenstruktur für die Speicherung einer komplexen Zahl definiert und eine Variable von diesem Typ deklariert
- Realteil und Imaginärteil in die komplexe Zahl einliest
- den Inhalt der komplexen Zahl auf dem Bildschirm ausgibt, und zwar in der Form: `x + j y` oder `x - j y`

Hinweise:

- Datenstruktur definieren Sie durch die folgende Konstruktion:

```
struct name
  {
   typ komponente
  };
```

- Eine Fallunterscheidung gestalten Sie mit `if` und `else`:

```
if (Bedingung)
  {...}
else
  {...}
```

2.7 Lösungshinweise und Repetitorium

2.7.1 Aufgabe 2.1: Ein Array mit Quadratzahlen füllen

Zur Lösung dieser Aufgabe benötigen Sie ein Array zur Speicherung der Zahlen und eine `for`-Schleife. Hier zunächst das vollständige Programm im Überblick:

```
/******************************************************************/
/* Dateiname   : Quadratzahlen.c                                  */
/* Beschreibung: Beispielprogramm                                 */
/*               gibt die Quadratzahlen von 1 bis 20 aus          */
/******************************************************************/

#include <stdio.h>

main()
  {
   int index;
   int zahlen[20];

   for(index=0; index<20; index++)
    {
     zahlen[index] = (index+1)*(index+1);
     printf("\n Die Zahl %d zum Quadrat",index+1);
     printf(" ist %d", zahlen[index]);
    }
  }
```

Die Musterlösung beginnt mit einem Kommentar. Kommentare sind Texte im Quelltext, die nur der Erläuterung dienen:

```
/*************************************************************/
/* Dateiname   : Quadratzahlen.c      ...
```

Kommentare werden vom Compiler ignoriert. Sie erkennen Kommentare an der Zeichenkombination `/*` und `*/`. Alles, was zwischen diesen Zeichen steht gehört zum Kommentar. Kommentare können sich auch über mehrere Zeilen erstrecken. Bei moderneren Compilern (insbesondere bei C++ Compilern) können Sie auch noch ein anderes Kommentarzeichen verwenden: //. Dieser doppelte Schrägstrich leitet einen Kommentar ein, der nur über eine Zeile geht. Daher bracht man keine Ende-Marke für den Kommentar:

```
// Die Quadratzahlen von 1 bis 20 ausgeben
```

Da in der Musterlösung nur eine Funktion, und zwar die `printf()`-Funktion verwendet wird, wird auch nur eine Header-Datei eingebunden:

```
#include <stdio.h>
```

Die Datei `stdio.h` enthält, wie bereits zuvor erläutert, die Deklarationen der Ein/Ausgabe-Funktionen.

Es folgt der Beginn des Hauptprogramms, gekennzeichnet durch die Funktion `main()` und die geöffnete geschweifte Klammer:

```
main()
  {
```

Das Programm benötigt zwei Variablen. Die Variable `index` wird als Zählvariable genutzt, um nacheinander die Zahlen von 0 bis 19 zu speichern. Die Variable `zahlen` stellt ein Array (= Vektor) dar und kann 20 Zahlen speichern.

Die folgenden Zeilen deklarieren die beiden Variablen. Dabei wird der Typ der Variablen auf `int` (Integer) festgelegt, da in beiden Variablen nur ganze Zahlen gespeichert werden sollen:

```
    int index;
    int zahlen[20];
```

Anhand der eckigen Klammern erkennt der Compiler, dass es sich bei der Variablen `zahlen` um ein Array handelt, und dass dieses Array 20 Elemente haben soll. Der Compiler reserviert daher Speicherplatz für die Variablen index und zahlen. Der Inhalt der Variablen ist jedoch noch unbestimmt.

Auf die einzelnen Elemente des Arrays können Sie zugreifen, indem Sie dem Rechner in der eckigen Klammer mitteilen, welches Element Sie bearbeiten wollen. Wichtig ist dabei, dass der Compiler die Nummerierung der Elemente mit 0 beginnt. Das erste Element hat somit den Index (die Nummer) 0 und wird als zahlen[0] geschrieben. Das letzte Element hat den Index 19 (zahlen[19]).

Da in dem Programm mehrfach gleichartige Arbeitsschritte ausgeführt werden sollen, bietet es sich an, eine Kontrollstruktur zur Befehlswiederholung zu verwenden. Geeignet ist die sogenannte for-Schleife, da es diese ermöglicht, die Anzahl der Wiederholungen explizit anzugeben:

```
for(index=0; index<20; index++)
```

Die for-Schleife wird durch drei Anweisungen gesteuert, die in runden Klammern hinter das Kennwort for geschrieben werden.

Die erste Anweisung ist ein Initialisierungsausdruck und wird nur einmal, zu Beginn der Schleife ausgeführt. Im vorliegenden Beispiel wird die Variable index auf 0 gesetzt.

Die zweite Anweisung gibt an, wie lange die Schleife ausgeführt werden soll. Hier ist angegeben, dass die Schleife so lange laufen soll, so lange der Inhalt der Variablen index kleiner ist als 20. Diese Bedingung wird jeweils zu Beginn der Schleife geprüft.

Die dritte Anweisung wird am Ende jedes Schleifendurchlaufs ausgeführt. Die Anweisung index++ bewirkt die Erhöhung des Inhalts von index um 1 (d.h. die Variable wird inkrementiert).

Die bei jedem Schleifendurchlauf auszuführenden Anweisungen sind unterhalb der for-Steuerzeile durch geschweifte Klammern zusammengefasst:

```
{
```

Zunächst wird eine Quadratzahl berechnet und in einem Element des Arrays gespeichert:

```
    zahlen[index] = (index+1)*(index+1);
```

Es gibt in C keinen Operator für die Berechnung eines Quadrates. Entweder man multipliziert eine Zahl mit sich selbst (wie hier gezeigt) oder man ruft eine mathematische Funktion auf. Geeignet wäre die Potenzfunktion pow() aus der Bibliothek math.h.

Beachten Sie bitte, dass die Basis der Quadratzahl um 1 größer ist als der Index des Arrayelements, in dem die Quadratzahl gespeichert wird. Die erste Quadratzahl wird für index = 0 berechnet und lautet (0+1)+(0+1), d.h. 1. Die nächste Quadratzahl wird für index = 1 berechnet und lautet (1+1)*(1+1), d.h. 2. Die letzte Quadratzahl wird für index = 19 berechnet und lautet (19+1)*(19+1), d.h. 400.

Danach erfolgt die Ausgabe der Basis und der Quadratzahl mit Hilfe von zwei printf()-Aufrufen (wobei die beiden Aufrufe auch zu einem, dann aber längeren, Aufruf zusammengefasst werden könnten).

```
printf("\n Die Zahl %d zum Quadrat",index+1);
printf(" ist %d", zahlen[index]);
```

Die Zeichenkombinationen %d in den Formatangaben der printf()-Funktionen sind sogenannte Platzhalter für Variablen. Platzhalter beginnen immer mit einem Prozentzeichen. Danach kommt ein oder mehrere Zeichen, die festlegen, wie der Inhalt der Variablen ausgegeben werden soll. In unserem Beispiel gibt der Buchstabe d an, dass der Variableninhalt als Dezimalzahl auf dem Bildschirm erscheinen soll. Die zum Platzhalter gehörige Variable wird nach der Format-Zeichenkette (nach den Anführungsstrichen), abgetrennt durch ein Komma, angegeben. In der ersten printf()-Anweisung ist das die Variable index , erhöht um 1. In der zweiten printf()-Anweisung wird der Inhalt des Arrayelements index des Arrays zahlen ausgegeben.

Das Programm endet mit zwei schließenden geschweiften Klammern. Die erste Klammer beendet den Anweisungsblock der for-Schleife. Die zweite Klammer beendet den Anweisungsblock des Hauptprogramms:

```
    }
}
```

2.7.2 Aufgabe 2.2: Eine Datenstruktur für komplexe Zahlen

Zur Lösung dieser Aufgabe benötigen Sie eine Strukturvariable zur Speicherung der komplexen Zahlen, die scanf()-Funktion zum Einlesen von Zahlen und eine if-else-Konstruktion zur Fallunterscheidung. Hier zunächst wieder das vollständige Programm im Überblick:

```
/*****************************************************************/
/* Dateiname   : KomplexeZahlen.c                               */
/* Beschreibung: Beispielprogramm                               */
/*               Einlesen und Ausgeben von komplexen Zahlen     */
/*****************************************************************/
```

```
#include <stdio.h>

struct komplex
  {
   int realteil;
   int imaginaerteil;
  };

main()
  {
   struct komplex zahl;
   printf("\n Bitte Realteil eingeben: ");
   scanf("%d",&zahl.realteil);
   printf("\n Bitte Imaginärteil eingeben: ");
   scanf("%d",&zahl.imaginaerteil);

   printf("\n\n %d ", zahl.realteil);

   if (zahl.imaginaerteil > 0)
     {
      printf("+ j %d \n",zahl.imaginaerteil);
     }
   else if (zahl.imaginaerteil < 0)
     {
      printf("- j %d \n", -(zahl.imaginaerteil) );
     }
   }
```

Das Programm beginnt mit einem Kommentar und einer `include`-Anweisung. Beides wurde im vorherigen Programm ausführlich erläutert:

```
/* ... */

#include <stdio.h>
```

Neu ist die darauf folgende Definition einer Datenstruktur. Die Datenstruktur erhält den Namen `struct komplex` und besteht aus den zwei Komponenten `realteil` und `imaginaerteil`:

```
struct komplex
  {
   int realteil;
   int imaginaerteil;
  };
```

Datenstrukturen dienen dazu, zusammengehörige Informationen in einer einzigen Variablen ablegen zu können. Im vorliegenden Beispiel ist dies der Realteil und der Imaginärteil einer komplexen Zahl. Später werden wir in Datenstrukturen z.B. Adressen, Adressformate und Portnummern von Internetverbindungen zusammenfassen.

Datenstrukturen müssen vor der Verwendung definiert werden. Damit erfährt der Compiler, welche Komponenten eine Datenstruktur hat und von welchem Typ jede einzelne Komponente ist. Diese Information benötigt der Rechner, um ausreichend Speicherplatz für Strukturvariablen diesen Typs reservieren zu können. Die oben gezeigten Zeilen enthalten noch keine Variablendeklaration, d.h. es gibt noch keine Variable, in der tatsächlich eine komplexe Zahl gespeichert werden könnte.

Beachten Sie bitte auch, dass der Compiler keine Umlaute in Variablennamen akzeptiert. Daher muss die Komponente für den Imaginärteil mit `ae` geschrieben werden.

Die Definition der Datenstruktur erfolgt außerhalb des Hauptprogramms. Später werden wir Datenstrukturen verwenden, die in Header-Dateien definiert sind. In diesem Falle sehen Sie die Definition nicht explizit in Ihrem Programm.

```
main()
  {
```

Die erste Zeile des Hauptprogramms enthält die Deklaration der Strukturvariablen `zahl`:

```
    struct komplex zahl;
```

Entsprechend der Definition des Typs `struct komplex` hat diese Variable die Komponenten `realteil` und `imaginaerteil`. Die Deklaration reserviert nun Speicherplatz für diese beiden Komponenten, legt aber den Inhalt nicht fest. Die Komponenten werden im Programm durch die Angabe von Variablennamen und Komponentennamen, verbunden mit einem Punkt, angesprochen. Der Realteil heißt dementsprechend `zahl.realteil`.

Im weiteren Programmverlauf sollen der Real- und der Imaginärteil einer komplexen Zahl eingelesen werden. Es erfolgt zunächst eine Aufforderung an den Benutzer des Programms, damit er erkennt, dass der Rechner nun auf eine Eingabe über die Tastatur wartet:

```
    printf("\n Bitte Realteil eingeben: ");
```

Eingelesen wird mit Hilfe der `scanf()`-Funktion. Diese ermöglicht das formatierte Einlesen (scan formatted), d.h. der Rechner prüft, ob die eingelesenen

Zeichen zum Format der Variable passt, in der die Eingabe gespeichert werden soll:

```
scanf("%d",&zahl.realteil);
```

In der Klammer der scanf()-Funktion steht zuerst die Format-Zeichenkette. Zwischen den Anführungszeichen dieser Zeichenkette wird ein Platzhalter angegeben, der wie bei der printf()-Funktion mit einem Prozentzeichen beginnt. Der Buchstabe d gibt wieder das Dezimalformat vor, d.h. der Rechner akzeptiert alle Ziffern zwischen 0 und 9. Jedes Zeichen, das nicht dieser Vorgabe entspricht, beendet die Eingabe.

Nach dem Komma wird dann angegeben, wo die eingelesene Zahl gespeichert werden soll. Das &-Zeichen vor dem Variablennamen ist ein Adressoperator. Dieser Operator bewirkt, dass die Adresse der folgenden Variablen (hier zahl.realteil) ermittelt und an die Funktion scanf() übergeben wird. Damit weiß die Funktion, wohin sie die eingelesene Zahl schreiben soll. In der Fachsprache heißt eine derartige Variablenübergabe an eine Funktion auch „call by reference“, also „Funktionsaufruf mit Übergabe einer Referenz“. Hier wird nicht der Inhalt einer Variablen übergeben, sondern die Adresse dieser Variablen. Damit kann die Funktion auf die Variable direkt zugreifen und auch den Inhalt der Variablen ändern. Und genau das soll die scanf()-Funktion hier tun.

Das gleiche Spiel wird nun mit dem Imaginärteil der komplexen Zahl wiederholt. Zuerst erfolgt eine Eingabeaufforderung mit printf(), dann wird eine Zahl mit scanf() eingelesen und in der Komponenten imaginaerteil der Strukturvariablen zahl abgespeichert:

```
printf("\n Bitte Imaginärteil eingeben: ");
scanf("%d",&zahl.imaginaerteil);
```

In der zweiten Programmhälfte soll die gerade eingelesene Zahl in mathematisch korrekter Form ausgegeben werden. Dabei sind drei Fälle zu unterscheiden. Falls der Imaginärteil positiv ist, dann muss als Trennzeichen zwischen Real- und Imaginärteil ein + j ausgegeben werden (z.B.: 5 + j 2). Ist der Imaginärteil negativ, dann muss als Trennzeichen zwischen Real- und Imaginärteil ein - j ausgegeben werden (z.B.: 5 - j 2). Ist der Imaginärteil gleich 0, dann braucht er nicht ausgegeben zu werden.

Der Realteil wird in jedem Falle ausgegeben, daher kann dieser Teil der Ausgabe in einer Anweisung vor der Fallunterscheidung erfolgen:

```
printf("\n\n %d ", zahl.realteil);
```

Es erscheinen nun zwei Zeilenvorschübe (Leerzeilen) auf dem Bildschirm und dann der Inhalt der Komponente `realteil` im Dezimalformat.

Die Fallunterscheidung kann mit Hilfe einer `if ... else if ...` Konstruktion programmiert werden. Der Rechner prüft dabei zuerst die Bedingung, die nach dem Kennwort `if` in runden Klammern angegeben wird. Ist die Bedingung erfüllt, dann wird der Anweisungsblock nach dem Kennwort `if` ausgeführt. Ist die Bedingung nicht erfüllt, dann springt das Programm zu der `else if` Anweisung und prüft die danach folgende Bedingung. Ist diese erfüllt, dann wird der Anweisungsblock nach der `else if` Anweisung ausgeführt. Ist die Bedingung nicht erfüllt, dann wird überhaupt keine Anweisung ausgeführt.

```
if (zahl.imaginaerteil > 0)
```

Die erste Bedingung ist erfüllt, wenn der Imaginärteil der eingegebenen komplexen Zahl positiv (größer als 0) ist. In diesem Falle muss der Text `+ j` und dann der Inhalt der Komponente `imaginaerteil` ausgegeben werden.

```
{
 printf("+ j %d \n",zahl.imaginaerteil);
}
```

Ist die erste Bedingung nicht erfüllt, der Imaginärteil also nicht positiv, dann wird geprüft, ob der Imaginärteil negativ (kleiner als 0) ist:

```
else if (zahl.imaginaerteil < 0)
```

In diesem Falle muss der Text `- j` und der Inhalt der Komponente `imaginaerteil`, multipliziert mit –1, ausgegeben werden. Die Multiplikation verhindert, dass das negative Vorzeichen des Imaginärteils nach dem `j` ausgegeben wird. Ohne diese Multiplikation würde z.B. bei einem Imaginärteil von –7 der Text `5 - j -7` ausgegeben werden:

```
{
 printf("- j %d \n", -(zahl.imaginaerteil) );
}
```

Das Programm endet mit einer geschweiften Klammer, die den Anweisungsblock der `main()`-Funktion schließt:

```
}
```

2.8 Literaturhinweise zu Linux und C

Literatur zur Installation und Konfiguration von Linux:

[Kofler] Kofler, Michael:
"Linux. Installation, Konfiguration, Anwendung, mit 3 DVDs (Fedora 8, openSUSE 10.3, Ubuntu 7.10)"
München: Addison-Wesley, 8. Aufl., 2007, 1344 S., ISBN 978-3827324788

[Teufel] Teufel, Stefanie:
„Jetzt lerne ich SUSE Linux 10.1"
Markt + Technik, 2006, 401 S., ISBN 978-3827240880

[Welsh] Welsh, Matt; Dalheimer, Matthias Kalle, Dawson, Terry; Kaufman, Lar:
„Linux. Wegweiser zur Installation und Konfiguration"
Beijing: O'Reilly, 4. Aufl., 2003, 755 S., ISBN 3-89721-353-2
Sehr nützlich ist die in diesem Buch enthaltene ausführliche Bibliographie auf den Seiten 725 bis 730.

Literatur zu Knoppix:

[www:Knopper] Auf der Homepage von Klaus Knopper finden sich Hinweise zum Download von Knoppix und viele weitere Infos: www.knoppix.de

[www:Knoppix c't] Die Computer-Fachzeitsch rift c't beschreibt z.B. in Heft 6 von 2009 die neueste Knoppix-CD/DVD und enthält als Beilage eine CD mit einer speziellen Edition dieser Software: www.heise.de
Hinweis: Rufen Sie diese Web-Seite auf und geben Sie in die Suchmaske „Knoppix" ein, dann werden die letzten Zeitschriftenartikel zu Knoppix angezeigt.

Literatur zur C-Programmierung:

[Herold C] Herold, Helmut; Arndt, Jörg:
"C-Programmierung unter Linux / Unix / Windows: Beispiele, Anwendungen, Programmiertechniken"
Millin, 2004, 1085 S., ISBN 978-3899901238
Eine ausführliche Einführung in die Programmiersprache C.

[RRZN] Regionales Rechenzentrum für Niedersachsen / Universität Hannover
"C Die Programmiersprache C. Ein Nachschlagewerk"
Hannover, RRZN, 16. Auflage, 2007, 150 S.
Ein sehr preiswertes Skriptum zur Programmiersprache C wird vom Rechenzentrum der Universität Hannover herausgegeben und über die Rechenzentren von Universitäten und Fachhochschulen an Studierende abgegeben (ca. 150 Seiten, ca. 3 Euro).

2.8 Literaturhinweise zu Linux und C

Literatur zur Installation und Konfiguration von Linux

Kofler, Michael:
Linux, Installation, Konfiguration, Anwendung. [illegible]
[illegible]
[illegible], Addison-Wesley, [illegible] Aufl., 20[illegible] – ISBN 978-3-8273-[illegible]

[illegible], Stefanie:
[illegible]
[illegible] ISBN 978-3-[illegible]

[illegible] Linux [illegible] Installation und Konfiguration [illegible]
[illegible]

Literatur zu Knoppix

[illegible] Knoppix [illegible]

[illegible] Knoppix [illegible] CD/DVD [illegible]

[illegible]

Literatur zur C-Programmierung

Herold, Helmut; [illegible]:
Programmierung [illegible] Linux/Unix [illegible]
Programmiertechniken.
[illegible] 2006, [illegible] ISBN 978-3-8273-[illegible]
[illegible] C.

[illegible]
[illegible]
Hannover [illegible] Auflage, 20[illegible]
[illegible]

3 Ein Client, der Verbindungen aufbaut

Diese Kapitel dient der Einführung in die Socket-Programmierung. Zunächst wird der Begriff „Socket" erläutert und veranschaulicht. Es wird ein erstes Client-Programm vorgestellt, das die Aufgabe hat, eine TCP-Verbindung zu einem Server herzustellen. Anhand dieses Beispiels werden die zur Konfiguration eines Sockets benötigten Datenstrukturen und Parameter eingeführt. Mit Hilfe der `socket()`-Funktion wird ein Socket erzeugt. Der Verbindungsaufbau erfolgt durch Aufruf der Funktion `connect()`. Nach Auswertung des Ergebnisses von `connect()` wird im Fehlerfalle mit `perror()` eine Fehlermeldung ausgegeben. Die Funktion `close()` schließt den Socket. In einer Übungsaufgabe wird das erste Beispielprogramm zu einem Port-Scanner erweitert.

3.1 Was ist ein „Socket" ?

Ein Socket ist ein Kommunikationsendpunkt und für den Programmierer der Punkt, an dem er seine Daten abgeben und abholen kann. Der Begriff bedeutet übersetzt „Steckdose" und ist eine Anspielung auf die Kommunikationstechnik: Wenn Sie telefonieren wollen, dann muss der Stecker Ihres Telefons in eine Telefon-Anschlussdose eingesteckt sein. Von dort führt eine Leitung zur Telefon-Anschlussdose Ihres Gesprächspartners. Dieser muss ebenfalls seinen Telefonapparat mit der Anschlussdose verbunden haben. Analog dazu benötigt ein Client-Programm und ein Server-Programm jeweils eine „Steckdose", also einen „Socket", mit Anschluss an das Internet (Bild 3.1).

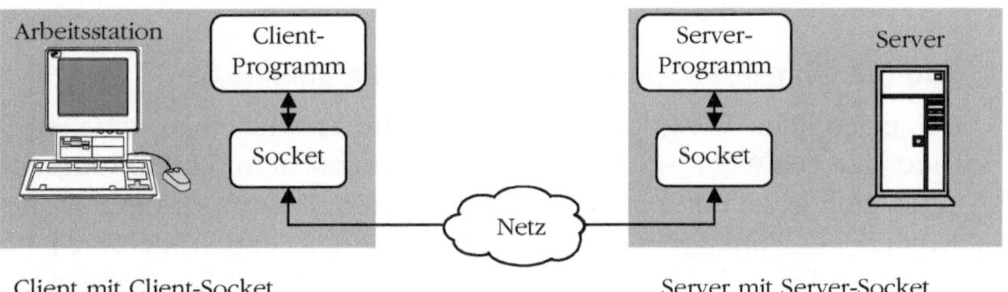

Bild 3.1: Client-Socket und Server-Socket

Programmtechnisch ist der Socket ein Speicherbereich, in dem einerseits Konfigurationsparameter einer Verbindung und andererseits ankommende und abgehende Daten zwischengespeichert werden können. Dem Socket sind somit Variablen (Datenstrukturen) und Pufferspeicher zugeordnet.

Der Socket ist eine Ressource des Betriebssystems, auf den Sie als Programmierer keinen direkten Zugriff haben. Der Socket wird immer einem Prozess zugeordnet. Sie können aber mit Hilfe von C-Funktionen auf den Socket zugreifen und dort Daten anfordern oder abgeben.

Ein Socket wird bei Bedarf erzeugt und kann auch wieder beseitigt werden, wenn er nicht mehr benötigt wird. Nach der Erzeugung kann der Programmierer festlegen, ob der Socket einem Client-Programm oder einem Server-Programm zugeordnet werden soll. Ein Server erhält einen „Server Socket" (listening socket = „horchender Socket"), der auf Anrufe wartet. Ein Client benötigt einen „Client Socket", der Verbindungen zu Servern aufbauen kann.

3.2 Ablauf eines Client-Programms

Wir wollen zunächst den prinzipiellen Ablauf eines Client-Programms für eine verbindungsorientierte Datenkommunikation (TCP) untersuchen. Ein Client-Programm beginnt mit der Erzeugung eines Sockets durch Aufruf der Funktion `socket()` (Bild 3.2). Dabei wird durch Angabe von IP-Adresse und Port-Nummer auch schon festgelegt, zu welchem Server eine Verbindung hergestellt werden soll.

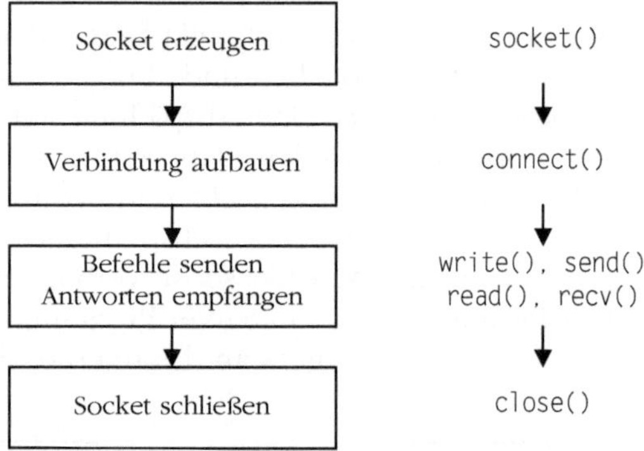

Bild 3.2: Prinzipieller Ablauf eines Client-Programms

Der eigentliche Verbindungsaufbau erfolgt erst in einem zweiten Schritt mit Hilfe der `connect()`-Funktion. Nach erfolgreichem Verbindungsaufbau können Daten gesendet und empfangen werden. Hierfür stehen eine Reihe unterschiedlicher Funktionen zur Verfügung. Es kann auch mehrfach hintereinander gesendet und empfangen werden. Am Ende wird der Socket geschlossen (`close()`). Dies beendet auch gleichzeitig die TCP-Verbindung zum Server. In der Regel beseitigt dann das Betriebssystem den Socket-Puffer, es sei denn, er wird noch von anderen Programmen benötigt. Sollte die `close()`-Funktion fehlen, dann wird der Socket bei Beendigung des Client-Programms geschlossen.

3.3 Beispielprogramm ClientConnect.c

Hier zunächst der gesamte Quellcode des Programms, das nur eine TCP-Verbindung aufbaut, ohne Daten höherer Protokollschichten zu übertragen:

```
/*****************************************************************/
/* Dateiname    : ClientConnect.c                                */
/* Beschreibung: Client-Programm                                 */
/*               baut eine TCP-Verbindung zu einem Server auf    */
/*****************************************************************/

#include <sys/socket.h>
#include <stdio.h>
#include <arpa/inet.h>
#include <unistd.h>

int main()
  {
   int socket_nummer;
   int laenge;
   struct sockaddr_in adressinfo;
   int ergebnis;

   socket_nummer = socket(AF_INET, SOCK_STREAM, 0);

   adressinfo.sin_family = AF_INET;
   inet_pton(AF_INET,"127.0.0.1",&adressinfo.sin_addr.s_addr);
   adressinfo.sin_port = htons(80);
   laenge = sizeof(adressinfo);

   ergebnis = connect(socket_nummer,
                      (struct sockaddr *)&adressinfo, laenge);
   if (ergebnis == 0)
     {
      printf("\nVerbindungsaufbau erfolgreich");
     }
   else
     {
      perror("Fehler beim Verbindungsaufbau: ");
     }
   close(socket_nummer);
   printf("\n\n");
   return(0);
  }
```

3.3.1 Programmablaufplan

Anhand dieses Beispiels können wir bereits die Erzeugung eines Sockets und den Aufbau der TCP-Verbindung untersuchen. Dieses Beispielprogramm wird dann im nächsten Kapitel um das Senden und Empfangen von Daten erweitert und dient uns insofern als Grundgerüst.

Im Beispielprogramm wird nur das Ergebnis des Verbindungsaufbaus mit Hilfe einer einfachen Fallunterscheidung (`if ... else ...`) ausgewertet und danach wird das Programm beendet (Bild 3.3).

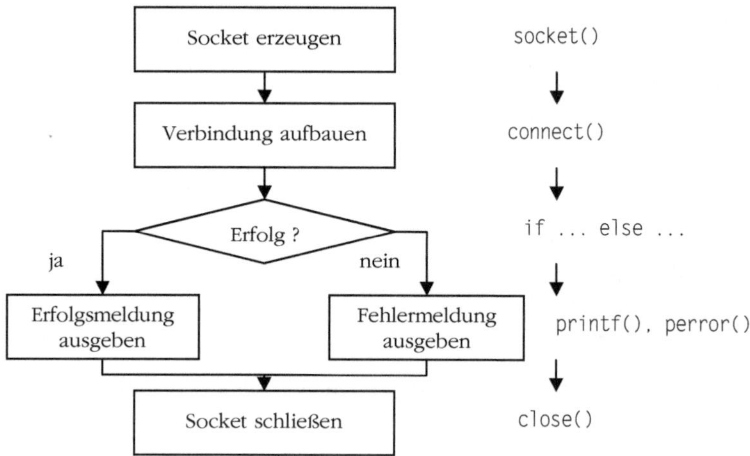

Bild 3.3: Programmablauf des Programms ClientConnect.c

Im Folgenden werden wir das Beispielprogramm Zeile für Zeile durchgehen und die benötigten Hintergrundinformationen erarbeiten.

3.3.2 Header-Dateien

Das Programm beginnt mit der Einbindung von 4 Header-Dateien, in denen die verwendeten Funktionen, Konstanten und Datentypen definiert sind:

`#include <sys/socket.h>`	für Socket-Funktionen, z.B.: `socket()`
`#include <stdio.h>`	für Ein/Ausgabe-Funktionen, z.B.: `printf()`
`#include <arpa/inet.h>`	für Typumwandlungen, z.B.: `inet_ntop()`
`#include <unistd.h>`	für Dateioperationen wie z.B.: `close()`

Einige Header-Dateien binden selbst per `#include`-Anweisung weitere Header-Dateien ein. So wird z.B. von `arpa/inet.h` die Header-Datei `netinet/in.h` und `sys/types.h` eingebunden. Somit stehen auch die dort abgelegten Definitionen unserem Programm zur Verfügung und wir sparen uns einige Zeilen Programmcode.

Wir werden in den folgenden Programmen noch weitere Header-Dateien einbinden müssen, die zu gegebener Zeit ergänzt und erläutert werden.

3.3.3 Variablen-Deklarationen

Wir benötigen für das Programm drei Integer-Variablen und eine Strukturvariable vom Typ `struct sockaddr_in`:

```
int main()
  {
   int socket_nummer;
   int laenge;
   struct sockaddr_in adressinfo;
   int ergebnis;
```

Die `socket_nummer` dient zur Identifikation des Sockets, der von unserem Programm verwendet werden wird. Das Betriebssystem kann mehrere Sockets gleichzeitig verwalten und vergibt daher bei der Erzeugung des Sockets eine eindeutige Identifikationsnummer. Diese wird bei folgenden Funktionsaufrufen als Parameter immer mitgeführt.

Die `laenge` ist eine ganze Zahl und gibt an, aus wie vielen Bytes die Adressinformation des Sockets besteht. Diese Länge wird im Verlauf des Programms berechnet und hängt von den verwendeten Protokollen ab.

Das `ergebnis` enthält den Rückgabewert der Funktion, die die TCP-Verbindung aufbauen soll. Anhand des Rückgabewertes kann entschieden werden, ob eine Verbindung zustande kam (dann ist das Ergebnis gleich 0) oder nicht.

Interessant ist hier die Strukturvariable `adressinfo`. Sie wird benötigt, um die Adressinformation des Zielrechners unserer TCP-Verbindung zu speichern, also die Adresse des angesprochenen Servers. Da diese Adressinformation aus mehreren Teilen besteht (z.B. IP-Adresse, Port-Nummer etc.) hat man hier eine Datenstruktur definiert, die alle diese Informationen zusammenfasst.

3.3.4 Einen Socket einrichten mit der Funktion socket()

Die Funktion `socket()` richtet einen neuen Socket ein und liefert die Identifikationsnummer (auch Deskriptor genannt) dieses Socket zurück:

```
socket_nummer = socket(AF_INET, SOCK_STREAM, 0);
```

Die Funktion erwartet drei Übergabeparameter: die Adressfamilie, den Verbindungstyp und eine Protokollnummer.

Mit der Adressfamilie (manche Autoren sprechen hier auch von der Protokollfamilie) wird festgelegt, welches Vermittlungs- und Transportprotokoll der Socket verwenden soll. In unserem Beispiel ist hier `AF_INET` angegeben, d.h. wir verwenden die Adressfamilie des Internet, also die Protokolle IP als Vermittlungsprotokoll und TCP oder UDP als Transportprotokoll.

`AF_INET` ist eine Konstante, die in einer der Header-Dateien definiert ist. Manche Programmierer verwenden auch die Konstante `PF_INET` (für Protokollfamilie), die aber den gleichen Wert wie `AF_INET` hat.

Es werden noch weiterer Adressfamilien unterstützt, z.B. `AF_UNIX` für das Unix-Dateisystem und `AF_APPLETALK` für AppleTalk-Netzwerke.

3.3.5 Verbindungstyp und Protokollnummer

Der zweite Übergabeparameter der Funktion `socket()` legt den Verbindungstyp fest. Für das Internet sind insbesondere die verbindungsorientierte, gesicherte Verbindung (SOCK_STREAM) und die verbindungslose, ungesicherte Datenübertragung (SOCK_DGRAM) von Bedeutung

Die Funktion `socket()` akzeptiert eine ganze Reihe von weiteren Werten für diesen Parameter. Welche Protokolle tatsächlich genutzt werden können, hängt jedoch vom aktuell verwendeten Linux-Kernel (also der Betriebssystemversion) ab. Die folgenden drei Werte sollten immer nutzbar sein:

`SOCK_STREAM`	Als Transportprotokoll wird TCP (Transmission Control Protocol) verwendet. Es wird eine virtuelle Verbindung zu dem Kommunikationspartner aufgebaut. Die Verbindung wird gegen Datenverlust gesichert. Das Programm kann diese Verbindung nutzen, als ob es sich um eine Datei (Stream) handelte.
`SOCK_DGRAM`	Als Transportprotokoll wird UDP (User Datagram Protocol) eingesetzt. Die Kommunikation ist verbindungslos und kann mit mehreren Kommunikationspartnern erfolgen. Die einzelnen Nachrichten sind nicht gegen Verlust gesichert.
`SOCK_RAW`	Es wird kein Transportprotokoll verwendet. Das Programm erhält sogar Zugriff auf die Datenfelder des IP-Protokolls in den einzelnen Datenpaketen. Mit dieser Option können z.B. ICMP-Pakete gesendet und ausgewertet werden. Das Programm benötigt Root-Rechte zur Ausführung und kann somit von normalen Linux-Nutzern nicht gestartet werden.

Tabelle 3.1: Wichtige Verbindungstypen der Internet-Protokollfamilie

Weitere Verbindungstypen sind z.B. in [Walton, S. 404] beschrieben.

Der dritte Parameter der Funktion socket() kann verwendet werden, um gezielt ein Transportprotokoll auszuwählen. Dieser Parameter wird bei Internetprogrammen normalerweise nicht benötigt, da mit dem zweiten Parameter bereits klar gemacht wurde, welches Protokoll zum Einsatz kommt. Wir setzen den Parameter auf 0 und überlassen damit der Funktion socket() die Wahl des Transportprotokolls. In unserem Beispiel wird damit TCP ausgewählt, da dies das einzige gesicherte (Stream) Protokoll des Internets ist.

3.3.6 Adressinformation des Zielrechners zusammenstellen

Die Adressinformation des Zielrechners muss in drei Komponenten der Strukturvariablen adressinfo eingetragen werden (Bild 3.4).

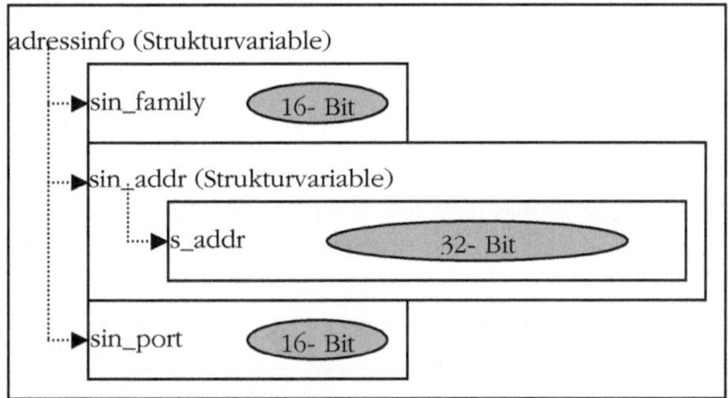

Bild 3.4: Aufbau der Strukturvariablen adressinfo

Die Definition des Struktur-Typs sockaddr_in für Adressinformation im Internet (IP)-Format erfolgt in der Header-Datei netinet/in.h:

```
struct sockaddr_in
  {
   short int            sin_family;    = Adressfamilie (16 Bit)
   unsigned short int   sin_port;      = Portnummer (16 Bit)
   struct in_addr       sin_addr;      = IP-Adresse (32 Bit)
  };
```

Die eingebettete IP-Adressstruktur hat die folgende Definition:

```
struct in_addr
  {
   unsigned long int s_addr;     = 32-Bit-Binärformat
   };
```

Die erste Komponente sin_family ist eine 16-Bit-Zahl (short integer). Hier wird die bereits bei der Erstellung des Sockets angegebene Adressfamilie AF_INET eingetragen:

```
adressinfo.sin_family = AF_INET;
```

Die zweite Komponente `sin_addr` ist selbst eine Strukturvariable, allerdings eine mit nur einer Komponenten `s_addr`. Diese etwas seltsam anmutende Konstruktion wurde gewählt, weil die Adressinformation anderer Protokolle aus mehreren Teilen bestehen kann und man hier eine allgemeingültige Datenstruktur entworfen hat. Nur für das Internet-Protokoll wäre diese Verschachtelung nicht nötig gewesen.

Da wir hier mit dem Internet-Protokoll in der Version 4 (IPv4) arbeiten, ist die IP-Adresse eine 32-Bit-Zahl (integer). Eine IP-Adresse in „dotted decimal" Schreibweise muss vor der Speicherung in das Binärformat umgewandelt werden. Dies übernimmt die Funktion `inet_pton()`:[1]

```
inet_pton(AF_INET,"127.0.0.1",&adressinfo.sin_addr.s_addr);
```

Der Name der Funktion `inet_pton()` zeigt an, dass hier eine Information aus dem Darstellungsformat (d.h. Darstellung für den Menschen, englisch: presentation) umgewandelt wird in ein Netzwerkformat (englisch: network). Also Umwandlung von „presentation to network", kurz: `pton`.

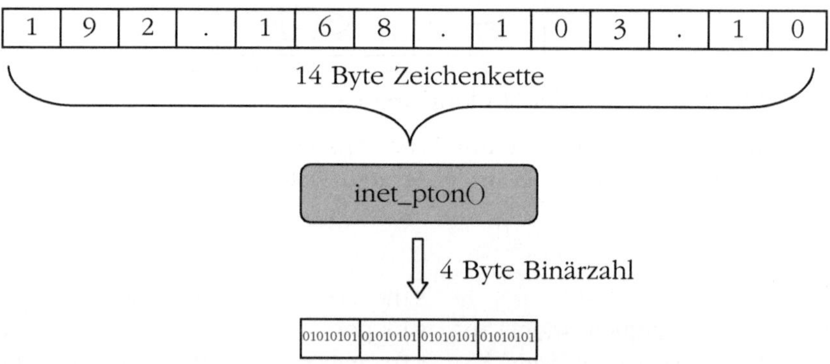

Bild 3.5: Umwandlung von „dotted decimal" IP-Adressen

Die Funktion benötigt 3 Eingabeparameter: zuerst die Angabe, mit welchem Adressformat gearbeitet werden soll. Wir nehmen `AF_INET`, damit weiß die Funktion, dass eine IP-Adresse im IPv4-Format folgt. Die Funktion könnte übrigens auch eine IPv6 Adresse umwandeln, dann wäre hier die Konstante `AF_INET6` zu verwenden [Zahn, S. 169].

[1] Die in der 1. Auflage dieses Buches noch verwendete Funktion `inet_addr()` sollte nicht mehr eingesetzt werden, da sie veraltet ist [Zahn, S. 174].

Dann folgt die IP-Adresse in Form einer Zeichenkette als Übergabeparameter. Diese Zeichenkette hat das bereits in Kapitel 1 erläuterte Format aus Zahlen und Punkten (Bild 3.5).

Der dritte Parameter der Funktion `inet_pton()` ist ein Zeiger auf die Komponente der Datenstruktur `adressinfo`, in der die IP-Adresse abgelegt werden soll: `&adressinfo.sin_addr.s_addr` .

Manche Programmierer schreiben hier kürzer: `&adressinfo.sin_addr`. Man kann hier ausnutzen, dass die Komponente `s_addr` die gleiche Adresse im Speicher hat wie die Komponente `sin_addr`, da `s_addr` die erste Komponente von `sin_addr` ist. Die folgende Zeile würde also auch funktionieren:

```
inet_pton(AF_INET,"127.0.0.1",&adressinfo.sin_addr);
```

Die dritte Komponente von `adressinfo` ist wieder eine 16-Bit-Zahl (short integer). In diese Komponente wird die Port-Nummer des anzusprechenden Serverprogramms gespeichert:

```
adressinfo.sin_port = htons(80);
```

Hierbei ist jedoch zu beachten, dass unter Umständen ein Computersystem (host) ein anderes Speicherformat für Integerzahlen verwendet, als das Internet (network) (Bild 3.6).

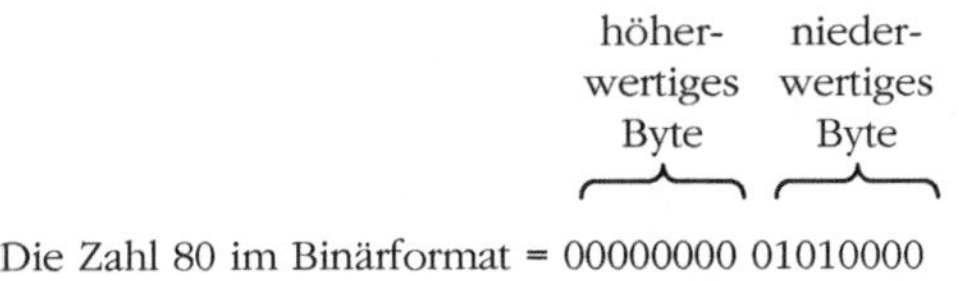

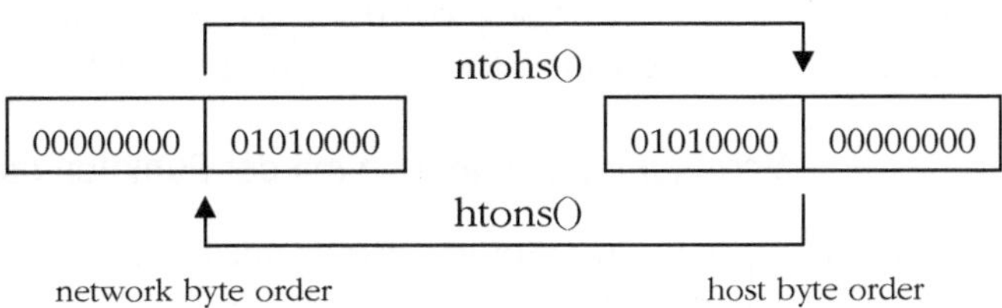

Bild 3.6: Anpassung der Byte-Orientierung mit Hilfe von `htons()`

Um diese Stolperstelle zu beseitigen, wird eine Umwandlungsfunktion `htons()` aufgerufen. Der Funktionsname ist eine Abkürzung für „host to network byte order conversion for short integer", also „Umwandlung von 16-Bit-Zahlen in der Byte-Orientierung des Computersystems in die Byte-Orientierung des Netzwerks".

In unserem Beispiel soll das Port 80 angesprochen werden. Die Port-Nummer als 16 Bit-Integerzahl ist binär mit 0000000001010000 repräsentiert, wobei das höherwertige Byte den Wert 00000000 enthält und das niederwertige Byte den Wert 01010000.

Unser Computersystem (Linux auf einem Intel-Prozessor vorrausgesetzt) speichert die beiden Bytes aber in umgekehrter Reihenfolge, also erst das niederwertige Byte 01010000 und dann das höherwertige Byte 00000000. Dies ist die sogenannte „Host Byte Order".

Die Internet-Protokolle dagegen speichern die Bytes so, wie es der binären Darstellung entspricht. Die „Network Byte Order" hat also an erster Stelle das höherwertige Byte, an zweiter Stelle das niederwertige Byte.

Würde man die vom Computer binär gespeicherte Port Nummer direkt an das IP-Protokoll übergeben, dann würden die Bits falsch interpretiert. Das IP-Protokoll würde dann die 01010000 als höherwertiges Byte und die 00000000 als niederwertiges Byte werten. Dies entspricht aber der Zahl 20480. Unser Programm würde also ohne Aufruf der Funktion `htons()` statt mit Port 80 mit dem Port 20480 eine Verbindung aufbauen.

Für die Umwandlung von Byte-Orientierungen gibt es eine ganze Sammlung von Funktionen. Für die 16-Bit-Zahlen (short integer) sind die Funktionen `htons()` und `ntohs()` zuständig. Für 32-Bit-Zahlen gibt es `ntohl()` und `htonl()`. Hinweise hierzu finden Sie in der Funktionsreferenz im Anhang.

Die Funktion `connect()` benötigt eine Angabe der Länge der zusammengestellten Adressinformation. Diese Angabe wird hier mit Hilfe von `sizeof()` ermittelt und in der Variablen Länge zwischengespeichert:

```
laenge = sizeof(adressinfo);
```

Das Ergebnis von `sizeof()` („size of" übersetzt = „Größe von") ist eine ganze Zahl, die angibt, aus wie vielen Bytes die Strukturvariable `adressinfo` besteht.

3.3.7 Verbindungen aufbauen mit der Funktion connect()

Der Verbindungsaufbau zum Server erfolgt mit Hilfe der `connect()` Funktion, die hierfür den zuvor erzeugten Socket (`socket_nummer`) verwendet und die in der Strukturvariablen `adressinfo` zusammengestellte Adressinformation auswertet:

```
ergebnis = connect(socket_nummer, &adressinfo, laenge);
```

Die Adressinformation wird als Referenz übergeben (= Adresse der Variablen). Daher steht vor dem Namen der Strukturvariablen der Adressoperator &. Wird die Funktion `connect()` wie oben beschrieben aufgerufen, dann bringen einige C-Compiler die Warnung, dass der Typ der Variablen `adressinfo` nicht stimmt. Die Funktion `connect()` erwartet die Adresse einer Funktion vom Typ `struct sockaddr`, nicht vom Typ `struct sockaddr_in` (Erklärung: siehe [Zahn, S. 183]). Dieses Problem kann man durch eine Typumwandlung beseitigen:

```
ergebnis = connect(socket_nummer,
                   (struct sockaddr *)&adressinfo, laenge);
```

Rückgabewert der Funktion `connect()` ist eine 0, wenn die Verbindung erfolgreich aufgebaut werden konnte und eine –1, wenn die Verbindung nicht zustande kam.

Hinter dem Verbindungsaufbau steckt ein Austausch kurzer Datenpakete, in denen TCP-Kommandos versendet werden (Bild 3.7). Der Client schickt die Meldung SYN (= Synchronisation) an den Server, dessen Adresse und Portnummer in der Strukturvariablen `addressinfo` gespeichert ist.

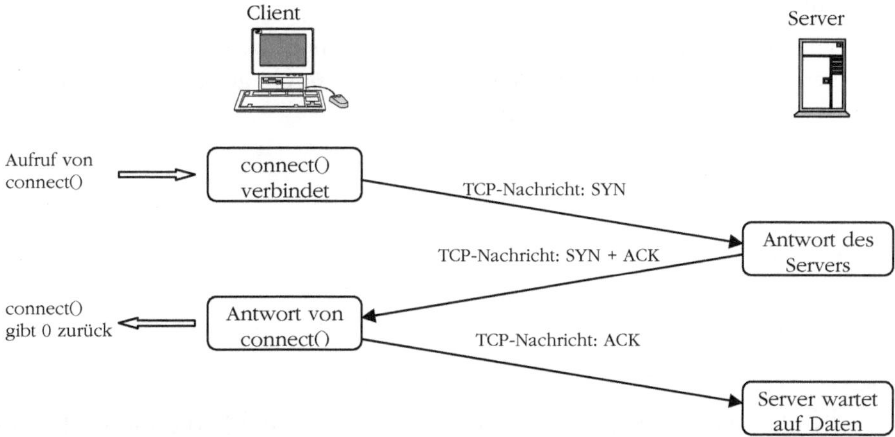

Bild 3.7: TCP-Verbindungsaufbau zwischen Client und Server

Falls dieser Server nicht existiert (weil z.B. die IP-Adresse oder die Port Nummer falsch war), dann erhält der Client keine Antwort, und die `connect()` Funktion liefert nach einer definierten Wartezeit („time out") eine Fehlermeldung an das aufrufende Programm zurück (`ergebnis` hat dann den Wert –1).

Falls der Server keine Verbindung aufbauen will (oder kann), weil er z.B. ausgelastet ist, dann kann er auch eine Meldung senden, in der er den Verbindungswunsch ablehnt. Auch dann wird `connect()` mit –1 beendet, allerdings wesentlich schneller als bei einem „time out".

Nur wenn der Server den Verbindungswunsch akzeptiert, erhält der Client durch die Kommandos SYN und ACK (= Acknowledge = Bestätigung) eine positive Antwort. Der Client wird diese Antwort gegenüber dem Server mit einem dritten Datenpaket bestätigen, in dem wieder das Kommando ACK enthalten ist. Diese Prozedur der drei Datenpakete nennt man auch einen „3-way-handshake“.

Die Funktion connect() meldet dann einen erfolgreichen Verbindungsaufbau durch Rückgabe der Zahl 0 an das aufrufende Programm.

3.3.8 Auswertung des Rückgabewertes von connect()

Die Funktion connect() gibt nicht nur einen Funktionswert zurück, sie schreibt auch im Fehlerfall einen Fehlercode in die externe Variable errno (= Error Number). Eine Fehlerbeschreibung wird zusätzlich als Text abgespeichert.

Sie haben verschiedene Möglichkeiten, diese Fehlermeldung auszuwerten. Die Fehlercodes sind in der Header-Datei errno.h definiert, und es gibt eine String-Funktion strerror(), die Ihnen einen Zeiger auf die Fehlerbeschreibung liefern kann.

Wie in dem folgenden kleinen Code-Fragment gezeigt, können Sie sich die Fehlerbeschreibung mit Hilfe von strerror() geben lassen und mit der printf() Funktion ausgeben:

Beispiel:

```
...
char *fehlertext;
int fehlernummer;
...
fehlertext = strerror(fehlernummer);
printf("Fehler: %s ",fehlertext);
...
```

Es gibt aber auch eine spezielle Funktion perror(), die direkt die Fehlerbeschreibung ausgibt. Sie können dieser Funktion einen Text als Parameter übergeben, der noch vor dem Fehlertext ausgegeben wird.

Um Sie vor Überraschungen zu bewahren, hier ein Hinweis darauf, wie Linux mit Textausgaben Ihres Programms umgeht. Linux stellt Ihrem Programm automatisch zwei Ausgabedateien zur Verfügung: stdout (standard output) und stderr (standard error). In diese beiden Dateien kann Ihr Programm Text schreiben, der dann von Linux auf einem Textbildschirm angezeigt wird.

Beachten Sie bitte, dass perror() nicht auf die Standardausgabe stdout schreibt (wie printf()), sondern auf die Fehlerausgabe stderr. Linux verwaltet diese Ausgabedateien getrennt voneinander. Wenn Sie keine andere Einstellung vorgenommen haben, dann erscheinen beide Dateiinhalte in dem Textfenster, in dem Sie Ihr Programm gestartet haben. Zuerst wird stdout aus-

ausgegeben, danach `stderr`. Wenn Sie in Ihrem Programm Textausgaben auf beide Ausgabedateien machen, dann erscheinen diese unter Umständen nicht in der Reihenfolge, in der die Ausgabefunktionen aufgerufen worden sind. Sie werden diesen Effekt bei einigen der folgenden Programme sehen.

Der Vorteil von `perror()` besteht darin, dass der Funktionsaufruf sehr kurz ausfällt. Hier das entsprechende Code-Fragment:

Beispiel:

```
...
perror("Fehler: ");
...
```

Wir werden daher in Zukunft oft von `perror()` Gebrauch machen. In unserem Beispielprogramm `ClientConnect.c` ist der Aufruf von `perror()` im `else`-Zweig der Fallunterscheidung eingebaut:

```
if (ergebnis == 0)
  {
   printf("\nVerbindungsaufbau erfolgreich");
  }
else
  {
   perror("Fehler beim Verbindungsaufbau: ");
  }
```

War `connect()` erfolgreich, dann erscheint die Meldung „Verbindungsaufbau erfolgreich". Im anderen Fall wird der Text „Fehler beim Verbindungsaufbau:" und danach die Fehlerbeschreibung ausgegeben.

Mögliche Fehlermeldungen sind z.B.:

```
Fehler beim Verbindungsaufbau: no route to host
```

Falls Sie eine IP-Adresse verwenden, für die Ihr Rechner keinen Weg zum Zielrechner findet. Oder, falls Sie ein Port ansprechen, das nicht belegt ist:

```
Fehler beim Verbindungsaufbau: Connection refused
```

An dieser Stelle sollten Sie mit dem Beispielprogramm etwas experimentieren und verschiedene IP-Adressen und Port-Nummern ausprobieren. Falls Ihnen die IP-Adresse Ihres Rechners nicht bekannt ist, können Sie immer `127.0.0.1` verwenden. Diese Adresse ist per Definition die Adresse des „localhost", also des Rechners, auf dem Ihr Programm läuft.

Die Port-Nummer 80 wurde mit bedacht gewählt. Dies ist die Port-Nummer, die von den Web-Servern verwendet wird. Falls auf Ihrem Rechner also ein

Web-Server läuft, sollte Ihr Client-Programm eine Verbindung zu diesem Programm herstellen können, und Sie sehen die Meldung:

```
Verbindungsaufbau erfolgreich
```

3.3.9 Socket schließen mit close()

Zum Abschluss des Programms wird der zu Beginn geöffnete Socket wieder geschlossen. Das Betriebssystem kann die belegten Ressourcen wieder freigeben und alle Datenpuffer auflösen.

```
  close(socket_nummer);
  printf("\n\n");
  return(0);
}
```

Die letzte `printf()`-Anweisung gibt noch einmal zwei Leerzeilen aus, damit die Eingabeaufforderung von Linux nicht direkt hinter der letzten ausgegebenen Textmeldung erscheint.

Die `return()`-Funktion meldet dem Betriebssystem, dass das Programm erfolgreich durchgeführt und beendet wurde. Das Hauptprogramm wurde als Funktion vom Typ `int` definiert (`int main()`), daher wird hier eine ganze Zahl zurückgegeben, wobei der Wert `0` unter Linux als „erfolgreich" definiert ist (z.B. erkennbar an der Konstanten `EXIT_SUCESS` in der Include-Datei `stdlib.h`). Der Aufruf der `return()`-Funktion ist für unser Programm selbst nicht nötig, das Weglassen führt aber evtl. zu einer Warnmeldung des Compilers bei der Programmübersetzung, da der `main()`-Funktion dann der Rückgabewert fehlt.

3.4 Übungsaufgabe 1: nach offenen Ports suchen

3.4.1 Aufgabenstellung

In der nun folgenden Übung sollen Sie das obige Beispielprogramm erweitern:

Aufgabe: Schreiben Sie ein Programm, das nacheinander alle Ports ihres Rechners anspricht und jeweils versucht, eine Verbindung herzustellen („Port Scan"). Nach jedem erfolgreichen Verbindungsversuch soll die Port ausgegeben werden:

```
Verbindungsaufbau an Port xx erfolgreich
```

An dieser Stelle sei darauf hingewiesen, dass dieses Programm mit Bedacht eingesetzt und nur an eigenen Rechnern getestet werden sollte. Das „Scannen" von Ports ist eine beliebte Methode, Schwachstellen und Einbruchsmöglichkeiten an Rechnern herauszufinden. Falls Sie einen Portscan an einem fremden Rechner machen, kann dies leicht als feindlicher Übergriff interpretiert werden und unangenehme Konsequenzen für Sie haben. Außerdem erzeugt das Portscan-Programm viel Datenverkehr, da bei jedem Verbindungsversuch kleine Pakete an den Zielrechner geschickt werden. Sie belasten daher das verwendete Netzwerk ganz beträchtlich. Auch dies könnte Ihnen ein Netzwerk-Operator übel nehmen.

3.4.2 Well-Known Ports

Bevor Sie sich nun auf die Suche nach offenen Ports, also aktiven Netzwerkdiensten machen, hier noch ein paar Angaben zu den „well known ports". Wie im ersten Kapitel bereits erwähnt, sind eine ganze Reihe von Port-Nummern an Standard-Server-Programme vergeben. Sie können die Liste der vergebenen Port-Nummern aus dem Internet laden:

```
http://www.iana.org/assignments/port-numbers
```

Sie finden die Liste aber auch auf Ihrem Linux-Rechner in der Datei `services` im Verzeichnis `etc/`:

```
etc/services
```

Hier ein Auszug aus dieser Datei mit einigen der wichtigsten Port-Nummern. Die Datei enthält inzwischen über 5000 Einträge. Die erste Spalte gibt immer den Namen des Dienstes an. Dann folgt die Port-Nummer und eine Angabe des Transportprotokolls (UDP oder TCP). Dahinter steht ein erläuternder Kommentar. Beachten Sie, dass viele Dienste sowohl das UDP- als auch das TCP-Port belegen:

```
...
echo            7/tcp   Echo  #
echo            7/udp   Echo  #
discard         9/tcp   Discard sink null #
discard         9/udp   Discard sink null #
systat         11/tcp   users  # Active Users
systat         11/udp   users  # Active Users
daytime        13/tcp   Daytime   # (RFC 867)
daytime        13/udp   Daytime   # (RFC 867)
netstat        15/tcp       # Unassigned [was netstat]
qotd           17/tcp   quote  # Quote of the Day
```

```
qotd            17/udp     quote # Quote of the Day
msp             18/tcp           # Message Send Protocol
msp             18/udp           # Message Send Protocol
chargen         19/tcp     ttytst source  # Character Generator
chargen         19/udp     ttytst source  # Character Generator
ftp-data        20/tcp           # File Transfer [Default Data]
ftp-data        20/udp           # File Transfer [Default Data]
ftp             21/tcp           # File Transfer [Control]
fsp             21/udp           # UDP File Transfer
ssh             22/tcp           # SSH Remote Login Protocol
ssh             22/udp           # SSH Remote Login Protocol
telnet          23/tcp           # Telnet
telnet          23/udp           # Telnet
...
http             80/tcp      # World Wide Web HTTP
http             80/udp      # World Wide Web HTTP
...
sunrpc          111/tcp      # SUN Remote Procedure Call
sunrpc          111/udp      # SUN Remote Procedure Call
...
mysql           3306/tcp       # MySQL
mysql           3306/udp       # MySQL
...
x11             6000-6063/tcp        # X Window System
x11             6000-6063/udp        # X Window System
...
```

Die ersten 100 Standard Ports sind z.B. in [Walton, S. 405] beschrieben. Für uns bleibt das Port 80 wichtig, weil dort der Web-Server aktiv ist. Die Port-Nummern oberhalb von 80 wurden aufgelistet, weil sie in der folgenden Musterlösung vom Port-Scanner als offene Ports entdeckt werden. Die Wahrscheinlichkeit ist groß, dass Sie diese Ports auch an Ihrem Rechner als offen detektieren.

3.5 Lösungshinweise zu Aufgabe 1

Sie können die Übungsaufgabe dadurch lösen, dass Sie eine Variable `portnummer` einführen. Die Port-Nummer ist eine 16-Bit-Variable (`short int`) ohne Vorzeichen (`unsigned`), da es nur positive Port-Nummern gibt.

In einer `for`-Schleife lassen Sie die Port-Nummer von 0 beginnend bis zum größten 16-Bit-Wert (2^{16}-1 = 65535) hochzählen. In jedem Schleifendurchlauf wird eine Verbindung zum Server mit der aktuellen Port-Nummer aufgebaut.

Falls dieser Verbindungsaufbau erfolgreich ist, wird die entsprechende Port-Nummer ausgegeben.

```
/*************************************************************/
/* Dateiname   : PortScan.c                                  */
/* Beschreibung: Client-Programm                             */
/*               baut Verbindung zu allen TCP-Ports auf      */
/*************************************************************/

#include <sys/socket.h>
#include <stdio.h>
#include <arpa/inet.h>
#include <unistd.h>

int main()
  {
   int socket_nummer;
   int laenge;
   struct sockaddr_in adressinfo;
   int ergebnis;
   unsigned short int portnummer;
   char ip_adresse[] = "127.0.0.1";

   for (portnummer = 0;portnummer<65535;portnummer++)
     {
      socket_nummer = socket(AF_INET, SOCK_STREAM, 0);
      adressinfo.sin_family       = AF_INET;
      inet_pton(AF_INET, ip_adresse, &adressinfo.sin_addr.s_addr);
      adressinfo.sin_port         = htons(portnummer);
      laenge = sizeof(adressinfo);

      ergebnis = connect(socket_nummer,
                         (struct sockaddr *)&adressinfo, laenge);

      if (ergebnis == 0)
        {
         printf("\n Verbindungsaufbau erfolgreich an");
         printf(" IP %s - Port %d",ip_adresse,portnummer);
        }

      close(socket_nummer);
     }

    return(0);
  }
```

Die IP-Adresse wurde in diesem Programm in einem Char-Array abgelegt, da sie zweimal benötigt wird: zum Füllen der Adress-Datenstruktur und für die Ausgabe bei erfolgreichem Verbindungsaufbau.

Das Ergebnis dieses Programms könnte beispielsweise wie folgt aussehen:

```
Verbindungsaufbau erfolgreich an IP 127.0.0.1 - Port 22
Verbindungsaufbau erfolgreich an IP 127.0.0.1 - Port 80
Verbindungsaufbau erfolgreich an IP 127.0.0.1 - Port 111
Verbindungsaufbau erfolgreich an IP 127.0.0.1 - Port 139
Verbindungsaufbau erfolgreich an IP 127.0.0.1 - Port 515
Verbindungsaufbau erfolgreich an IP 127.0.0.1 - Port 3306
Verbindungsaufbau erfolgreich an IP 127.0.0.1 - Port 6000
```

Auf dem untersuchten System läuft offensichtlich (unter anderem), neben dem Web-Server auf Port 80, auch noch ein MySQL-Datenbank-Server auf Port 3306.

3.6 Übungsaufgabe 2: Kommandozeilenparameter

3.6.1 Aufgabenstellung

Unsere bisherigen Programme waren in einer Hinsicht etwas unkomfortabel: die IP-Adressen sind im Quellcode festgelegt, und wir müssen den Quellcode ändern und neu compilieren, um einen anderen Server ansprechen zu können. Dies soll in der folgenden Übungsaufgabe geändert werden.

Aufgabe: Schreiben Sie ein Programm, das eine Verbindung zu einem beliebigen Port und einer beliebigen IP-Adresse herstellt. IP-Adresse und Port-Nummer sollen als Kommandozeilenparameter beim Start des Programms eingegeben werden.

Beispiel: `ClientConnectVariabel 192.168.103.10 80` <Eingabe>

Das Programm `ClientConnectVariabel` wird hier mit zwei Kommandozeilenparametern gestartet. Kommandozeilenparameter werden bei der Eingabe durch Leerzeichen (Space) getrennt. Der erste Parameter ist die IP-Adresse, der zweite Parameter ist die Port-Nummer.

Das Programm soll eine Fehlermeldung ausgeben, wenn die benötigten Parameter fehlen. Weiterhin soll das Ergebnis des Verbindungsaufbaus ausgegeben werden.

3.6.2 Kommandozeilenparameter

Beim Start eines Programms von der Kommandozeile (d.h. aus einem Text-Fenster oder über das Menü „Befehl ausführen") tippen Sie eine Zeichenkette ein. Diese wird vom Betriebssystem analysiert und anhand der Leerzeichen in mehrere Teile zerlegt. Der erste Teil ist das zu startende Programm, im obigen Beispiel also `ClientConnectVariabel`. Das Betriebssystem startet dieses Programm und übergibt ihm zwei Variablen, anhand derer das Programm auf alle Teile der Kommandozeileneingabe zugreifen kann (Bild 3.8).

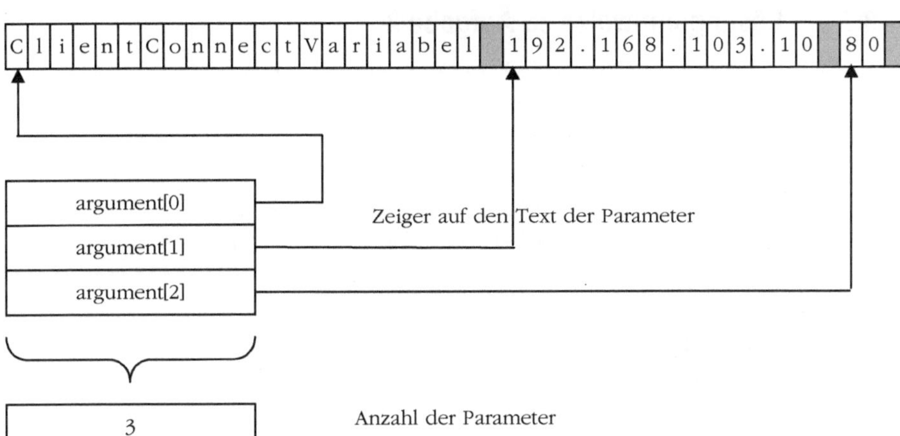

Bild 3.8: Kommandozeile und Kommandozeilenparameter

Die erste Variable ist eine Integer-Zahl, die angibt, wie viele Kommandozeilenparameter vom Nutzer eingegeben worden sind. In unserem Beispiel sind das drei, da der Name des Programms mitgezählt wird.

Die zweite Variable ist ein Array von Zeigern des Typs Character. Diese Zeiger enthalten jeweils die Anfangsadresse der einzelnen Teile der Kommandozeileneingabe. Gibt man diesem Array den Namen argument, dann zeigt der Zeiger argument[1] auf die eingegebene IP-Adresse, der Zeiger argument[2] auf die Port-Nummer.

Diese beiden Variablen müssen als Übergabeparameter des Hauptprogramms deklariert werden. Programme, die mit Kommandozeilenparametern arbeiten, werden daher mit den folgenden Zeilen definiert:

```
int main(int anzahl, char *argument[])
  {
   ... hier der Quellcode des Hauptprogramms
  }
```

Die Variablennamen anzahl und argument sind frei wählbar, englischsprachige Programmierer nehmen hier oft die Namen argc (argument count = Anzahl der Parameter) und argv (argument values = Werte der Parameter). Die Reihenfolge und der Typ der Übergabeparameter jedoch ist festgelegt und darf nicht vertauscht werden.

Beachten Sie bitte auch, dass alle Kommandozeilenparameter als Texte (Strings) abgelegt sind. Dies gilt insbesondere auch für die Port-Nummer. Da Port-Nummern in den Socket-Funktionen als Integer-Zahlen benötigt werden, ist hier noch eine Umwandlung von Text in das Integerformat nötig.

3.7 Lösungshinweise zu Aufgabe 2

```
/*****************************************************************/
/* Dateiname   : ClientConnectVariabel.c                         */
/* Beschreibung: Client-Programm                                 */
/*               baut eine TCP-Verbindung zu einem Server auf.   */
/*               IP-Adresse und Port-Nummer sind Kommandozeilen- */
/*               parameter und damit variabel                    */
/*****************************************************************/
#include <sys/socket.h>
#include <stdio.h>
#include <stdlib.h>
#include <arpa/inet.h>
#include <unistd.h>

int main(int anzahl, char *argumente[])
  {
   int socket_nummer;
   int laenge;
   int ergebnis;
   unsigned short int portnummer;
   struct sockaddr_in adressinfo;
   char *ip_adresse;

   if (anzahl != 3)
     {
      printf("\n Falsche Anzahl von Parametern !");
      printf("\n Bitte IP-Adresse und Portnummer angeben.");
      printf("\n Beispiel:");
      printf("\n\n           ClientConnectVariabel 127.0.0.1 80");
      printf("\n\n verbindet mit Port 80 und IP-Adresse 127.0.0.1");
     }
   else
```

```
    {
     ip_adresse = argumente[1];
     portnummer = atoi(argumente[2]);

     printf("\n Ziel = %s Port %u",ip_adresse, portnummer);

     socket_nummer = socket(AF_INET, SOCK_STREAM, 0);
     adressinfo.sin_family = AF_INET;
     inet_pton(AF_INET,ip_adresse,&adressinfo.sin_addr.s_addr);
     adressinfo.sin_port = htons(portnummer);
     laenge = sizeof(adressinfo);
     ergebnis = connect(socket_nummer,
                        (struct sockaddr *)&adressinfo, laenge);
     if (ergebnis == 0)
       {
        printf("\n\n Verbindungsaufbau erfolgreich");
       }
     else
       {
        perror(" Fehler beim Verbindungsaufbau");
       }
     close(socket_nummer);
    }
  printf("\n\n");
  return(0);
 }
```

Zunächst wurde die Anzahl der Include-Zeilen um 1 erhöht. Wir benötigen die Funktion `atoi()` (siehe unten), die in der Header-Datei `stdlib.h` definiert ist:

```
...
#include <stdlib.h>
...
```

Die Musterlösung entspricht danach im wesentlichen dem ersten Beispielprogramm dieses Kapitels. Es werden zwei zusätzliche Variablen zur Speicherung der IP-Adresse und der Port-Nummer deklariert:

```
...
unsigned short int portnummer;
char *ip_adresse;
...
```

Die Variable `ip_adresse` dient dabei mehr der Lesbarkeit des Programms. Man muss den Zeiger auf den eingegebenen Text nicht unbedingt in eine eigene Zeigervariable `ip_adresse` umkopieren. Man könnte den Zeiger `argument[1]` auch direkt verwenden.

Das Programm beginnt mit der Abfrage, ob die richtige Anzahl von Parametern eingegeben worden ist:

```
...
if (anzahl != 3)
  {
   printf("\n Falsche Anzahl von Parametern !");
   printf("\n Bitte IP-Adresse und Portnummer angeben.");
   printf("\n Beispiel:");
   printf("\n\n         ClientConnectVariabel 127.0.0.1 80");
   printf("\n\n verbindet mit Port 80 und IP-Adresse 127.0.0.1");
  }
...
```

Ist die Anzahl nicht gleich drei, dann wird eine Fehlermeldung und ein Beispiel für eine korrekte Kommandozeile ausgegeben.

Stimmt die Anzahl der Parameter, dann werden diese in das benötigte Datenformat umgewandelt:

```
...
else
  {
   ip_adresse = argumente[1];
   portnummer = atoi(argumente[2]);
   ...
```

Der Zeiger auf die IP-Adresse kann ohne Umwandlung verwendet werden. Er erhält nur einen neuen Namen. Die als Text vorliegende Port-Nummer wird mit Hilfe der `atoi()`-Funktion (`atoi` steht für „ascii `to` `integer`") in eine Integerzahl umgewandelt.

An dieser Stelle könnte man nun prüfen, ob der Nutzer des Programms auch sinnvolle Werte eingegeben hat. In unserem Programm erfolgt diese Prüfung nicht. Fehlerhafte Eingaben wie `xyz` für die IP-Adresse oder `-22` für die Port-Nummer führen dazu, dass der Verbindungsaufbau scheitert. Der Benutzer erhält aber keine weiteren Hinweise, dass dies sein eigener Fehler war. Hier könnten Sie das Programm weiter verbessern...

Rufen wir nun das übersetzte Programm mit einer gültigen IP-Adresse und Port-Nummer auf:

```
ClientConnectVariabel 127.0.0.1 80
```

Vorausgesetzt der Web-Server auf Port 80 ist aktiv, dann sollte das Programm eine Erfolgsmeldung bringen:

```
Ziel = 127.0.0.1 Port 80
Verbindungsaufbau erfolgreich
```

Nun versuchen wir das ganze mit einer nicht belegten Port-Nummer (81):

```
ClientConnectVariabel 127.0.0.1 81
```

Ein Verbindungsaufbau ist dann nicht möglich. Beachten Sie auch wieder die vertauschte Reihenfolge der Textausgabe (erste die Fehlermeldung, dann die normale Textausgabe) aufgrund der Verwendung von `perror()`:

```
Fehler beim Verbindungsaufbau: Connection refused
Ziel = 127.0.0.1 Port 81
```

Schließlich noch der Test unserer Kommandozeilenparameterauswertung. Hierzu wird das Programm ohne Parameter gestartet:

```
ClientConnectVariabel
```

Wie erwartet, wird die Fehlermeldung angezeigt und kein Verbindungsaufbau unternommen:

```
Falsche Anzahl von Parametern !
 Bitte IP-Adresse und Portnummer angeben.
 Beispiel:
      ClientConnectVariabel 127.0.0.1 80
 verbindet mit Port 80 und IP-Adresse 127.0.0.1
```

4 Ein Client, der Dateien anfordert

In diesem Kapitel lernen Sie, Ihren ersten kleinen „Web-Browser“ zu schreiben. Es wird ein Programm entwickelt, das eine Datei von einem Web-Server anfordern kann. Dazu müssen wir uns zuerst das HTTP-Protokoll (Hypertext Transfer Protocol) ansehen, da wir Kommandos aus dessen Befehlsvorrat verwenden. Dann lernen wir, ein Kommando an einen Web-Server abzuschicken und die Antwort des Web-Servers zu lesen. Wir untersuchen mögliche Antwortcodes der Web-Server und werten diese in unserem Programm aus. In einer weiteren Übungsaufgabe sollen Sie schließlich die empfangenen Dateien auf der Festplatte Ihres Rechners abspeichern.

4.1 Das Hypertext Transfer Protokoll (HTTP)

4.1.1 Prinzipieller Aufbau des Protokolls

Das Hypertext Transfer Protocol (HTTP) legt die Kommandos fest, die benötigt werden, um Dateien von einem Web-Server zu einem Browser zu senden (und umgekehrt). Veröffentlicht ist das Protokoll in dem RFC 2068.

Das HTTP-Protokoll kennt eine Reihe von Befehlen für unterschiedliche Arten des Datentransfers, wie z.B. `GET` ... `HEAD` ... `POST` ... `PUT` ... usw. Wir wollen uns im weiteren auf das `GET`-Kommando beschränken, da dieses geeignet ist, eine Datei von einem Server anzufordern. Weitere Informationen zu den anderen Kommandos finden Sie beispielsweise in [Gourley] oder in Band III des Klassikers „TCP/IP illustrated“ [StevensTCP3].

Wichtig für den Browser sind die folgenden 3 Prinzipien des HTTP-Protokolls:

1) HTTP-Befehle bestehen aus lesbarem Text (ASCII-Code)

Dies hat den Vorteil, dass wir die Befehle mit Hilfe von String-Operationen zusammenstellen und in Text-Arrays (Zeichenketten) speichern können. Die Antworten der Server sind ebenfalls als Text lesbar und können nach bestimmten Kennworten durchsucht werden. Die einzigen zu erwartenden Steuerzeichen sind die für den Zeilenumbruch.

2) Befehle können aus mehreren Zeilen bestehen

Neben dem eigentlichen Kommando (z.B.: `GET`) können die HTTP-Befehle noch eine ganze Reihe von Parametern enthalten, in denen z.B. Software-Versionen und Programmnamen mitgeteilt werden. Die einzelnen Bestandteile des Befehls werden durch Steuerzeichen für das Zeilenende getrennt. Für den Betrachter sieht das in einem Editor dann so aus, als würde der Befehl aus mehreren Zeilen bestehen.

3) Befehle enden mit einer Leerzeile (wichtig!)

Das Ende eines HTTP-Befehls wird durch eine Leerzeile markiert. Als Programmierer muss man also zweimal das Steuerzeichen für das Zeilenende erzeugen. Ein HTTP-Befehl ohne diese Leerzeile wird nicht ausgeführt, da der Empfänger vermutet, der Befehl sei unvollständig übertragen worden. Achten Sie daher unbedingt auf den korrekten Abschluss der von Ihnen erzeugten Befehle durch eine Leerzeile.

Leerzeilen können Sie in C mit Hilfe der Steuerzeichen \r und \n erzeugen:

`\r` = return = CR (carriage return)

`\n` = new line = LF (line feed)

Dementsprechend trennt die Zeichen-Kombination `\r\n` die Zeilen der HTTP-Kommandos und `\r\n\r\n` stellt das Ende eines HTTP-Befehls dar.

4.1.2 Datenfluss des HTTP-Protokolls

Ein Datenaustausch mit Hilfe des HTTP-Protokolls erfolgt nach dem Anfrage-Antwort-Prinzip (Request-Response), d.h. der Client sendet eine Anforderung, (z.B. `GET dateiname`) und der Server antwortet darauf mit einem Ergebniscode und weiteren Daten (Bild 4.1).

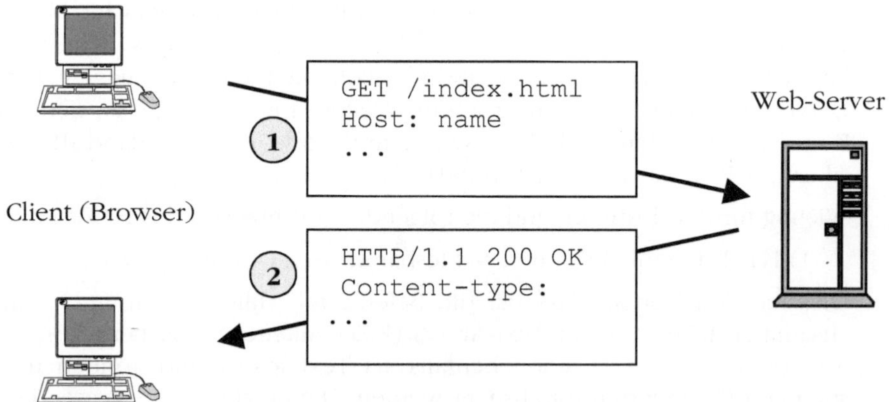

Bild 4.1: Datenfluss des HTTP-Protokolls

Die Antwort des Servers kann dabei aus zwei Teilen (header = Kopf und body = Rumpf) bestehen. Der Kopf ist immer vorhanden und ist immer im Textformat. Im Kopf steht z.B. der Antwortcode des Servers, anhand dessen der Client erkennen kann, ob der Befehl erfolgreich ausgeführt worden ist.

Der Rumpf enthält die angeforderten Daten, z.B. die übertragene Datei oder aber eine Fehlermeldung in einem für den Browser darstellbaren Format. Sie können sich daher nicht darauf verlassen, dass der Rumpf ebenfalls nur lesbaren Text enthält. Unter Umständen sind hier binär codierte Daten angefügt. Sie können aber auf jeden Fall das Datenformat des Rumpfes aus den im Kopf mitgesendeten Formatangaben entnehmen.

4.1.3 HTTP-Befehl zum Anfordern einer Datei

Entsprechend den oben beschriebenen Prinzipien kann der Befehl zur Anforderung einer Datei wie folgt als C-Zeichenkette formuliert werden:

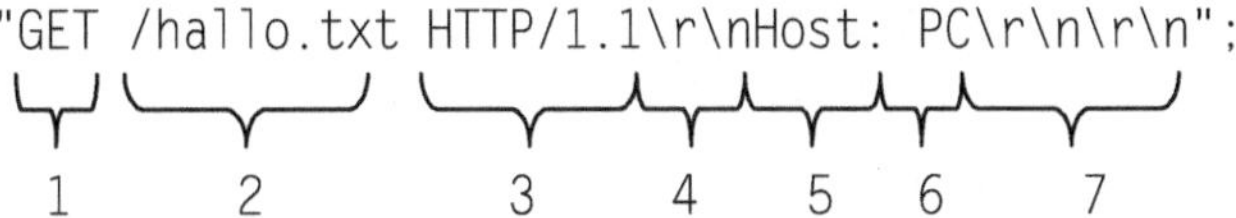

Die einzelnen Bestandteile haben dabei die folgende Bedeutung:

1 = `GET`-Kommando (= eine Datei anfordern)

2 = Name der gewünschten Datei: `hallo.txt`

3 = Version des HTTP-Protokolls: `1.1`

4 = neue Zeile

5 = Parameter-Kennung für den Host-Namen (wird immer benötigt)

6 = Name des Host (frei wählbar): `PC`

7 = neue Zeile und Leerzeile (darf nicht fehlen)

Hier fordert also ein Rechner (mit dem Namen `PC`) die Datei `hallo.txt` an und teilt mit, dass er das HTTP-Protokoll in der Version 1.1 verstehen kann. Sowohl Protokollnummer als auch Host-Name müssen vorhanden sein. Weitere Parameter sind optional und wurden hier weggelassen, um den Befehl möglichst kurz zu halten.

4.2 Beispielprogramm ClientDateiAnfordern.c

4.2.1 Quellcode

Hier zunächst das gesamte Programm, das eine Datei von einem Web-Server anfordert und die empfangene Antwort auf dem Bildschirm ausgibt:

```
/*******************************************************************/
/* Dateiname   : ClientDateiAnfordern.c                            */
/* Beschreibung: Client-Programm                                   */
/*               fordert eine Datei vom Server an                  */
/*******************************************************************/
```

```
#include <sys/socket.h>
#include <stdio.h>
#include <unistd.h>
#include <arpa/inet.h>

int main()
{
 int socket_nummer;
 int laenge;
 int anzahl;
 int ergebnis;
 struct sockaddr_in adresse;
 char empfangene_zeichen[65000];

 unsigned short int portnummer = 80;
 char ip_adresse[] = "127.0.0.1";
 char befehl[] = "GET /hallo.txt HTTP/1.1\r\nHost: PC\r\n\r\n";

 socket_nummer = socket(AF_INET, SOCK_STREAM, 0);

 adresse.sin_family = AF_INET;
 inet_pton(AF_INET,ip_adresse,&adresse.sin_addr.s_addr);
 adresse.sin_port = htons(portnummer);
 laenge = sizeof(adresse);

 ergebnis = connect(socket_nummer,
                    (struct sockaddr *)&adresse, laenge);

 printf("\n Verbindung zu IP %s",ip_adresse);
 printf(" an Port %d",portnummer);

 if (ergebnis == -1)
   {
    perror(" Keine Verbindung erfolgt: ");
   }
 else
   {
    printf("\n Verbindung erfolgt");
    printf(", sende HTTP-Befehl:\n\n%s",befehl);

    anzahl = write(socket_nummer, befehl, sizeof(befehl));

    printf(" es wurden %d Zeichen gesendet",anzahl);

    anzahl = read(socket_nummer, empfangene_zeichen,
                  sizeof(empfangene_zeichen));
```

```
    empfangene_zeichen[anzahl]= '\0';

    printf("\n es wurden %d Zeichen empfangen:",anzahl);
    printf("\n\n%s",empfangene_zeichen);
  }
 close(socket_nummer);
 printf("\n Programm beendet\n\n");
 return(0);
}
```

4.2.2 HTTP-Befehl abschicken

Der HTTP-Befehl kann erst abgeschickt werden, wenn eine Verbindung zum Server mit Hilfe der connect()-Funktion erfolgreich hergestellt worden ist. Der Verbindungsaufbau wurde im letzten Kapitel besprochen und soll hier nicht noch einmal erläutert werden. Wir erweitern das Programm des letzten Kapitels also an der Stelle, an der wir einen erfolgreichen Verbindungsaufbau erkannt haben.

Zuvor müssen wir aber den HTTP-Befehl in einer Zeichenkette ablegen. Im vorliegenden Beispiel erfolgt dies bereits bei der Deklaration der Variablen. Die Zeichenkette befehl wird mit dem Text des HTTP-Befehls initialisiert:

```
char befehl[] = "GET ... ";
```

Diese Methode hat den Vorteil, dass die Zeichenkette befehl nur so viele Speicherplätze belegt, wie für den HTTP-Befehl tatsächlich benötigt werden. Allerdings liegt damit auch der Name der angeforderten Datei fest und kann nicht einfach variiert werden. Möchten Sie mit Ihrem Browser-Programm unterschiedliche Dateien anfordern, dann sollten Sie den HTTP-Befehl besser erst zur Laufzeit des Programms zusammenstellen. Dies können Sie z.B. dadurch bewirken, dass Sie einen Textpuffer für den Befehl anlegen und mit Hilfe der sprintf()-Funktion (String-Print-Funktion) den HTTP-Befehl in den Puffer schreiben:

```
char befehl[100];
...
sprintf(befehl,"GET /%s HTTP ... \r\n",dateiname);
```

Der Textpuffer befehl wurde hier 100 Byte groß gewählt, um auch längere Dateinamen ablegen zu können. Die Variable dateiname enthält den Namen der anzufordernden Datei als Zeichenkette und fügt diesen an Stelle des Platzhalters %s in den HTTP-Befehl ein.

Den HTTP-Befehl können Sie dann z.B. mit Hilfe der `write()`-Funktion abschicken:

```
anzahl = write(socket_nummer, befehl, sizeof(befehl));
```

Die `write()`-Funktion erwartet drei Übergabeparameter:

- Die Nummer des zu verwendenden Sockets
- Einen Zeiger auf die Befehlszeichenkette
- Die Länge der Befehlszeichenkette

Die `write()`-Funktion kopiert die Befehlszeichenkette in einen Sendepuffer des Sockets und veranlasst das Abschicken des HTTP-Befehls. Danach kehrt die Funktion in das aufrufende Programm zurück und meldet, wie viele Zeichen auf die Reise geschickt worden sind. In unserem Beispielprogramm wird diese Information in der Variablen `anzahl` aufgefangen.

4.2.3 Antwort aus dem Socket lesen

Nach einer gewissen Zeit antwortet der angesprochene Web-Server hoffentlich auf unseren HTTP-Befehl. Die Antwortzeit ist in der harten Realität von vielen Faktoren abhängig, nicht zuletzt von der Netzauslastung und der Auslastung des Servers. Da wir in unserem Beispielprogramm einen Web-Server auf unserem eigenen Rechner ansprechen (IP = 127.0.0.1 = localhost), sollte die Serverantwort sehr schnell vorliegen, so dass wir die Antwort gleich im nächsten Programmschritt abholen können.

Die Antwort des Servers landet zunächst im Empfangspuffer des Socket und kann von dort in einen von uns angelegten Speicherbereich kopiert werden. Vorraussetzung dafür ist natürlich eine ausreichend große Variable zur Speicherung der Server-Antwort. Es gibt nun wieder unterschiedliche Strategien, wie man einen geeigneten Speicherbereich anlegen kann. In unserem Beispielprogramm gehen wir den einfachen (und verschwenderischen) Weg und legen einfach ein Char-Array von 65000 Byte Größe an:

```
char empfangene_zeichen[65000];
```

Das Problem dabei ist, dass die Größe der Server-Antwort normalerweise unbekannt ist. 65000 Byte sind sehr viel, wenn Sie nur einfache Web-Seiten anfordern. 65000 Byte können aber sehr wenig sein, wenn Sie Grafiken o.ä. vom Server abholen. Tragen Sie für Ihre ersten Tests hier eine Zahl ein, die der Größe der von Ihnen angeforderten Dateien entspricht.

Sollten Sie das Programm für Ihre Zwecke weiterentwickeln, dann sollten Sie über andere Speicher-Strategien nachdenken. Die Programmiersprache C gibt Ihnen die Möglichkeit, dynamisch (d.h. zur Laufzeit Ihres Programms) Speicher zu reservieren und diesen Speicher auch wieder freizugeben, wenn Sie ihn nicht mehr benötigen. Gleichzeitig können Sie aus den ersten Zeilen der Server-Antwort erfahren, wie groß die gesendete Datei insgesamt ist. Sie können daher den folgenden Algorithmus implementieren:

1) Einen kleinen Datenpuffer für die ersten Antwortzeilen anlegen
2) Die ersten Antwortzeilen lesen
3) Herausfinden, wie groß die Antwort insgesamt ist
4) Einen großen Datenpuffer dynamisch reservieren
5) Die Antwort komplett aus dem Socket lesen
6) Die Antwort verarbeiten
7) Den großen Datenpuffer wieder freigeben

Zur Erinnerung (oder als Hinweis): dynamische Speicherverwaltung erfolgt mit Hilfe der Funktionen `malloc()`, `realloc()` und `free()`. Wir wollen diese Speicher-Strategie hier aber nicht weiter verfolgen, da dies für die ersten Schritte der Client-Server-Programmierung noch nicht nötig ist.

Die empfangenen Daten können mit Hilfe der `read()`-Funktion aus dem Socket gelesen und in den vorbereiteten Datenpuffer kopiert werden:

```
anzahl = read(socket_nummer, empfangene_zeichen,
                sizeof(empfangene_zeichen));
```

Die `read()`-Funktion benötigt ebenfalls drei Übergabeparameter:

- Die Nummer des Sockets
- Einen Zeiger auf den Speicherbereich
- Die Größe des Speicherblocks (begrenzt den Lesebefehl)

Die `read()`-Funktion liest nun aus dem angegebenen Socket alle vorhandenen Daten und kopiert diese in den Speicherbereich `empfangene_zeichen` unseres Testprogramms. Es werden aber nicht mehr Zeichen gelesen, als der dritte Parameter der `read()`-Funktion angibt. In unserem Beispiel ist dies der Wert `sizeof(empfangene_zeichen)`, also die Größe unseres Datenpuffers. Sollten mehr Zeichen im Socket sein, dann verbleibt der Rest im Socket und kann beim nächsten Aufruf von `read()` gelesen werden.

Die `read()`-Funktion liefert als Rückgabewert die Anzahl der gelesenen Zeichen zurück. Sollte diese Zahl der Größe des Datenpuffers entsprechen, dann ist der Socket wahrscheinlich noch nicht komplett ausgelesen. In unserem Beispielprogramm wird diese Information nicht ausgewertet.

Beachten Sie bitte auch, dass die `read()`-Funktion unter Umständen nicht die ganze Antwort des Servers an Ihr Programm abliefert. Da im Internet die Daten in kleineren Paketen transportiert werden, kann es geschehen, dass Ihnen die read()-Funktion nur den Inhalt der ersten Pakete liefert, weil der Rest noch im Internet unterwegs ist. Es ist daher Aufgabe Ihres Programms zu prüfen, ob die Serverantwort komplett ist. Auch dies wird in unserem Beispielprogramm noch nicht gemacht. Falls Sie also bei Ihren Tests Teile der angeforderten Datei vermissen, dann liegen diese wahrscheinlich noch im Empfangspuffer des Sockets.

In unserem Beispielprogramm wird nur das Ergebnis des ersten Aufrufs von read() auf dem Bildschirm ausgegeben. Der gelesene Datenblock wird vor der Ausgabe noch mit einem String-Ende-Zeichen abgeschlossen, d.h. hinter das letzte gelesene Zeichen wird ein Null-Zeichen geschrieben:

```
empfangene_zeichen[anzahl]= '\0';
```

Ohne dieses String-Ende-Zeichen würde die folgende printf()-Funktion nicht korrekt funktionieren, da die Funktion nicht erkennen kann, wo die eingelesenen Daten enden und wie viele Zeichen aus dem Datenpuffer auf dem Bildschirm erscheinen sollen.

4.2.4 Beispiel für eine Server-Antwort

Lassen Sie uns nun einen ersten Blick auf eine mögliche Antwort eines Web-Servers werfen. Die folgenden Zeilen zeigen den ersten Teil der Server-Antwort, also den zuvor erwähnten Kopf (Header) der Antwort. Es fehlt der Rumpf, also z.B. der Inhalt der angeforderten Datei:

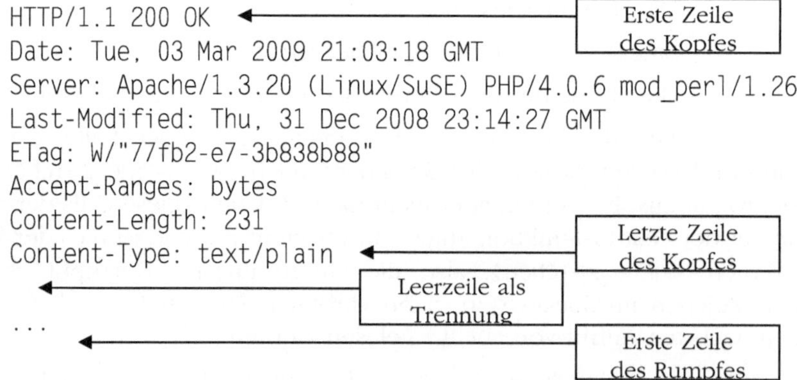

Der Kopf der Antwort beginnt mit einer Angabe der Protokollversion (hier: Version 1.1) und einem Statuscode (hier: 200 OK). Die Statuscodes geben an, ob der Befehl des Browsers vom Server ausgeführt werden konnte, oder ob es Probleme gab. Der Code 200 OK besagt, dass es keine Probleme gab.

Dann folgen Angaben über Zeiten (lokale Zeit des Servers), Softwareversionen etc. Interessant ist die Angabe `Content-Length` (Länge des Inhalts). Dies ist die Länge des Rumpfes der Server-Antwort, also z.B. die Größe der gesendeten Datei. Die Angabe ist in Bytes, also wurden hier nach dem Header noch 231 Bytes vom Server übertragen. Schließlich ist auch noch zu erkennen, dass der Rumpf nur „einfachen Text" (text/plain) enthält und der Server keine Codierung der Datei vorgenommen hat, die der Browser rückgängig machen müsste.

4.2.5 Mögliche Bildschirmausgaben des Beispielprogramms

Lassen Sie uns nun das Beispielprogramm testen. Dazu benötigen wir eine kleine Textdatei die im Arbeitsverzeichnis des Web-Servers gespeichert sein muss (beim Apache-Web-Server heißt dieses Verzeichnis `...\htdocs`). Die Datei muss den Namen `hallo.txt` haben und könnte z.B. die folgenden Zeichen enthalten:

```
Hallo Client !
```

Falls alles richtig konfiguriert ist, dann wird die Datei `hallo.txt` vom Server gefunden und an unser Beispielprogramm gesendet. Wir erhalten die folgende Bildschirmausgabe:

```
Verbindung zu IP 127.0.0.1 an Port 80
Verbindung erfolgt, sende HTTP-Befehl:
```

```
GET /hallo.txt HTTP/1.1
Host: PC
```

Diesen Befehl sendet unser Beispielprogramm

```
es wurden 38 Zeichen gesendet
es wurden 271 Zeichen empfangen:
```

```
HTTP/1.1 200 OK
Date: Tue, 03 Mar 2009 21:03:18 GMT
Server: Apache/1.3.20 (Linux/SuSE) PHP/4.0.6 mod_perl/1.26
Last-Modified: Thu, 31 Dec 2008 23:24:23 GMT
ETag: "7801b-f-21dadca7"
Accept-Ranges: bytes
Content-Length: 15
Content-Type: text/plain

Hallo Client !
```

Das ist die Antwort des Web-Servers

```
Programm beendet
```

Lassen Sie uns nun einen Fehler simulieren, indem wir z.B. die Datei hallo.txt löschen oder umbenennen. Dann kann der Web-Server diese Datei nicht finden und es ergibt sich das folgende Bild:

```
 Verbindung zu IP 127.0.0.1 an Port 80
 Verbindung erfolgt, sende HTTP-Befehl:

GET /hallo.rxt HTTP/1.1
Host: PC

 es wurden 38 Zeichen gesendet
 es wurden 495 Zeichen empfangen:

HTTP/1.1 404 Not Found
Date: Tue, 03 Mar 2009 21:06:22 GMT
Server: Apache/1.3.20 (Linux/SuSE) PHP/4.0.6 mod_perl/1.26
Transfer-Encoding: chunked
Content-Type: text/html; charset=iso-8859-1

11f
<!DOCTYPE HTML PUBLIC "-//IETF//DTD HTML 2.0//EN">
<HTML><HEAD>
<TITLE>404 Not Found</TITLE>
</HEAD><BODY>
<H1>Not Found</H1>
The requested URL /hallo.txt was not found on this server.<P>
<HR>
<ADDRESS>Apache/1.3.20 Server at pc.fh-ge.de Port 80</ADDRESS>
</BODY></HTML>

0

 Programm beendet
```

Fehlermeldung des Servers

Der Server meldet in diesem Fall einen Fehler (Fehlercode 404 Not Found) im Kopf der Antwort. Zusätzlich erzeugt er eine Web-Seite im HTML-Format. Diese Seite würde von einem Browser auf dem Bildschirm ausgegeben. Die Web-Seite besteht aus einer Titelzeile (404 Not Found), einer Überschrift (Not Found) und dann zwei Zeilen Text, die den Nutzer informieren, welche Datei von welchem Server nicht gesendet werden konnte. Über die Bedeutung der HTML-Marken informiert Sie Kapitel 6 und die HTML-Kurzreferenz im Anhang dieses Buches.

4.2.6 HTTP Ergebnismeldungen

Die Ergebnismeldungen des Web-Servers sind von entscheidender Bedeutung für die korrekte Verarbeitung der gesendeten Daten. Die Ergebnismeldungen bestehen immer aus einer dreistelligen Zahl und einem erläuternden Text:

Beispiele:	`200 OK`	= kein Fehler aufgetreten
	`401 Unauthorized`	= kein Recht, die Datei zu lesen
	`404 Not Found`	= Datei wurde nicht gefunden

Einige Fehlercodes sind Ihnen im Internet bestimmt schon begegnet, insbesondere die 404, die z.B. dann auftritt, wenn man sich bei der Eingabe von Adressen von Web-Seiten vertippt.

Insgesamt sind fünf Gruppen von Fehlercodes festgelegt worden, die man anhand der ersten Ziffer unterscheiden kann. In der folgenden Aufstellung bedeutet xx, dass hier mehrere Zahlen möglich sind:

1xx = Information wird gesendet

In diese erste Gruppe fallen Antworten, die weitere Informationen für den Browser enthalten. Dies könnte z.B. die Fortsetzung einer Antwort sein oder der Hinweis, dass die nächsten Daten gemäß eines anderen Protokolls zu interpretieren sind.

2xx = Befehl erfolgreich bearbeitet

Die 2-er Gruppe versammelt alle Erfolgsmeldungen, die je nach Befehl unterschiedlich aussehen können.

3xx = die gewünschte Datei hat eine andere Adresse

Falls der Server die gewünschte Information nicht hat, aber weiß, wo die Information zu finden ist, dann kann er die neue Adresse zurückmelden (redirection). Sie kennen wahrscheinlich die Meldung „Sie werden weitergeleitet...“. Dann hat Ihr Browser eine 3-er Antwort bekommen und muss nun einen anderen Server ansprechen oder eine andere Datei anfordern.

4xx = Fehler (vom Client verursacht)

Typische Fehler des Clients sind falsche Dateinamen, fehlende Berechtigungen oder andere Fehler im HTTP-Kommando.

5xx = Fehler (vom Server verursacht)

Unter Umständen gibt es auch Probleme, die vom Server verursacht werden. Neben Hardware-Problemen sind auch fehlende Implementierungen denkbar, die dazu führen, dass der Server das HTTP-Kommando nicht ausführen kann.

Die Status-Codes des Protokolls HTTP 1.1 sind in den RFCs 2616 und 2817 definiert. In der folgenden Tabelle 4.**1** sind die wichtigsten HTTP Ergebnismeldungen für Sie zusammengestellt [Walton, S. 407-408].

Gruppe	Bedeutung	Beispiele
1	Information	100 Continue 101 Switching Protocols
2	Erfolg	200 OK 201 Created 202 Accepted 203 Non-Authoritative Information 204 No Content 205 Reset Content 206 Partial Content
3	Umleitung	300 Multiple Choices 301 Moved Permanently 302 Moved Temporarily 303 See Other 304 Not Modified 305 Use Proxy
4	Fehler des Clients	400 Bad Request 401 Unauthorized 402 Payment Required 403 Forbidden 404 Not Found 405 Method Not Allowed 406 Not Acceptable 407 Proxy Authentication Required 408 Request Timeout 409 Conflict 410 Gone 411 Length Required 412 Precondition Failed 413 Request Entity Too Large 414 Request-URI Too Long
5	Fehler des Servers	500 Internal Server Error 501 Not Implemented 502 Bad Gateway 503 Service Unavailable 504 Gateway Timeout 505 HTTP Version Not Supported

Tabelle 4.1: Auflistung der wichtigsten HTTP Ergebnismeldungen

4.3 Übungsaufgabe 1: Server-Meldung prüfen

4.3.1 Aufgabenstellung

Erweitern Sie das Beispielprogramm und prüfen Sie, ob der Server die gewünschte Datei tatsächlich gesendet hat. Dazu müssen Sie feststellen, ob in der Antwort des Servers die Zeichenkette `200 OK` vorkommt.

Lesen Sie also wie zuvor die Antwort des Servers aus dem Socket. Suchen Sie dann in der Antwort nach der Erfolgsmeldung des Servers. Wird diese gefunden, dann können Sie davon ausgehen, dass Sie die gewünschte Datei auch erhalten haben.

Zum Suchen der Erfolgsmeldung können Sie die Funktion `strstr()` verwenden.

4.3.2 Text suchen mit der Funktion strstr()

Die Funktion `strstr()` ist in der Header-Datei `string.h` deklariert. Sie benötigt als Übergabeparameter einen Zeiger auf den Anfang des zu durchsuchenden Text (in unserem Fall ist das der Speicherbereich der empfangenen Zeichen) und einen Zeiger auf den gesuchten Text (in unserem Fall ist das die Ergebnismeldung `200 OK`):

```
ergebnis = strstr(durchsuchter_text, gesuchter_text);
```

Die Funktion liefert ebenfalls einen Text-Zeiger zurück. Dieser hat den Wert `NULL`, wenn der gesuchte Text nicht gefunden wurde, oder er enthält die Position (Adresse) des gefundenen Textes innerhalb des gesuchten Textes. Dabei wird der Text von vorne nach hinten durchsucht und bei der erstmaligen Übereinstimmung wird die Suche beendet.

Zur Lösung der vorliegenden Aufgabe muss also nur geprüft werden, ob der Rückgabewert der `strstr()`-Funktion den Wert `NULL` hat oder nicht.

4.4 Lösungshinweise zu Aufgabe 1

4.4.1 Das Programm ClientAntwortAuswerten.c

```
/*****************************************************************/
/* Dateiname   : ClientAntwortAuswerten.c                        */
/* Beschreibung: Client-Programm                                 */
/*               fordert eine Datei vom Server an                */
/*               prüft die Ergebnismeldung des Servers           */
/*****************************************************************/
```

```
#include <sys/socket.h>
#include <stdio.h>
#include <unistd.h>
#include <arpa/inet.h>
#include <string.h>

int main()
{
 int socket_nummer;
 int laenge;
 int ergebnis;
 int anzahl;
 struct sockaddr_in adresse;
 char empfangene_zeichen[65000];

 unsigned short int portnummer = 80;
 char ip_adresse[] = "127.0.0.1";

 char befehl[] = "GET /hallo.txt HTTP/1.1\r\nHost: PC\r\n\r\n";

 socket_nummer = socket(AF_INET, SOCK_STREAM, 0);

 adresse.sin_family = AF_INET;
 inet_pton(AF_INET,ip_adresse,&adresse.sin_addr.s_addr);
 adresse.sin_port = htons(portnummer);
 laenge = sizeof(adresse);

 ergebnis = connect(socket_nummer,
                   (struct sockaddr *)&adresse, laenge);

 printf("\n Verbindung zu IP %s",ip_adresse);
 printf(" an Port %d",portnummer);

 if (ergebnis == -1)
   {
    perror(" Keine Verbindung erfolgt: ");
   }
 else
   {
    printf("\n Verbindung erfolgt");
    printf(", sende HTTP-Befehl:\n\n%s",befehl);

    anzahl = write(socket_nummer, befehl, sizeof(befehl));

    printf(" es wurden %d Zeichen gesendet",anzahl);

    anzahl = read(socket_nummer, empfangene_zeichen,
```

```
                    sizeof(empfangene_zeichen));

    empfangene_zeichen[anzahl]= '\0';

    printf("\n es wurden %d Zeichen empfangen: ",anzahl);
    printf("\n\n%s",empfangene_zeichen);

    if (strstr(empfangene_zeichen,"200 OK") == NULL)
      {
       printf("\n Der Server hat die Datei nicht gesendet");
      }
    else
      {
       printf("\n Der Server hat die Datei gesendet");
      }
  }
 close(socket_nummer);
 printf("\n Programm beendet\n\n");
 return(0);
}
```

Zunächst wurde das Beispielprogramm um die Einbindung der Header-Datei `string.h` erweitert, da wir die String-Funktion `strstr()` benötigen:

```
...
#include <string.h>
...
```

Die entscheidende Änderung stellt jedoch die Fallunterscheidung anhand des Ergebnisses der `strstr()`-Funktion dar:

```
    ...
    if (strstr(empfangene_zeichen,"200 OK") == NULL)
      {
       printf("\n Der Server hat die Datei nicht gesendet");
      }
    else
      {
       printf("\n Der Server hat die Datei gesendet");
      }
     ...
```

Die `strstr()`-Funktion wird mit einem Zeiger auf `empfangene_zeichen` und einem Zeiger auf den gesuchten Fehlercode aufgerufen. Die Adresse des

Char-Arrays `empfangene_zeichen` wird dabei durch die „Kurzschreibweise“ und somit ohne Adressoperator erzeugt. Alternativ wäre auch die Formulierung `&empfangene_zeichen[0]`, d.h. Adresse des ersten Array-Elements, möglich gewesen. Die gesuchte Ergebnismeldung `200 OK` wird als Textkonstante angegeben. Der Compiler legt diesen Text im Speicher ab und übergibt die Anfangsadresse des zugehörigen Speicherblocks an die `strstr()`-Funktion. Natürlich hätte man auch für die Ergebnismeldung explizit eine Variable anlegen können. Da der Text der Ergebnismeldung hier nur einmalig benötigt wird, wurde darauf verzichtet.

Danach wird der Rückgabewert von `strstr()` mit dem Wert `NULL` verglichen. Ist der Rückgabewert gleich `NULL`, dann wird ausgegeben, dass die gesuchte Datei vom Server offensichtlich nicht gefunden worden ist. Im anderen Fall (`else`) kann ein Erfolg des Dateitransfers gemeldet werden.

4.4.2 Bildschirmausgaben von ClientAntwortAuswerten

Lassen Sie uns nun dieses erweiterte Programm testen. Falls im Arbeitsverzeichnis des Web-Servers wieder die schon zuvor verwendete Datei `hallo.txt` abgelegt ist, dann sollte sich die folgende Bildschirmausgabe ergeben:

```
 Verbindung zu IP 127.0.0.1 an Port 80
 Verbindung erfolgt, sende HTTP-Befehl:

GET /hallo.txt HTTP/1.1
Host: PC

 es wurden 38 Zeichen gesendet
 es wurden 271 Zeichen empfangen:

HTTP/1.1 200 OK
Date: Tue, 03 Mar 2009 21:17:33 GMT
Server: Apache/1.3.20 (Linux/SuSE) PHP/4.0.6 mod_perl/1.26
Last-Modified: Thu, 31 Dec 2008 23:24:23 GMT
ETag: "7801b-f-21dadca7"
Accept-Ranges: bytes
Content-Length: 15
Content-Type: text/plain

Hallo Client !

 Der Server hat die Datei gesendet
 Programm beendet
```

Erfolgsmeldung

4.5 Übungsaufgabe 2: empfangene Datei speichern

4.5.1 Aufgabenstellung

Erweitern Sie das Ergebnis der zweiten Übungsaufgabe und speichern Sie die empfangenen Daten einschließlich des Kopfes der HTTP Antwort in einer Textdatei ab.

Sie müssen dazu eine Datei öffnen und dann die Daten aus dem Speicherbereich der empfangenen Daten in die Datei kopieren. Danach muss die Datei wieder geschlossen werden.

Die gesamte Operation sollte an der Stelle des Programms erfolgen, an der Sie erkannt haben, dass die angeforderte Datei tatsächlich gesendet worden ist.

Dateien werden mit Hilfe der Funktion `fopen()` geöffnet. Eine Zeichenkette können Sie mit `fprintf()` und dem Platzhalter `%s` in eine Datei schreiben. Die Funktion `fclose()` schließt eine Datei. Für alle diese Funktionen benötigen Sie einen Dateizeiger.

4.5.2 Der Dateizeiger (Datentyp FILE)

Der Dateizugriff hat sehr große Ähnlichkeiten mit dem Zugriff auf einen Socket. Sobald Sie eine Datei öffnen, legt das Betriebssystem eine Datenstruktur an, in der alle Informationen des Dateizugriffs gespeichert sind. Das Betriebssystem muss sich zum Beispiel merken, an welcher Position der Datei zuletzt gelesen oder geschrieben wurde. Das Betriebssystem gibt Ihnen an, wo diese Datenstruktur im Speicher liegt, und Sie müssen diese Information in einem Zeiger speichern. Für den Dateizeiger wurde ein eigener Datentyp (`FILE`) definiert. Die Deklaration eines Dateizeigers mit dem Namen `datei` nimmt daher die folgende Form an:

```
FILE *datei;
```

Bei allen weiteren Dateioperationen müssen Sie diesen Zeiger an die aufgerufenen Funktionen als Übergabeparameter übergeben, damit die Funktionen wissen, mit welcher Datei sie arbeiten sollen.

4.5.3 Dateien öffnen mit der Funktion fopen()

Die Funktion `fopen()` dient zum „Öffnen" einer Datei. Durch das Öffnen wird die Datei für Sie reserviert. Kein anderer Prozess kann auf die Datei zugreifen, bevor Sie die Datei nicht wieder geschlossen und damit freigegeben haben.

Die Funktion `fopen()` benötigt zwei Übergabeparameter. Sie müssen den Namen der Datei angeben und festlegen, was Sie mit der Datei machen möchten. Sie haben dabei die Wahl zwischen „Lesen", „Schreiben" und „Anhängen". Diese Operationen sind in einem Textmodus oder in einem Binärmodus möglich.

Eine typische Befehlszeile zum Öffnen einer Datei sieht folgendermaßen aus:

In diesem Beispiel wird versucht die Datei mit dem Namen `beispiel.txt` zum Schreiben (`w` = write) im Textmodus (`t` = text) zu öffnen. Das Ergebnis der Funktion wird in dem Dateizeiger mit dem Namen `datei` gespeichert.

Die Betriebsart der Datei wird durch eine Folge von Buchstaben festgelegt. Die wichtigsten Buchstaben sind `w` (write = Schreiben), `r` (read = Lesen), `a` (append = Anhängen) sowie `t` (text = Textmodus) und `b` (binary = Binärmodus). Für unsere Übungsaufgabe ist die Betriebsart `wt` wichtig, da wir einen Text in eine Datei schreiben wollen.

Der Dateiname ist im gezeigten Beispiel ohne Pfadangaben vorgegeben. Daher wird das Betriebssystem die Datei in dem Verzeichnis anlegen, in dem auch das Programm läuft, aus dem heraus die Datei geöffnet wird. Falls bereits eine Datei mit diesem Namen existiert, dann wird diese überschrieben (vorausgesetzt, der Anwender des Programms hat dazu die nötigen Rechte).

Die Funktion `fopen()` schreibt einen Wert in den Dateizeiger `datei`. An diesem Wert kann man erkennen, ob die Datei erfolgreich geöffnet worden ist. Ein Rückgabewert `NULL` signalisiert nämlich, dass es ein Problem beim Dateiöffnen gegeben hat. Vor einem Zugriff auf die Datei sollte eine Abfrage des Dateizeigers z.B. in der folgenden Form erfolgen:

```
...
if (datei == NULL)
  {
   ... Fehlermeldung, Datei ist nicht verfügbar !
  {
else
  {
   ... Zugriff auf die Datei und danach Datei schließen
  }
...
```

Ein Zugriff auf eine nicht geöffnete Datei würde eine Fehlermeldung des Betriebssystems provozieren und muss vermieden werden.

4.5.4 In eine Datei schreiben mit der Funktion fprintf()

Zum Schreiben in die Datei können wir eine von der `printf()`-Funktion abgeleitete Funktion verwenden: `fprintf()`. Wir müssen dieser Funktion den Dateizeiger (`datei`), eine Formatinformation (`%s`) und einen Zeiger auf die zu schreibende Zeichenkette (`empfangene_zeichen`) übergeben:

```
fprintf(datei,"%s",empfangene_zeichen);
```

In dieser Variante beginnt die `fprintf()`-Funktion am Anfang der Zeichenkette `empfangene_zeichen` und kopiert diese Zeichen für Zeichen in die Datei, so lange, bis das String-Ende-Zeichen gefunden wird.

Die Funktion `fprintf()` akzeptiert alle Formatangaben, die auch bei `printf()` möglich sind. Sie können damit also auch Integerzahlen oder andere, binär vorliegende Information in eine Textdatei schreiben. Ergebnis von `fprintf()` ist in jedem Fall eine Zeichenkette.

4.5.5 Dateien schließen mit der Funktion fclose()

Sobald Sie die Datei nicht mehr benötigen, sollten Sie diese mit Hilfe der `fclose()`-Funktion schließen:

```
fclose(datei);
```

Damit wird die Datei wieder für andere Prozesse zugänglich gemacht. Das Betriebssystem schließt zwar automatisch alle von Ihnen geöffneten Dateien, sobald Ihr Programm endet, aber auf diesen Mechanismus sollte man sich beim Programmieren nicht abstützen.

4.6 Lösungshinweise zu Aufgabe 2

4.6.1 Das Programm ClientDateiSpeichern.c

```
/*****************************************************************/
/* Dateiname   : ClientDateiSpeichern.c                          */
/* Beschreibung: Client-Programm                                 */
/*               fordert eine Datei vom Server an                */
/*               prüft die Ergebnismeldung des Servers           */
/*               speichert die Datei auf dem Client-Rechner      */
/*****************************************************************/

#include <sys/socket.h>
#include <stdio.h>
#include <unistd.h>
```

```
#include <arpa/inet.h>
#include <string.h>

int main()
{
 int socket_nummer;
 int laenge;
 int ergebnis;
 int anzahl;
 struct sockaddr_in adresse;
 char dateiname[] = "empfangen.txt";
 char empfangene_zeichen[65000];
 FILE *datei;

 unsigned short int portnummer = 80;
 char ip_adresse[] = "127.0.0.1";
 char befehl[] = "GET /hallo.txt HTTP/1.1\r\nHost: PC\r\n\r\n";

 socket_nummer = socket(AF_INET, SOCK_STREAM, 0);

 adresse.sin_family = AF_INET;
 inet_pton(AF_INET,ip_adresse,&adresse.sin_addr.s_addr);
 adresse.sin_port = htons(portnummer);
 laenge = sizeof(adresse);

 ergebnis = connect(socket_nummer,
                   (struct sockaddr *)&adresse, laenge);

 printf("\n Verbindung zu IP %s",ip_adresse);
 printf(" an Port %d",portnummer);

 if (ergebnis == -1)
   {
    perror(" Keine Verbindung erfolgt: ");
   }
 else
   {
    printf("\n Verbindung erfolgt");
    printf(", sende HTTP-Befehl:\n\n%s",befehl);

    anzahl = write(socket_nummer, befehl, sizeof(befehl));
    printf(" es wurden %d Zeichen gesendet",anzahl);

    anzahl = read(socket_nummer, empfangene_zeichen,
                 sizeof(empfangene_zeichen));
```

```
    empfangene_zeichen[anzahl]= '\0';

    printf("\n es wurden %d Zeichen empfangen:",anzahl);
    printf("\n\n%s",empfangene_zeichen);

    if (strstr(empfangene_zeichen,"200 OK") == NULL)
      {
       printf("\n Der Server hat die Datei nicht gesendet");
      }
    else
      {
       printf("\n Der Server hat die Datei gesendet");

       datei = fopen(dateiname,"wt");

       if (datei==NULL)
         {
          printf("\n Die Datei %s ",dateiname);
          printf("konnte nicht geöffnet werden");
         }
       else
         {
          printf("\n Empfangene Daten werden ");
          printf("in %s gespeichert",dateiname);
          fprintf(datei,"%s",empfangene_zeichen);
          fclose(datei);
         }
      }
   }
 close(socket_nummer);
 printf("\n Programm beendet\n\n");
 return(0);
}
```

Das vorherige Programm wurde um zwei zusätzliche Variablen erweitert. Der Name der zu öffnenden Datei wurde in einem Text-Array `dateiname` abgelegt, da diese Information an verschiedenen Stellen benötigt wird:

```
...
char dateiname[] = "empfangen.txt";
...
FILE *datei;
...
```

Die zweite neue Variable ist der schon zuvor ausführlich besprochene Dateizeiger `datei`.

Das Öffnen der Datei erfolgt an der Stelle im Programm, an der erkannt worden ist, dass der Server tatsächlich die gewünschte Information gesendet hat.

```
datei = fopen(dateiname,"wt");
```

Die Funktion `fopen()` erhält einen Zeiger auf die Variable `dateiname` und kann daraus den Namen der Datei entnehmen.

Danach wird das Ergebnis der Funktion überprüft. Entweder es gibt eine Fehlermeldung oder es wird mitgeteilt, dass nun eine Datei erzeugt wird.

```
if (datei==NULL)
  {
   printf("\n Die Datei %s ",dateiname);
   printf("konnte nicht geöffnet werden");
  }
else
  {
   printf("\n Empfangene Daten werden ");
   printf("in %s gespeichert",dateiname);
   fprintf(datei,"%s",empfangene_zeichen);
   fclose(datei);
  }
```

Im `else`-Zweig folgt nach der Textmeldung das Schreiben der Daten in die Datei und unmittelbar danach das Schließen der Datei.

4.6.2 Bildschirmausgaben von ClientDateiSpeichern

Zum Abschluss auch hier die Bildschirmausgabe des Programms für den Fall, dass die angeforderte Datei vom Programm empfangen worden ist.

```
 Verbindung zu IP 127.0.0.1 an Port 80
 Verbindung erfolgt, sende HTTP-Befehl:

GET /hallo.txt HTTP/1.1
Host: PC

 es wurden 38 Zeichen gesendet
 es wurden 271 Zeichen empfangen:

HTTP/1.1 200 OK
Date: Tue, 03 Mar 2009 21:35:12 GMT
```

```
Server: Apache/1.3.20 (Linux/SuSE) PHP/4.0.6 mod_perl/1.26
Last-Modified: Thu, 31 Dec 2008 23:24:23 GMT
ETag: "7801b-f-21dadca7"
Accept-Ranges: bytes
Content-Length: 15
Content-Type: text/plain

Hallo Client !

 Der Server hat die Datei gesendet
 Empfangene Daten werden in empfangen.txt gespeichert
 Programm beendet
```

Meldung der Datei-erzeugung

4.6.3 Die Datei empfangen.txt

Die von unserem Programm erzeugte Datei `empfangen.txt` hat im vorliegenden Fall 271 Bytes Inhalt. Dies beinhaltet die gesamte Server-Antwort:

```
HTTP/1.1 200 OK
Date: Tue, 03 Mar 2009 21:37:44 GMT
Server: Apache/1.3.20 (Linux/SuSE) PHP/4.0.6 mod_perl/1.26
Last-Modified: Thu, 31 Dec 2008 23:24:23 GMT
ETag: "7801b-f-21dadca7"
Accept-Ranges: bytes
Content-Length: 15
Content-Type: text/plain

Hallo Client !
```

Falls Sie am Kopf der Server-Antwort nicht interessiert sind, brauchen Sie nur die `fprintf()`- Anweisung so abzuändern, dass Sie dieser einen Zeiger auf den Anfang der übertragenen Datei übergeben. Diese Stelle erkennen Sie an der Leerzeile. In C ausgedrückt ist dies die Zeichenkette `"\r\n\r\n"`, die Sie mit Hilfe der `strstr()`-Funktion leicht finden können:

```
char *anfang;
...
anfang = strstr(empfangene_zeichen,"\r\n\r\n");

if (anfang != NULL)
  {
   ...
   fprintf(datei,"%s",anfang)
   ...
  }
```

Beachten Sie bitte, das unser Programm nicht prüft, ob die vom Server kommenden Daten vollständig empfangen wurden. Möchten Sie dies sicherstellen, dann könnten Sie die Serverantwort analysieren: es gibt dort den Eintrag `Content-Length` (= Länge der Nutzdaten), der im vorherigen Beispiel 15 beträgt. Dieser Parameter gibt an, wie viele Zeichen nach der Leerzeile (`\r\n\r\n`) zu erwarten sind. Extrahieren Sie diesen Wert aus den Empfangsdaten und vergleichen Sie ihn mit der Anzahl der tatsächlich gelesenen Bytes. Tipps zur Auswertung von Empfangsdaten und Codebeispiele finden Sie in Kapitel 7.

4.7 Literaturhinweise zum HTTP-Protokoll

Die beste Informationsquelle über HTTP sind natürlich die entsprechenden Standard-Dokumente (RFQs), die Sie im Internet finden [WWW:RFC].

Besser lesbar ist z.B. das Buch von Gourley und Totty:

[Gourley] Gourley, David; Totty, Brian:

"HTTP The Definitive Guide",

O'Reilly, 2002

Ein Standardwerk ist die dreibändige Abhandlung "TCP/IP illustrated" von Stevens, die im dritten Band das HTTP-Protokoll beschreibt:

[StevensTCP3] Stevens, W. Richard:

"TCP for transactions, HTTP, NNTP, and the UNIX Domain protocols"

3. Aufl., 1996, Serie: "TCP/IP illustrated", Band 3

Weniger umfangreich, aber dafür auf das Wesentliche beschränkt, sind die Ausführungen von Walton:

[Walton] Walton, Sean:

"Linux Socket Programming",

Indianapolis, Ind.: Sams, 2001.

5 Ein Server, der eine Verbindung akzeptiert

Nachdem wir in den letzten Kapiteln einige Client-Programme geschrieben haben, beginnen wir nun mit der Programmierung von Servern. Zunächst lernen Sie den prinzipiellen Ablauf eines Server-Programms kennen. Anhand eines Beispiel-Servers, der einen einzelnen Verbindungswunsch akzeptieren kann, untersuchen wir die dafür benötigten Funktionen `bind()`, `listen()` und `accept()`. Sie lernen sodann, wie man unter Linux Server startet, laufende Prozesse auflistet und nicht benötigte Server anhält. Der Beispiel-Server wird zuerst mit einem kommerziellen Browser-Programms getestet. Danach schreiben wir einen eigenen Client für diesen Test. Die letzte Übungsaufgabe dieses Kapitels erweitert den Server so weit, dass er endlos Verbindungswünsche akzeptieren kann, damit er nicht immer wieder neu gestartet werden muss.

5.1 Ablauf eines Server-Programms

Die unterschiedlichen Aufgaben von Clients und Servern spiegeln sich auch im prinzipiellen Ablauf der zugehörigen Programme wider. Ein wichtiger Unterschied zwischen Clients und Servern besteht darin, dass Clients in der Regel eine Verbindung zu nur einem Server aufbauen, während ein Server Verbindungswünsche von vielen Clients annimmt. Ein Client benötigt daher meist nur einen Kommunikationsendpunkt, d.h. nur einen Socket. Server dagegen arbeiten mit mehreren Sockets (Bild 5.1).

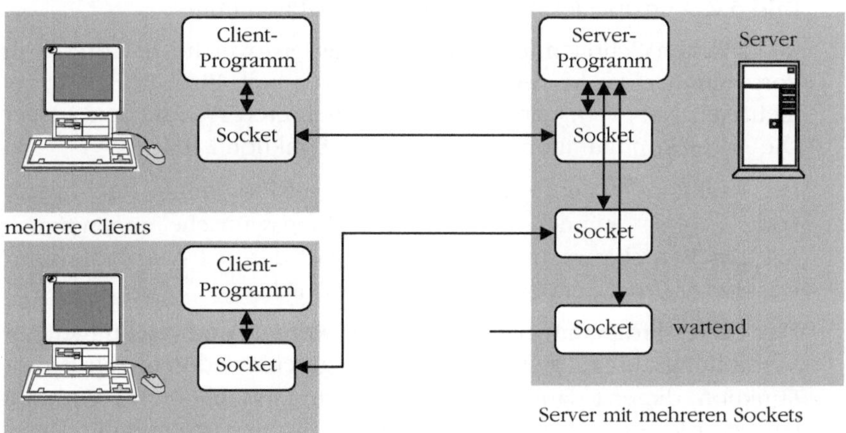

Bild 5.1: Ein Server kommuniziert mit mehreren Clients

Für jede aktive Kommunikationsverbindung wird ein eigener Socket angelegt, in dem die einlaufenden Pakete gesammelt werden. Damit der Server jederzeit neue Verbindungswünsche akzeptieren kann, braucht er zusätzlich immer noch einen „offenen" Socket, d.h. einen Socket, der noch keinem Client zugeordnet ist. Dieser Socket liegt sozusagen „auf der Lauer" und ist bereit, ein Datenpaket für eine neue Verbindung zu empfangen.

Ein Server-Programm beginnt daher mit der Erzeugung eines Sockets. Dazu wird die auch bei Clients eingesetzte Funktion `socket()` verwendet (Bild 5.2).

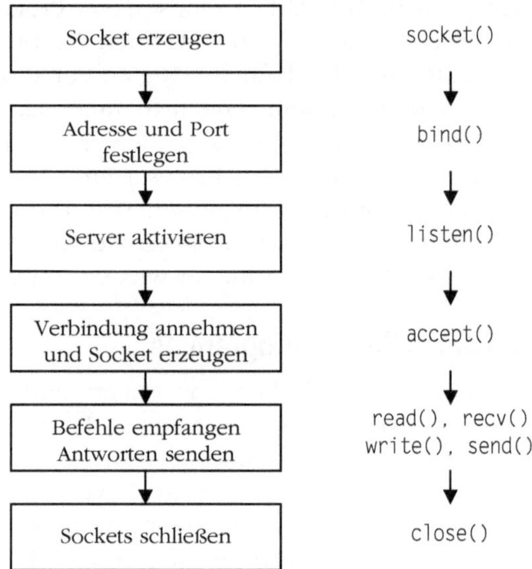

Bild 5.2: Prinzipieller Ablauf eines Server-Programms

Im nächsten Schritt muss festgelegt werden, welche IP-Adresse und welche Port-Nummer das Server-Programm nutzen soll. Ein Server-Rechner kann mit mehreren Netzwerkschnittstellen und mehreren IP-Adressen ausgerüstet sein. Die Adresskonfiguration übernimmt die Funktion `bind()`.

Die Funktion `listen()` aktiviert das Server-Programm. Nach der Ausführung von `listen()` können bereits Verbindungswünsche angenommen werden, d.h. das Betriebssystem wickelt bei Bedarf das TCP-Verbindungsprotokoll ab. Das Server-Programm erfährt davon aber nichts.

Das Server-Programm muss nun aktiv werden und nachfragen, ob es einen Verbindungsaufbau gegeben hat. Dies geschieht durch Aufruf der `accept()`-Funktion, die erst dann beendet ist, wenn tatsächlich eine Verbindung aufgebaut wurde. An dieser Stelle „blockiert" das Server-Programm, in dem es auf einen ankommenden Verbindungswunsch wartet. Die Funktion `accept()` erzeugt auch einen neuen Socket, der dann dem „anklopfenden" Client zugeordnet wird.

Aus dem neuen Socket kann dann der Befehl des Clients ausgelesen werden (`read()` oder `recv()`) und der neue Socket nimmt auch die zu sendenden Daten entgegen (`write()` oder `send()`).

Die Verbindung zu einem Client wird getrennt, indem der zugeordnete Socket mit `close()` geschlossen wird. Wird der „wartende" Socket des Servers geschlossen, dann ist das Server-Programm von außen nicht mehr erreichbar.

5.2 Beispielprogramm ServerAccept.c

Wir beginnen mit dem kompletten Quellcode des Beispiel-Servers, der eine Verbindung an Port 5000 annimmt und dann beendet wird:

```
/******************************************************************/
/* Dateiname   : ServerAccept.c                                   */
/* Beschreibung: Server-Programm                                  */
/*               akzeptiert eine TCP-Verbindung an Port 5000      */
/******************************************************************/

#include <sys/socket.h>
#include <stdio.h>
#include <unistd.h>
#include <arpa/inet.h>

int main()
  {
   int server_socket, neuer_socket;
   int laenge;
   struct sockaddr_in serverinfo, clientinfo;
   unsigned short int portnummer = 5000;
   char server_ip[] = "127.0.0.1";
   char client_ip[INET_ADDRSTRLEN];

   printf("\n Server: socket()...");

   server_socket = socket(AF_INET, SOCK_STREAM, 0);

   serverinfo.sin_family = AF_INET;
   inet_pton(AF_INET,server_ip,&serverinfo.sin_addr.s_addr);
   serverinfo.sin_port = htons(portnummer);
   laenge = sizeof(serverinfo);

   printf("\n Server: bind()...");
```

```
bind(server_socket, (struct sockaddr *)&serverinfo, laenge);

printf("\n Server: listen()...");
printf("\n Server mit IP %s",server_ip);
printf(" an Port %d wartet...",portnummer);

listen(server_socket, 3);
printf("\n Server: accept()...");
neuer_socket = accept(server_socket,
                      (struct sockaddr *)&clientinfo, &laenge);

inet_ntop(AF_INET,&clientinfo.sin_addr.s_addr,
          client_ip,INET_ADDRSTRLEN);
printf("Verbindung mit %s",client_ip);

printf("\n Server: close()...");

close(server_socket);
close(neuer_socket);

printf("\n Serverprogramm beendet\n\n");
return(0);
}
```

In den folgenden Abschnitten wird dieser Beispiel-Server im Detail erläutert, wobei wir die Programmzeilen überspringen, die bereits bei der Besprechung der Clients erörtert worden sind.

5.2.1 Variablen deklarieren und Socket erzeugen

Im Beispiel-Server werden maximal zwei Sockets gleichzeitig benötigt, daher werden zu Beginn des Programms zwei Variablen für die Socket-Identifikation deklariert:

```
int server_socket, neuer_socket;
```

In der Integer-Variablen `server_socket` wird die Identifikationsnummer des Sockets abgelegt, der für neue Verbindungen bereitgehalten wird. Eine ankommende Verbindung wird später in einem neuen Socket abgelegt (`neuer_socket`).

Unser Beispiel-Server benötigt auch zwei Datenstrukturen für Adressinformationen (IP-Adresse und Port-Nummer):

```
struct sockaddr_in serverinfo, clientinfo;
```

Die Datenstruktur `serverinfo` wird gleich die IP-Adresse und die Port-Nummer aufnehmen, die von dem Server-Programm verwendet wird. Diese

Information legen Sie als Programmierer fest. In die Datenstruktur `clientinfo` wird später eingetragen, welcher Client an der Verbindung beteiligt ist. Diese Information entnimmt das Betriebssystem den ankommenden Datenpaketen und legt sie für das Serverprogramm bereit.

Der Beispiel-Server verwendet die Port-Nummer 5000. Diese Zahl wurde sehr willkürlich gewählt. Sie können im Prinzip jede Port-Nummer verwenden, die gerade auf dem Server-Rechner nicht genutzt wird. Es empfiehlt sich jedoch weniger, eine der „well known ports" zu nehmen, also eine der von den Standard-Diensten genutzten Port-Nummern. Eine eher selten verwendete Port-Nummer wie die 5000 verringert die Wahrscheinlichkeit von Konflikten mit anderen Server-Programmen.

```
unsigned short int portnummer = 5000;
```

Als IP-Adresse des Server-Programms wird hier die reservierte "localhost"-Adresse `127.0.0.1` eingestellt. Damit sollte der Server auf allen Rechnern laufen. Allerdings kann er nicht von Client-Programmen anderer Computer angesprochen werden. IP-Pakete mit der Zieladresse `127.0.0.1` werden im Internet nicht weitergeleitet.

```
char server_ip[] = "127.0.0.1";
```

Für unsere Tests ist das ausreichend, solange wir Client und Server auf einem Rechner laufen lassen. Später können Sie als IP-Adresse die individuelle Adresse Ihres Rechners eintragen. Oder Sie tragen das Kennwort INADDR_ANY an Stelle einer IP-Adresse ein. Dann akzeptiert der Server Datenpakete aller im Rechner konfigurierten Schnittstellen [Snader, S.11].

Für die Speicherung der IP-Adresse des Clients im Textformat wird ein `char`-Array `client_ip` bereitgestellt:

```
char client_ip[INET_ADDRSTRLEN];
```

Die Länge des Arrays ist von der IP-Version abhängig und wird hier durch die symbolische Konstante `INET_ADDRSTRLEN` (InterNET ADDRess STRing LENgth) auf den von IPv4 benötigten Wert eingestellt. Diese Konstante wird von der Header-Datei `arpa/inet.h` bereitgestellt. Beim Umstieg auf IPv6 muss das Array vergrößert und hier die Konstante `INET6_ADDRSTRLEN` verwendet werden [Zahn, S. 170].

Der Beispiel-Server führt vor jedem wichtigen Programmschritt eine Bildschirmausgabe durch, damit wir beim Test erkennen können, wie weit das Programm fortgeschritten ist. Die erste Meldung kommt vor der Erzeugung des Sockets:

```
printf("\n Server: socket()...");
```

```
server_socket = socket(AF_INET, SOCK_STREAM, 0);
```

Der Socket wird wie gehabt für das TCP/IP-Protokoll konfiguriert, daher erfolgt die Übergabe der Parameter AF_INET (Internet-Adressfamilie) und SOCK_STREAM.

Danach wird die Adressinformation des Servers in die dafür angelegte Datenstruktur `serverinfo` eingetragen und die Länge der Datenstruktur in die Variable `laenge` geschrieben:

```
serverinfo.sin_family = AF_INET;
inet_pton(AF_INET,server_ip,&serverinfo.sin_addr.s_addr);
serverinfo.sin_port = htons(portnummer);
laenge = sizeof(serverinfo);
```

5.2.2 Socket binden mit der Funktion bind()

Den nächsten Programmschritt nennen erfahrene Programmierer das „binden" des Sockets. Der Socket wird quasi mit einer IP-Adresse und einer Port-Nummer assoziiert (verbunden). Die zuvor im Server-Programm zusammengestellte Information wird an das Betriebssystem übergeben:

```
printf("\n Server: bind()...");

bind(server_socket, (struct sockaddr *)&serverinfo, laenge);
```

Die Funktion `bind()` benötigt die gleichen Parameter wie die Funktion `connect()`. Es beginnt mit der Identifikationsnummer (`server_socket`) des Sockets, der „gebunden" werden soll. Diese Nummer hatte die zuvor aufgerufene `socket()`-Funktion erzeugt. Dann kommt ein Zeiger auf die Datenstruktur, in der die Adressinformation gespeichert ist (`serverinfo`) und schließlich die Länge dieser Datenstruktur (`laenge`).

Die Funktion `bind()` liefert auch einen Rückgabewert, der hier aber nicht ausgewertet wird. Es wird eine Integer-Zahl zurückgegeben, die eine –1 enthält, wenn ein Fehler auftritt und der Socket nicht gebunden werden konnte.

5.2.3 Server aktivieren mit der Funktion listen()

Nun muss der vorbereitete und konfigurierte Socket nur noch freigeschaltet werden. Diese Aufgabe übernimmt die Funktion `listen()`. Nach Ausführung dieser Funktion „lauscht" der Socket, ob Datenpakete über das Netz zu ihm gelangen. Der Socket ist in den Zustand „listening" (= lauschen) übergegangen.

Zu Testzwecken geben wir vorher noch die vom Server-Programm verwendete IP-Adresse und Port-Nummer aus:

```
printf("\n Server: listen()...");
printf("\n Server mit IP %s",server_ip);
printf(" an Port %d wartet...",portnummer);

listen(server_socket, 3);
```

Die `listen()`-Funktion benötigt nur zwei Parameter. Neben der Socket-Identifikationsnummer wird noch eine Zahl übergeben, die festlegt, wie groß die Warteschlange (englisch: backlog) des Sockets sein darf.

Das Betriebssystem verwaltet für den Socket eine Warteschlange, in die ankommende Verbindungswünsche eingereiht werden. Dadurch gewinnt das Server-Programm etwas Zeit und die Wahrscheinlichkeit sinkt, dass ein Verbindungswunsch wegen Serverüberlastung abgewiesen wird. In unserem Beispielprogramm ist der Wert auf 3 eingestellt, weil in unseren Tests meist nur ein Client mit dem Server kommuniziert und möglichst wenig Speicherplatz verschwendet werden soll. Welcher Wert für Ihr Server-Programm später einmal optimal ist, hängt von vielen Faktoren ab. In einigen älteren Betriebssystemimplementierungen ist die Wartenschlangenlänge auf 5 begrenzt. [Snader, S. 12]. Leistungsfähige Web-Server arbeiten heute mit wesentlich höheren Werten, der Apache-Server z.B. hat einen backlog von 511 [Zahn, S. 193]. Wenn Sie einen höheren Wert wählen, als in Ihrem Betriebssystem vorgesehen, dann wird dieser automatisch auf den höchsten zugelassenen Wert gesetzt. Eventuell ist es auch sinnvoll, die Warteschlangenlänge konfigurierbar zu gestalten, um sie im Betrieb optimal einstellen zu können.

Ein Wert von 3 bewirkt, dass nacheinander drei Clients einen Verbindungswunsch zum Server schicken können. Diese drei Verbindungswünsche werden zwar nicht sofort bearbeitet, aber sie werden auch nicht abgewiesen. Falls der Server diese Verbindungswünsche nicht abarbeitet, dann erhält der vierte „Besucher“ die Antwort, dass keine Verbindung zum Server möglich ist („connection refused“) . Sobald das Server-Programm eine Verbindung aus der Warteschlange annimmt wird ein Platz frei, und ein weiterer Client kann sich an der Schlange hinten anstellen.

Auch die Funktion `listen()` bietet einen Rückgabewert an. Die –1 signalisiert einen Fehler beim Aktivieren des Sockets. Um das Beispielprogramm möglichst übersichtlich zu halten, und da ein Fehler eher unwahrscheinlich ist, wird dieser Rückgabewert hier nicht ausgewertet.

5.2.4 Verbindung annehmen mit der Funktion accept()

Mit dem nächsten Funktionsaufruf beginnt das Warten auf einen Befehl eines Clients. Die Funktion `accept()` kehrt erst dann in das aufrufende Programm zurück, wenn eine Verbindung zu einem Client zustande gekommen ist. Beim Test des Beispiel-Servers werden Sie feststellen, dass das Programm bei den folgenden Bildschirmausgabe „hängen bleibt", bis Sie den Server mit Hilfe eines Clients angesprochen haben:

```
printf("\n Server: accept()...");
neuer_socket = accept(server_socket,
                    (struct sockaddr *)&clientinfo, &laenge);
```

Die `accept()`-Funktion benötigt als Übergabeparameter die Identifikationsnummer des Sockets, an dem eine Verbindung angenommen werden soll (`server_socket`). Sie erhält weiterhin einen Zeiger auf die Datenstruktur `clientinfo` und die Integer-Variable `laenge`. Diese beiden Variablen werden von `accept()` mit Information gefüllt. Besonders interessant ist dabei die IP-Adresse des „anklopfenden" Clients, die in der Datenstruktur `clientinfo` gespeichert wird. Beachten Sie auch, dass die Variable `laenge` hier vom Unterprogramm `accept()` beschrieben wird und daher deren Adresse benötigt wird.

Der Rückgabewert von `accept()` ist -1 wenn ein Fehler auftritt. Sonst wird ein neuer Socket erzeugt, der für die Kommunikation mit dem Client genutzt werden kann. Der Rückgabewert ist die Identifikations-Nummer dieses neuen Sockets.

5.2.5 IP-Adressen umwandeln mit der inet_ntop()-Funktion

Unser Beispiel-Server ist noch nicht in der Lage, einen vom Client gesendeten HTTP-Befehl auszuwerten. Sinn dieses Programms ist nur der Test des Verbindungsaufbaus. Daher lassen wir uns nur die Adresse des Clients ausgeben, der die Verbindung aufgebaut hat:

```
inet_ntop(AF_INET,&clientinfo.sin_addr.s_addr,
          client_ip,INET_ADDRSTRLEN);

printf("Verbindung mit %s",client_ip);
```

Die Internet-Adresse des Clients ist im Binärformat, und zwar im Netzwerk-Byte-Format in der Komponente `s_addr` der Datenstruktur `clientinfo` gespeichert. Mit Hilfe der `inet_ntop()`-Funktion[1] können wir diese Adresse in einen lesbaren Text (d.h. ins „Präsentationsformat“) umwandeln.

Die Funktion `inet_ntop()` muss zunächst über die IP-Version informiert werden. Daher übergeben wir die Konstante AF_INET für IPv4. Dann folgt die Adresse der Strukturkomponenten, aus der die 32-Bit Zahl vom Typ `unsigned int` gelesen werden kann, die die IP-Adresse im Binärformat enthält. Die Funktion `inet_ntop()` schreibt mit Hilfe der von uns bereitgestellten Adresse von `client_ip` direkt in dieses Text-Array und beschränkt die Länge dabei auf `INET_ADDRSTRLEN`.

Die Adresse des Arrays `client_ip` übergeben wir sodann an die `printf()`-Funktion zur Ausgabe der IP-Adresse im Textformat.

Nach dieser Ausgabe wird das Server-Programm beendet. Die zuvor erzeugten Sockets werden beide geschlossen.

```
printf("\n Server: close()...");

close(server_socket);
close(neuer_socket);

printf("\n Serverprogramm beendet\n\n");
```

Der Rückgabewert 0 signalisiert an das Betriebssystem, dass es keine Fehler gegeben hat. Daher wird Linux bei Beendigung des Servers die Meldung `Done` auf den Bildschirm erscheinen lassen.

```
return(0);
```

5.3 Einen eigenen Server unter Linux starten

Bei einer Client-Server-Kommunikation übernimmt der Server die passive Rolle, d.h. er wartet darauf, dass jemand etwas von ihm verlangt. Im Falle einer TCP-Verbindung wartet das Server-Programm auf einen Verbindungswunsch von Seiten eines Clients. In der zeitlichen Abfolge muss das Server-Programm daher vor dem Client-Programm gestartet werden.

Übersetzen Sie das Server-Programm nun wie gehabt mit Hilfe des gcc-Compilers:

```
gcc -o ServerAccept ServerAccept.c
```

[1] Die in der 1. Auflage dieses Buches noch verwendete Funktion `inet_ntoa()` sollte nicht mehr eingesetzt werden, da sie veraltet ist [Zahn, S. 174].

Sie können die dabei entstehende ausführbare Datei wie bisher dadurch starten, dass Sie den Namen der ausführbaren Datei auf der Kommandozeile des Text-Terminals eintippen:

```
ServerAccept
```

Allerdings haben Sie nun das Problem, dass der Server nach dem Start auf Verbindungswünsche wartet und in dieser Zeit keine weiteren Eingaben über die Tastatur möglich sind. Falls Sie vorhatten, aus dem gleichen Terminal den Client zu starten, dann geht das so nicht.

Sie können natürlich ein weiteres Terminal für den Client öffnen. Eine elegantere Abhilfe besteht jedoch darin, den Server als „Hintergrundprozess" zu starten. Der Server gibt dann die Tastatureingabe frei, arbeitet also quasi im Hintergrund weiter.

Ein Hintergrundprozess wird durch die Eingabe eines & -Zeichens nach dem Namen der ausführbaren Datei gestartet:

```
ServerAccept &
```

Mit dieser Technik könnten Sie sogar mehrere Server-Prozesse gleichzeitig starten:

```
ServerAccept & ServerAccept & ServerAccept &
```

5.3.1 Prozesse auflisten mit dem Linux-Befehl ps

Linux organisiert seine Aufgaben in Form von Prozessen. Jedes laufende Programm ist ein Prozess und bekommt eine Nummer zugeteilt. Diese Nummer wird auch als „Prozess Identifikationsnummer", kurz PID bezeichnet.

Wenn man die PID kennt, dann kann man einen laufenden Prozess stoppen. Dies ist für uns nützlich, wenn wir unser Server-Programm beenden wollen.

Die Prozessnummern aller aktiven Prozesse können Sie sich mit Hilfe des Linux-Kommandos `ps` (process status) anzeigen lassen. Tippen Sie dazu `ps` und betätigen Sie die Eingabetaste:

```
ps
```

Es erscheint eine Liste mit vier Spalten. Die erste Spalte zeigt die Prozessnummer, die letzte Spalte den Namen der ausführbaren Datei:

```
PID TTY         TIME CMD
212 tty1    00:00:00 bash
379 pts/0   00:00:00 ServerAccept
380 pts/0   00:00:00 ps
```

Unser Beispiel-Server hat im vorliegenden Fall die Prozessnummer 379 zugewiesen bekommen. Falls Sie im Grafik-Modus (z.B. unter KDE) arbeiten, dann wird Ihre Prozessliste wesentlich länger sein als hier gezeigt.

5.3.2 Prozesse beenden mit dem Linux-Befehl kill

Der Linux-Befehl `kill` beendet Prozesse und bietet verschiedene Eskalationsstufen, für den Fall, dass ein Prozess nicht freiwillig aufgibt. Die allgemeine Syntax lautet:

```
kill option prozessnummer
```

Die Option besteht aus einer Zahl, durch die der Befehl zum Anhalten des Prozesses festgelegt wird. Diese Zahl kann auch entfallen:

```
kill 379
```

Dieser Befehl versucht den Prozess Nr. 379 auf die „sanfte“ Tour zu beenden, indem der Prozess eine Nachricht (Befehl: SIGHUP) zugeschickt bekommt, doch bitte den Betrieb einzustellen.

Falls dies nichts bewirkt, weil der Prozess z.B. so abgestürzt ist, dass er keine Nachrichten mehr empfangen kann, dann können Sie mit einer Option festlegen, dass der Prozess „mit Gewalt“ beendet wird.

```
kill -9 379
```

Die Option 9 ist dabei die härteste Gangart (Befehl: SIGKILL) und sollte eigentlich immer zum Erfolg führen.

5.3.3 Den Beispiel-Server mit einem Browser testen

Nun ist es an der Zeit zu testen, ob unser Beispiel-Server tatsächlich Verbindungen annehmen kann. Am einfachsten lässt sich dieser Test mit einem Standard-Browser, z.B. dem Netscape Navigator, durchführen.

Starten Sie also zunächst den Beispiel-Server als Hintergrundprozess:

```
ServerAccept &
```

Das Betriebssystem meldet Ihnen dann die Prozessnummer (PID) und bringt eine Eingabeaufforderung:

```
[1] 372
pc01@pc01:~/socket>
```

Danach erscheinen die ersten Ausgabezeilen unseres Beispiel-Servers. Er meldet die Erzeugung des Sockets, das Binden, und die Aktivierung. Nach diesen

Zeilen ist der Server bereit und wartet auf eine Verbindungsaufforderung durch einen Client.

```
Server: socket()...
Server: bind()...
Server: listen()...
Server mit IP 127.0.0.1 an Port 5000 wartet...
```

Starten Sie nun einen Web-Browser und geben Sie als URL (Uniform Resource Locator = Adresse der gewünschten Web-Seite) in die Eingabezeile des Browsers den folgenden Text ein:

```
http://127.0.0.1:5000
```

Sie fordern den Web-Browser damit auf, mit Hilfe des HTTP-Protokolls von dem Rechner mit der IP-Adresse `127.0.0.1` über die Port-Nummer `5000` eine Web-Seite anzufordern. Die Angabe der Port-Nummer ist wichtig, weil der Browser ohne diese Angabe das Port `80` verwenden würde, also das „well known" Port der Web-Server.

Alternativ können Sie auch den symbolischen Namen `localhost` benutzen:

```
http://localhost:5000
```

Im Fenster des Browsers sollte nun eine Meldung erscheinen, die Ihnen zeigt, dass unser Beispiel-Server die Verbindung angenommen hat. Die Meldung des Netscape-Navigators beispielsweise zeigt, dass eine Verbindung existierte, jedoch keine Daten übertragen wurden:

```
Fehler
Das Dokument enthielt keine Daten.
Versuchen Sie es später, oder benachrichtigen Sie den
Administrator des Servers
```

Diese Meldung darf nicht verwundern. Schließlich sendet unser Server ja auch keine Daten (zumindest noch nicht, dazu kommen wir im nächsten Kapitel).

Wenn Sie nun in das Terminal sehen, in dem der Server gestartet worden war, dann sehen Sie auch dort eine positive Reaktion:

```
Server: accept()...Verbindung mit 127.0.0.1
Server: close()...
Serverprogramm beendet

[1]+  Done                    ServerAccept
```

Unser Server hat also die Verbindung mit den Browser (IP-Adresse ebenfalls 127.0.0.1) aufgenommen und dann den Socket geschlossen.

5.4 Übungsaufgabe 1: ein Client für den Server

In der folgenden Übungsaufgabe sollen Sie einen selbst geschriebenen Client so konfigurieren, dass er mit dem gerade besprochenen Beispiel-Server eine Verbindung aufbaut.

Aufgabe: Schreiben Sie ein Programm, das eine Verbindung zu dem Server ServerAccept aufbaut. Das Programm soll auf dem Bildschirm ausgeben, ob ein Verbindungsaufbau möglich war oder nicht. In diesem Client-Programm soll zu Testzwecken vor jedem Funktionsaufruf eine Bildschirmausgabe mit einer Statusmeldung erfolgen.

Sie können das zuvor entwickelte Client-Programm ClientConnect verwenden und für die Nutzung des Ports 5000 konfigurieren.

Testen Sie danach das Zusammenspiel des selbst geschriebenen Clients mit dem selbst geschriebenen Server.

5.5 Lösungshinweise zu Aufgabe 1

Die im folgenden abgedruckte Musterlösung ClientConnect5000 versucht, eine Verbindung zu einem Server auf Port 5000 aufzubauen. Im Vergleich zu dem Programm ClientConnect wurde nur die Port-Nummer geändert und geeignete printf()-Funktionsaufrufe eingefügt. Eine ausführliche Diskussion des Quellcodes erübrigt sich daher.

5.5.1 Das Programm ClientConnect5000.c

```
/*****************************************************************/
/* Dateiname   : ClientConnect5000.c                             */
/* Beschreibung: Client-Programm                                 */
/*               baut eine TCP-Verbindung zu einem Server auf    */
/*               an Port 5000 (Gegenstück zu ServerAccept.c)     */
/*****************************************************************/

#include <sys/socket.h>
#include <stdio.h>
#include <arpa/inet.h>
#include <unistd.h>

int main()
  {
   int socket_nummer;
```

```
int laenge;
struct sockaddr_in adressinfo;
int ergebnis;
unsigned short int portnummer = 5000;
char ip_adresse[] = "127.0.0.1";

socket_nummer = socket(AF_INET, SOCK_STREAM, 0);

adressinfo.sin_family = AF_INET;
inet_pton(AF_INET,ip_adresse,&adressinfo.sin_addr.s_addr);
adressinfo.sin_port = htons(portnummer);
laenge = sizeof(adressinfo);

printf("\n Client: connect()...");
ergebnis = connect(socket_nummer,
                   (struct sockaddr *)&adressinfo, laenge);

if (ergebnis == 0)
  {
   printf("\n Verbindungsaufbau zu IP %s",ip_adresse);
   printf(" - Port %d",portnummer);
   printf("\n Verbindungsaufbau erfolgreich");
  }
else
  {
   perror("Fehler beim Verbindungsaufbau: ");
  }

printf("\n Client: close()...");

close(socket_nummer);
printf("\n\n");
return(0);
}
```

5.5.2 Test von Client und Server

Nun gilt es, das Zusammenspiel von Client und Server zu testen. Wie bereits erläutert, müssen wir dazu zuerst den Server starten:

```
pc04@pc04:~/socket > ServerAccept &
```

Das Betriebssystem meldet uns dann die Prozessnummer des Server-Prozesses und zeigt danach die Bildschirmausgaben des Server-Programms. Der Server startet und wartet auf einen Verbindungswunsch.

```
[1] 372

  Server: socket()...
  Server: bind()...
  Server: listen()...
  Server mit IP 127.0.0.1 an Port 5000 wartet...
```

Nun kann auch der Client gestartet werden:

```
pc04@pc04:~/socket > ClientConnect5000
```

Die darauf folgenden Bildschirmmeldungen dokumentieren, dass das Client-Programm erfolgreich eine Verbindung zum Server aufbaut und danach des Socket schließt. Der Server meldet ebenfalls einen Verbindungsaufbau und beendet dann die Programmausführung.

```
Client: socket()...
Client: connect()...
Verbindung zu IP 127.0.0.1 - Port 5000
Verbindungsaufbau erfolgreich
Client: close()...
```



```
Server: accept()...Verbindung mit 127.0.0.1
Server: close()...
Serverprogramm beendet

[1]+  Done                    ServerAccept
```


Möglicherweise sehen Sie bei Ihren Tests eine andere Reihenfolge der Textmeldungen. Client und Server versuchen fast gleichzeitig ihre Bildschirmausgaben abzusetzen. Es ist rein zufällig, ob erst die Meldungen des Clients zu lesen sind oder zuerst die Meldungen des Servers. Unter Umständen sind die Textzeilen auch vermischt.

5.6 Übungsaufgabe 2: Server mit Endlosschleife

In der zweiten Übungsaufgabe wollen wir wieder etwas für den Komfort tun. Unser Server-Programm endet leider nach jedem Verbindungsaufbau und muss dann neu gestartet werden. Das sollen Sie nun ändern.

Aufgabe: Schreiben Sie ein Server-Programm, das endlos Verbindungen am Port 5000 akzeptiert. Zu jedem Zeitpunkt soll maximal eine Verbindung zu einem Client existieren. Die Verbindungen sollen angenommen werden, dann soll die IP-Adresse des beteiligten Clients ausgegeben werden, und danach ist die Verbindung durch Schließen des Sockets zu beenden. Das Programm soll danach auf den nächsten Verbindungswunsch warten.

Sie benötigen also eine Endlosschleife, die den Programmabschnitt vom Akzeptieren der Verbindung bis zum Schließen des neuen Sockets beinhaltet. Der Server-Socket jedoch muss geöffnet bleiben, damit der Server für den nächsten Verbindungsaufbau bereitsteht.

Das folgende Flussdiagramm veranschaulicht den prinzipiellen Ablauf des Server-Programms (Bild 5.3).

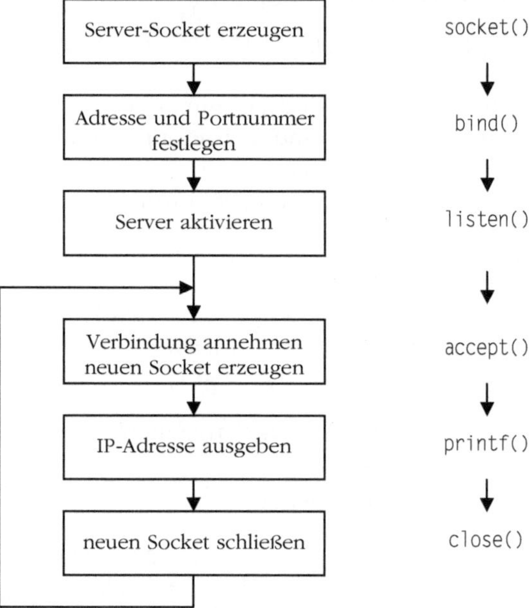

Bild 5.3: Programmablaufplan eines Servers mit Endlosschleife

Beachten Sie, dass der Server-Socket von unserem Programm nicht geschlossen werden kann. Diese Aufgabe überlassen wir dem Betriebssystem, das bei der Beendigung eines Prozesses alle geöffneten Sockets automatisch schließt.

Man könnte sich natürlich überlegen, in die Schleife eine Abbruchbedingung einzubauen. Dann wäre der Server beispielsweise auf Tastendruck zu beenden. Allerdings funktioniert das auch nicht mehr so einfach, wenn man den Server als Hintergrundprozess startet. Daher verzichten wir hier auf die elegante Lösung und beenden unseren Server mit einem Linux `kill` Befehl.

5.7 Lösungshinweise zu Aufgabe 2

Die hier gezeigte Musterlösung `ServerAcceptEndlos` akzeptiert endlos Verbindung an Port 5000. Im Vergleich zu dem Programm `ServerAccept` wurde nur eine Endlosschleife eingebaut und ein Schleifenzähler hinzugefügt. Der Schleifenzähler zeigt uns an, wie viele Verbindungen von dem Server bereits akzeptiert worden sind.

5.7.1 Das Programm ServerAccepEndlos.c

```
/*****************************************************************/
/* Dateiname   : ServerAcceptEndlos.c                            */
/* Beschreibung: Server-Programm                                 */
/*               akzeptiert endlos TCP-Verbindungen an Port 5000 */
/*****************************************************************/

#include <sys/socket.h>
#include <stdio.h>
#include <unistd.h>
#include <arpa/inet.h>

int main()
  {
   int server_socket, neuer_socket;
   int laenge;

   int verbindung_nummer = 1;  <-- Schleifenzähler

   struct sockaddr_in serverinfo, clientinfo;
   unsigned short int portnummer = 5000;
   char server_ip[] = "127.0.0.1";
   char client_ip[INET_ADDRSTRLEN];

   printf("\n Server: socket()...");

   server_socket = socket(AF_INET, SOCK_STREAM, 0);

   serverinfo.sin_family = AF_INET;
   inet_pton(AF_INET,ip_adresse,&serverinfo.sin_addr.s_addr);
   serverinfo.sin_port = htons(portnummer);
   laenge = sizeof(serverinfo);

   printf("\n Server: bind()...");

   bind(server_socket, (struct sockaddr *)&serverinfo, laenge);

   printf("\n Server: listen()...");

   listen(server_socket, 3);

   while (1)
     {                       <-- Anfang der Endlosschleife
```

```
        printf("\n Server mit IP %s",server_ip);
        printf(" an Port %d wartet",portnummer);
        printf(" auf Verbindung %d ...",verbindung_nummer);

        printf("\n Server: accept()...");
        neuer_socket = accept(server_socket,
                     (struct sockaddr *)&clientinfo, &laenge);

        inet_ntop(AF_INET,&clientinfo.sin_addr.s_addr,
                  client_ip,INET_ADDRSTRLEN);
        printf("Verbindung mit %s",client_ip);

        printf("\n Server: close()...");
        close(neuer_socket);

        verbindung_nummer++;
    }
    close(server_socket);

    printf("\n Serverprogramm beendet\n\n");
    return(0);
}
```

Ende der Endlosschleife

Dieser Teil ist eigentlich überflüssig, da diese Anweisungen nie erreicht werden.

5.7.2 Test von Client und Endlos-Server

Nun können wir die Kommunikation von Client und Endlos-Server testen und starten zuerst den Server:

```
pc04@pc04:~/socket > ServerAcceptEndlos &

[1] 1177

 Server: socket()...
 Server: bind()...
 Server: listen()...
 Server mit IP 127.0.0.1 an Port 5000 wartet auf Verbindung 1...
```

Danach kommt der erste Durchlauf des Clients:

```
pc04@pc04:~/socket > ClientConnect5000
```

Der Client beendet die Programmausführung nach dem Verbindungsaufbau, der Server tut dies nicht. Er wartet auf die nächste Verbindung:

```
 Server: accept()...Verbindung mit 127.0.0.1
 Server: close()...
```

```
Server mit IP 127.0.0.1 an Port 5000 wartet auf Verbindung 2...

Client: socket()...
Client: connect()...
Verbindung zu IP 127.0.0.1 - Port 5000
Verbindungsaufbau erfolgreich
Client: close()...
```

Sie können nun wiederholt den Client starten und sehen dann, wie der Server den Schleifenzähler erhöht:

```
pc04@pc04:~/socket > ClientConnect5000

Server: accept()...Verbindung mit 127.0.0.1
Server: close()...
Server mit IP 127.0.0.1 an Port 5000 wartet auf Verbindung 3...

Client: socket()...
Client: connect()...
Verbindung zu IP 127.0.0.1 - Port 5000
Verbindungsaufbau erfolgreich
Client: close()...
```

usw...

Auch hier wieder der Hinweis, dass die Reihenfolge der Textmeldungen dem Zufall unterliegt und an Ihrem Rechner anders sein kann.

Der Endlos-Server ist nur noch mit einem `kill`-Befehl zu stoppen:

```
kill 1177
```

Die Prozessnummer (PID, hier 1177, siehe Abschnitt 5.3.1) ermitteln Sie z.B. mit Hilfe des Linux-Befehls `ps`.

Das Betriebsystem meldet schließlich die Beendigung des Server-Prozesses:

```
[1]+  Terminated              ServerAcceptEndlos
```

6 Ein Server, der eine Web-Seite erzeugt

In diesem Kapitel machen wir aus unserem Server einen Web-Server, d.h. ein Programm, das Daten im HTML-Format verpackt und verschickt. Sie lernen zunächst die Hypertext Markup Language (HTML) kennen und sehen, wie eine Web-Seite prinzipiell aufgebaut ist. Der erste Web-Server kann eine fest vorgegebene Web-Seite erzeugen, die einen Text in das Browser-Fenster schreibt. Diesen Web-Server erweitern wir in der ersten Übungsaufgabe zu einem Programm, das die IP-Adresse des Clients im Browser darstellt, zusammen mit dem gesendeten HTTP-Befehl. Diese Web-Seite ist nun dynamisch, d.h. sie stellt eine zur Laufzeit des Servers ermittelte Information dar. Die zweite Übungsaufgabe stellt einen weiteren Server für dynamische Web-Seiten vor. Diesmal werden die Besucher des Web-Servers gezählt.

6.1 Die Seitenbeschreibungssprache HTML

6.1.1 Prinzipielle Funktionsweise des Web-Servers

Die Server des letzten Kapitels konnten nur Verbindungen annehmen, aber keine Web-Seiten übertragen. Daher hat der Netscape-Browser als Fehlermeldung angegeben, er hätte keine Daten erhalten. Dies wird sich nun ändern. Wir programmieren einen Web-Server, der HTML-Code erzeugt und an den Browser schickt (Bild 6.1).

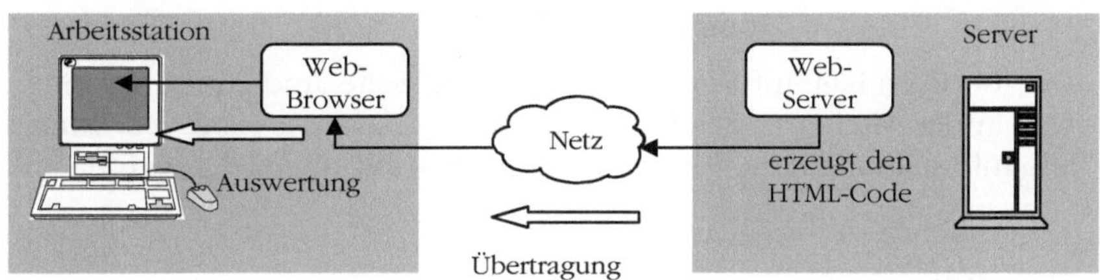

Bild 6.1: Server erzeugt HTML-Code, der vom Browser interpretiert wird

Der Web-Browser interpretiert die HTML-Befehle und erzeugt entsprechend dieser Anweisungen ein Bild der Web-Seite auf dem Bildschirm der Arbeitsstation. Zur Programmierung der Web-Seite benötigen wir einige Kenntnisse der Syntax der Seitenbeschreibungssprache HTML. Über die Aufgaben von HTML hat Sie das Kapitel 1.5 bereits informiert.

6.1.2 HTML-Marken und HTML-Kommentare

Die Beschreibung einer Web-Seite in HTML besteht nur aus lesbarem Text. Sie enthält HTML-Marken und den auf der Web-Seite sichtbaren Text. Die HTML-Marken legen fest, wie der Text auf dem Bildschirm dargestellt werden soll.

HTML-Marken (englisch: „tags") beginnen mit < und enden mit >. Beispiele dafür hatten Sie bereits in Kapitel 1.5 gesehen. Die meisten HTML-Marken treten paarweise auf („Begin-Tag" und „End-Tag"):

Beispiel: `<CENTER> Text </CENTER>`

Diese HTML-Marken kennzeichnen den Beginn und Ende von zentriertem Text (center = zentrieren).

Ein HTML-Dokument kann auch Kommentare enthalten, die als Information für den Programmierer vorgesehen (Beginn = `<!--` , Ende = `-->`):

Beispiel: `<!-- Dies ist ein Kommentar -->`

Kommentare werden vom Browser ignoriert und nicht auf dem Bildschirm dargestellt.

6.1.3 Grundstruktur einer Web-Seite

Eine Web-Seite beginnt mit der Marke <HTML> und endet mit </HTML>. Damit wird dem Browser mitgeteilt, dass alles, was zwischen diesen Marken steht, als HTML-Code zu werten ist.

Die Web-Seite selbst besteht aus zwei Teilen:

1) Kopf: `<HEAD> ... </HEAD>`

2) Inhalt (Rumpf): `<BODY> ... </BODY>`

Der Kopf enthält Informationen über die Seite und eventuell eine Angabe, was in der Titelleiste des Browserfensters erscheinen soll. Der Rumpf enthält alle Informationen, die im Browserfenster selbst angezeigt werden sollen:

```
<HTML>
  <HEAD>
    <TITLE> Titel der Seite </TITLE>
    <!--Informationen über die Seite, Meta-Informationen -->
  </HEAD>
  <BODY>
    <!--Inhalt der Seite: Texte, Grafiken, Links etc -->
    Dieser Text erscheint im Browser-Fenster
  </BODY>
</HTML>
```

Die Informationen im Kopf des HTML-Dokuments werden auch als Meta-Informationen bezeichnet (Syntax: `<META ... >`). Meta-Informationen sind z.B.:

- zusätzliche Informationen für den Browser (z.B.: Zeichensätze, Sprachen)
- zusätzliche Informationen für Suchmaschinen (z.B.: Schlagwörter)

Unser Web-Server wird diese Informationen vorerst nicht bereitstellen. Wir lassen daher den ganzen Kopf der Web-Seite weg und beschränken uns auf den Rumpf. Dies geschieht aber nur aus Gründen der Übersichtlichkeit. Sie können die hier gezeigten Programme leicht um den HTML-Kopf erweitern.

6.1.4 Attribute und Werte

HTML-Marken kennzeichnen einzelne Elemente einer Web-Seite. Eine Überschrift zum Beispiel ist ein solches Element. Elemente haben Eigenschaften (Attribute). Die Ausrichtung auf der Seite (links, mitten, rechts) ist ein Attribut einer Überschrift. Dieses Attribut kann die gerade in der Klammer genannten Werte annehmen. Attribute sind optional, d.h. sie können weggelassen werden. In diesem Fall wählt der Browser eine Standardeinstellung. Eine Überschrift, deren Ausrichtung nicht explizit festgelegt wurde, wird linksbündig dargestellt.

Schauen wir uns zunächst die HTML-Marken für Überschriften ohne Attribute an: Es wurden 6 unterschiedliche Überschriften (h = heading = Überschrift) festgelegt (Bild 6.2).

```
<H1>Überschrift 1. Ordnung</H1>
<H2>Überschrift 2. Ordnung</H2>
<H3>Überschrift 3. Ordnung</H3>
<H4>Überschrift 4. Ordnung</H4>
<H5>Überschrift 5. Ordnung</H5>
<H6>Überschrift 6. Ordnung</H6>
```

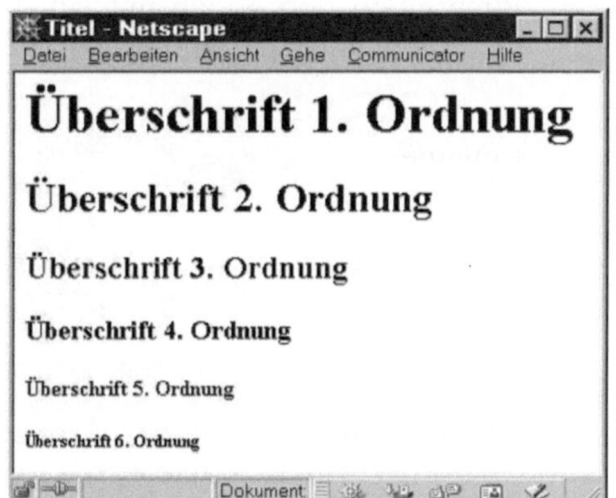

HTML-Code Darstellung durch den Browser

Bild 6.2: Überschriftenformatierung in HTML

Die Überschriften erscheinen am linken Rand des Browser-Fensters, da die Textausrichtung im HTML-Code nicht festgelegt worden ist. Das Attribut für die Textausrichtung ist `align` (align = ausrichten).

```
<H1 align="right">Überschrift 1. Ordnung</H1>
```

Die hier gezeigte HTML-Zeile legt fest, dass die Überschrift rechtsbündig (right = rechts) auszurichten ist. Der Browser würde den Text am rechten Rand des Fensters enden lassen. Das Attribut `align` nimmt hier den Wert `right` an und bestimmt somit diese Eigenschaft des Überschrift-Elements genauer. Der HTML-Standard hat noch viele weitere Attribute definiert, die Sie teilweise in der HTML-Kurzreferenz im Anhang dieses Buches nachschlagen können. Zusätzliche Attribute werden einfach in die HTML-Marke eingetragen, die den Anfang eines Elements festlegt. Die Reihenfolge der Attribute ist dabei beliebig.

6.1.5 Sonderzeichen und Umlaute

Es gibt einige Zeichen, die in HTML eine besondere Bedeutung haben. Dazu gehört z.B. das „größer"-Zeichen >. Soll dieses Zeichen keine HTML-Marke beenden sondern tatsächlich auf dem Bildschirm erscheinen, dann muss es speziell gekennzeichnet werden. Das gleiche gilt für Umlaute (ä, ö, ü), die im Standard-Zeichensatz des Internet nicht enthalten sind.

Sonderzeichen werden durch sogenannte „Entities" dargestellt. Entities beginnen mit kaufmännischem UND-Zeichen: & (= ampersand), enthalten einige Buchstaben und enden mit einem Semikolon. Die folgende Tabelle zeigt Ihnen die wichtigsten Entities:

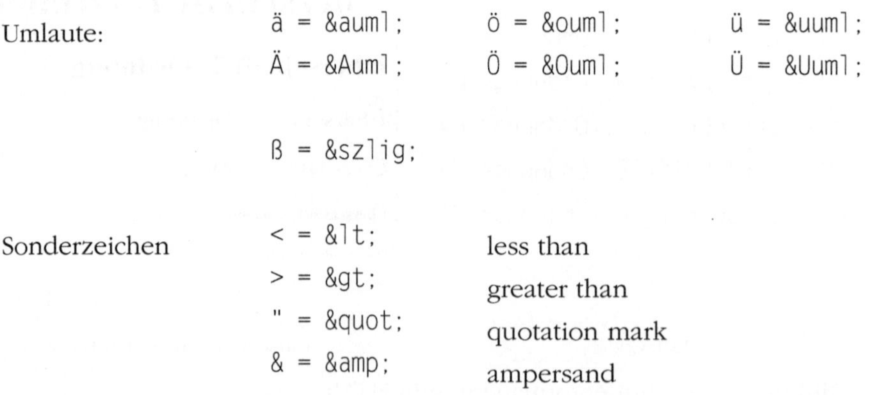

Umlaute:	ä = ä	ö = ö	ü = ü
	Ä = Ä	Ö = Ö	Ü = Ü
	ß = ß		
Sonderzeichen	< = <	less than	
	> = >	greater than	
	" = "	quotation mark	
	& = &	ampersand	

Tabelle 6.1: HTML-Entities

Falls Sie zum Beispiel das Wort `für` auf der Web-Seite erscheinen lassen wollen, dann sollten Sie dafür den HTML-Code `für` (= f + u-Umlaut + r) verwenden. Ohne diesen Code zeigen Browser ohne deutschen Zeichensatz nur ein rechteckiges Kästchen an.

HTML hat weiterhin die Eigenschaft, mehrfache Leerzeichen im HTML-Code bei der Ausgabe zu einem Leerzeichen zusammenzufassen. Sie müssen daher auch Leerzeichen explizit angeben:

```
           non-breaking space
```

Die seltsame Zeichenfolge `     ` erzeugt also nur ein wenig „Nichts“ auf dem Bildschirm, das unter Umständen als Abstand zwischen Elementen nützlich sein kann.

6.1.6 Textauszeichnung, Farben, Fonts

Auf der Web-Seite können einzelne Worte oder auch ganze Textbereiche besonders hervorgehoben oder formatiert werden. Einige Beispiele zeigt das Bild 6.3. Die erste Zeile ist durch Kursivschrift hervorgehoben. Dafür gibt es die HTML-Marke `<em>` (emphasize = hervorheben). Die zweite Zeile ist fett gedruckt (`<b>` = bold = fett drucken). Die nächste Zeile wird farbig (`color`) dargestellt (was Sie aber hier im Buch leider nicht genießen können...). Die letzte Zeile nutzt die Schriftart `Arial` (`face` = Schriftart).

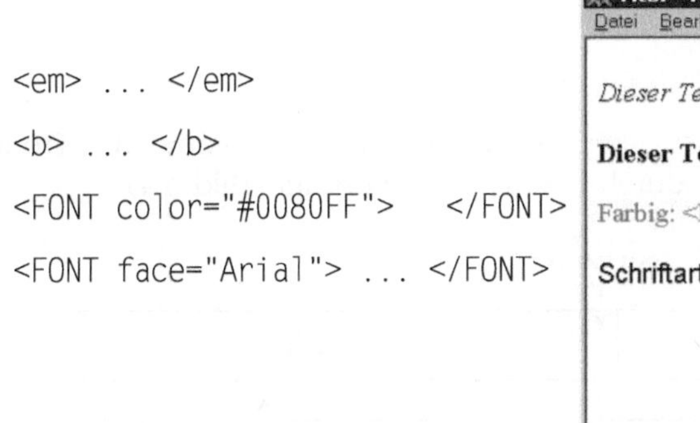

```
<em> ... </em>
<b> ... </b>
<FONT color="#0080FF">    </FONT>
<FONT face="Arial"> ... </FONT>
```

HTML-Code — Darstellung durch den Browser

Bild 6.3: Einige Textauszeichnungen, Farben und Fonts in HTML

Die Seitenbeschreibungssprache HTML unterscheidet logische oder physische Textauszeichnungen:

logisch = Umsetzung bleibt dem Browser überlassen (Beispiel: <em>)

physisch = Umsetzung wird genau vorgeschrieben (Beispiel: <b>)

Farben werden als RGB-Wert (Rot-Grün-Blau) angegeben, wobei die Farbanteile als Hexadezimalzahlen mit Werten zwischen 0 und FF codiert werden. Die Hexadezimal FF entspricht dabei der Dezimalzahl 255. Es gibt also pro Farbanteil 256 Abstufungen. Bei 0 ist der Farbanteil nicht vorhanden, bei 255 ist er mit maximaler Intensität beteiligt.

Beispiel: `#0080FF` → `Rot = 00 Hex, Grün = 80 Hex, Blau = FF Hex`

Die hier definierte Farbe besteht also aus einem 50-prozentigen Grün und einem 100-prozentigen Blau. Rot fehlt vollständig. Das Ergebnis dieser Farbmischung ist ein helles Türkis.

Es gäbe nun noch eine Menge zu erläutern bezüglich Tabellen, Rahmen, Links, Formulare, das Einbinden von Bildern und Hintergrundstrukturen... Doch dies soll kein HTML-Lehrbuch werden. Mit den gerade erläuterten HTML-Elementen können wir bereits einige ansprechende Web-Seiten gestalten, wie Sie in den folgenden Beispielprogrammen sehen werden.

6.1.7 Verknüpfung von HTTP und HTML

Sie haben bereits in Kapitel 1.6 erfahren, dass unser Web-Server sowohl die Meldungen des HTTP-Protokolls als auch die HTML-Daten bereitstellen muss.

Auf HTTP-Ebene ist zu melden, dass der Server die gewünschte Information bereitstellen kann. Dies erfolgt durch eine Nennung der Protokollversion und einen Statuscode:

```
HTTP/1.1 200 OK
```

An diese Meldung schließen sich die HTML-Daten an, wobei die Trennung zwischen HTTP und HTML durch eine Leerzeile erfolgt (Bild 6.4):

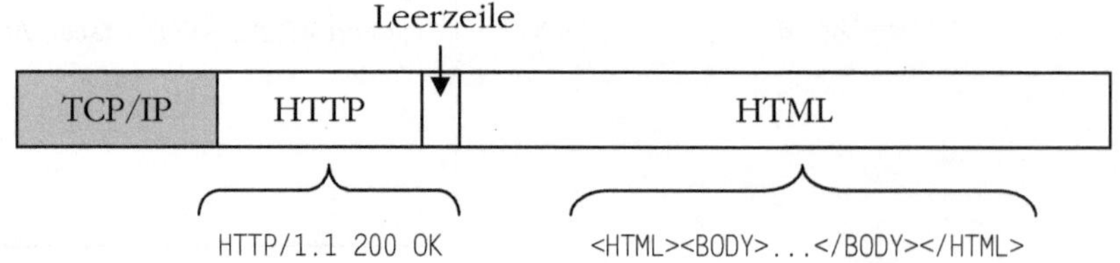

Bild 6.4: Aufbau des Datenpakets mit HTTP- und HTML-Anteil

Die Leerzeile wird in C als eine Folge von vier Steuerzeichen (Carriage-Return + New-Line + Carriage-Return + New-Line) programmiert, so dass sich im Textpuffer die folgende Code-Abfolge befinden muss:

```
\r\n\r\n
```

HTTP-Meldung plus Leerzeile plus HTML-Daten sind somit von unserem Web-Server in den Socket zu übertragen, der als Verbindungsglied zum Browser bereitgestellt worden ist.

6.2 Beispielprogramm ServerHalloWelt.c

Das Beispielprogramm `ServerHalloWelt` sendet an jeden Browser, der eine Verbindung zu dem Server aufbaut, eine Web-Seite. Auf dieser Web-Seite ist der Text „Hallo Web-Welt“ zu lesen. Der Server kommuniziert über Port 5000.

```
/*****************************************************************/
/* Dateiname   : ServerHalloWelt.c                               */
/* Beschreibung: Server-Programm                                 */
/*               Sendet "Hallo Welt" Web-Seite über Port 5000    */
/*               mit Endlos-Schleife für beliebig viele Zugriffe */
/*****************************************************************/

#include <sys/socket.h>
#include <stdio.h>
#include <unistd.h>
#include <arpa/inet.h>

int main()
  {
   int server_socket, neuer_socket;
   int laenge, anzahl;
   struct sockaddr_in serverinfo, clientinfo;
   char empfangene_zeichen[1000];

   char web_seite[] = "HTTP/1.1 200 OK\r\n\r\n\
   <html><body><h1>Hallo Web-Welt</h1></body></html>";

   unsigned short int portnummer = 5000;
   char server_ip[] = "INADDR_ANY";
   char client_ip[INET_ADDRSTRLEN];

   printf("\n Server: socket()...");

   server_socket = socket(AF_INET, SOCK_STREAM, 0);

   serverinfo.sin_family = AF_INET;
   serverinfo.sin_addr.s_addr = htonl(INADDR_ANY);

   serverinfo.sin_port = htons(portnummer);
   laenge = sizeof(serverinfo);

   printf("\n Server: bind()...");
```

```
bind(server_socket, (struct sockaddr *)&serverinfo, laenge);

printf("\n Server: listen()...");
printf("\n Server mit IP %s",server_ip);
printf(" an Port %d wartet...",portnummer);

listen(server_socket, 3);

while(1)
  {
   printf("\n Server: accept()...");

   neuer_socket = accept(server_socket,
                         (struct sockaddr *)&clientinfo, &laenge);
   inet_ntop(AF_INET,&clientinfo.sin_addr.s_addr,
             client_ip,INET_ADDRSTRLEN);
   printf("Verbindung mit %s",client_ip);

   anzahl = read(neuer_socket,empfangene_zeichen,
                 sizeof(empfangene_zeichen));

   empfangene_zeichen[anzahl]=0;

   printf("\n\n Server: empfangen: \n\n%s",empfangene_zeichen);
   printf("\n\n Server: sende: \n\n%s",web_seite);

   write(neuer_socket,web_seite,sizeof(web_seite));

   printf("\n\n Server: close()...");
   close(neuer_socket);
  }
return(0);
}
```

6.2.1 Speicherung von HTTP-Antwort und Web-Seite

Der HTTP-Antwortcode, die trennende Leerzeile und der HTML-Code der Web-Seite werden in einem Array vom Typ Character abgelegt. Wegen der Kürze der Web-Seite ist das die Methode, die am wenigsten Speicherplatz benötigt.

Zeilentrennung

```
char web_seite[] = "HTTP/1.1 200 OK\r\n\r\n\
<html><body><h1>Hallo Web-Welt</h1></body></html>";
```

Beachten Sie bitte den Schrägstrich am Ende der ersten Zeile. Dieses Zeichen markiert das Ende einer Zeile Quellcode für den Compiler und gehört nicht zur Zeichenkette. Hinter diesem Schrägstrich darf auch kein Zeichen mehr eingetippt werden, nicht einmal ein Leerzeichen. Der Schrägstrich wird hier benötigt, weil die Zeichenkette sehr lang ist und nicht in eine Zeile passt (zumindest nicht bei der beschränkten Breite dieser Buchseite). Sie können diese Zeile aber nicht einfach trennen, weil der C-Compiler keine Zeilenumbrüche innerhalb von Zeichenketten akzeptiert. Zeilenumbrüche sind nur zwischen Variablennamen oder Operatoren erlaubt.

6.2.2 Die IP-Adresse INADDR_ANY

In diesem Kapitel lassen wir die Web-Server nicht mehr die reservierte Adresse `127.0.0.1` (localhost) verwenden, sondern wir nutzen die als Konstante vordefinierte Adresse `INADDR_ANY`. Diese Konfiguration bewirkt, dass das Serverprogramm jede IP-Adresse des Rechners nutzen kann, auf der es ausgeführt wird. Das Serverprogramm wird dadurch portabel, und Sie brauchen bei der Installation des Programms auf einem anderen Rechner keine IP-Adresse zu konfigurieren.

```
...
char ip_adresse[] = "INADDR_ANY";
...
serverinfo.sin_addr.s_addr = htonl(INADDR_ANY);
...
```

Beachten Sie bitte, dass sich hinter `INADDR_ANY` eine 32-Bit Binärzahl verbirgt (Long Integer). Daher muss die Konstante mit Hilfe der Funktion `htonl()` aus dem Host-Format in das Netzwerk-Format umgewandelt werden (siehe Kapitel 3.3.6 und die Funktionsreferenz im Anhang).

Die Zeichenkette `server_ip` dient hier nur noch als Speicherort für einen Text, der für die späteren Bildschirmausgaben genutzt wird. Die Konstante selbst ist hier jedoch nicht gespeichert, sondern nur deren Namen (Anführungszeichen beachten !).

6.2.3 Daten von Browser empfangen mit der Funktion read()

Nach dem Verbindungsaufbau mit dem Client liest der Web-Server erst einmal den HTTP-Befehl, der vom Client geschickt worden ist:

```
...
anzahl = read(neuer_socket,empfangene_zeichen,
              sizeof(empfangene_zeichen));

empfangene_zeichen[anzahl]=0;

printf("\n\n empfangen: \n%s",empfangene_zeichen);
...
```

Der Befehl wird aber nicht weiter ausgewertet, sondern nur auf dem Bildschirm zu Testzwecken ausgegeben. Das Lesen des Befehls erledigt die `read()`-Funktion, die wir bereits bei den Clients (Kapitel 4.2.3) kennen gelernt haben. Das Lesen wurde hier auch vorgesehen, damit die korrekte zeitliche Abfolge der Kommunikation erhalten bleibt. Der Server soll erst dann seine Web-Seite schicken, wenn der Client seinen Befehl abgesetzt hat.

6.2.4 Daten zum Browser senden mit der Funktion write()

Nach Erhalt des HTTP-Befehls sendet der Web-Server die Web-Seite, indem der zugehörige Code in den Socket geschrieben wird:

```
...
   write(neuer_socket,web_seite,sizeof(web_seite));
...
```

Die Anzahl der zu sendenden Zeichen kann hier bequem durch Verwendung von `sizeof()` bestimmt werden, da das Array `web_seite` genau die passende Länge hat. Der Rückgabewert der `write()`-Funktion (siehe auch Kapitel 4.2.2) wird nicht ausgewertet, es wird also nicht geprüft, wie viele Zeichen tatsächlich gesendet worden sind.

6.2.5 Test des Beispielprogramms

Zum Test des Beispielprogramms `ServerHalloWelt` benötigen wir wieder einen Browser, der den Part des Clients übernimmt. Zunächst starten wir aber den Server, der daraufhin einen Server-Socket anlegt, diesen aktiviert und auf einen Verbindungsaufbau wartet:

```
pc01@pc01:~/socket> ServerHalloWelt

 Server: socket()...
 Server: bind()...
 Server: listen()...
 Server mit IP INADDR_ANY an Port 5000 wartet...
```

Nun ist der Server bereit und wir können im Browser die Adresse unseres Servers (`http://127.0.0.1:5000`) als URL eingeben. Der Server nimmt die Verbindung an und zeigt erst einmal, welcher HTTP-Befehl vom Browser abgesetzt worden ist.

```
Server: accept()...Verbindung mit 127.0.0.1

Server: empfangen:
```

```
GET / HTTP/1.0
Connection: Keep-Alive
User-Agent: Mozilla/4.78 [de] (X11; U; Linux 2.4.10-4GB i686)
Host: localhost:5000
Accept: image/gif, image/x-xbitmap, image/jpeg, image/pjpeg, im-
age/png, */*
Accept-Encoding: gzip
Accept-Language: en
Accept-Charset: iso-8859-1,*,utf-8
```

Der HTTP-Befehl des Browsers wird jedoch nicht weiter ausgewertet. Der Server sendet als Antwort sofort die vorbereitete Web-Seite, wobei vor dem eigentlichen HTML-Code die HTTP-Antwort „OK" übertragen wird. Die beiden Teile der Antwort sind durch eine Leerzeile voneinander getrennt:

```
Server: sende:

HTTP/1.1 200 OK

<html><body><h1>Hallo Web-Welt</h1></body></html>

 Server: close()...
```

Damit ist diese Kommunikationsbeziehung für den Server beendet, und er schließt den für diesen Datenaustausch eingerichteten Socket.

Im Browserfenster erscheint die Web-Seite, bestehend aus dem Text „Hallo Web-Welt", der als Überschrift in der rechten oberen Ecke angeordnet wird.

6.3 Übungsaufgabe 1: IP-Adresse des Clients ausgeben

In der ersten Übungsaufgabe sollen Sie unser Beispielprogramm so umgestalten, dass es eine nützliche Aufgabe übernehmen kann und einen „IP-Erkennungsdienst" anbietet. Ein derartiger Server ist hilfreich, wenn man die IP-Adresse des eigenen Rechners nicht kennt. Dies ist z.B. der Fall, wenn Ihnen Ihre IP-Adresse dynamisch zugewiesen wird, wenn Sie also nur solange eine IP-Adresse besitzen, wie Sie im Internet surfen.

Aufgabe: Schreiben Sie ein Server-Programm, das eine Web-Seite erzeugt, auf der die IP-Adresse des Rechners angezeigt wird, der diesen Server anspricht. Dazu müssen Sie die IP-Adresse des Clients auswerten, der eine Verbindung zum Server aufgebaut hat. Diese IP-Adresse muss in die Web-Seite eingefügt werden, die der Server an den Client zurückschickt.

Geben Sie weiterhin den gesamten Inhalt des Datenpakets, das vom Client zum Server geschickt worden ist, auf der Web-Seite aus. Damit kann der Nutzer erkennen, welche Informationen sein Browser normalerweise an jeden Web-Server schickt.

Die IP-Adresse soll im oberen Bereich der Web-Seite zentriert auf dem Bildschirm erscheinen und als Überschrift formatiert sein.

Der Inhalt des Datenpakets soll im unteren Bereich der Web-Seite erscheinen und durch Kursivschrift hervorgehoben werden.

6.4 Lösungshinweise zu Aufgabe 1

6.4.1 Text dynamisch erzeugen mit der Funktion sprintf()

Zur Lösung der Übungsaufgabe 1 müssen wir einen Text dynamisch, also zur Laufzeit des Programms erzeugen. Dafür können wir die Funktion `sprintf()` einsetzen (string – print – formatted = eine Zeichenkette formatiert schreiben). Diese Funktion erzeigt eine Zeichenkette und speichert diese in einem Array vom Typ `char` (= in einem String). Die Funktion ist in der Header-Datei `string.h` deklariert.

Beispiel:

```
char puffer[100];
int zahl = 100;

sprintf(puffer, "Zahl = %d", zahl);
```

Die Funktion `sprintf()` hat drei Übergabeparameter. An erster Stelle steht die Adresse eines Char-Array. Im Beispiel ist dies die Anfangsadresse des Arrays `puffer`, das eine Größe von 100 Zeichen hat. Danach folgt die Format-Zeichenkette, die nach den gleichen Regeln aufgebaut ist, die Sie schon von der `printf()`-Funktion kennen (siehe Abschnitte 2.2.5 und 2.7.3). Im vorliegenden Fall besteht das Format aus einem Text (`Zahl =`) und einem Platzhalter für eine Variable im Dezimalformat (`%d`). Der dritte Parameter ist die Variable, deren Inhalt an Stelle des Platzhalters eingefügt werden soll.

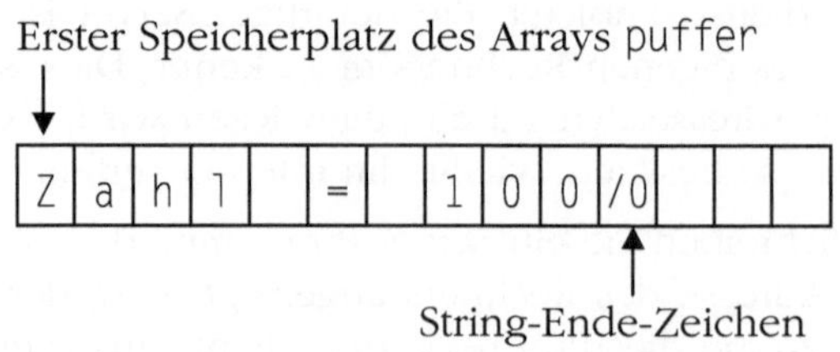

Bild 6.5: Ergebnis der `sprintf()`-Funktion

Die Funktion `sprintf()` erzeugt nun eine Zeichenkette entsprechend den Vorgaben der Format-Zeichenkette und schreibt diese in das adressierte Text-

Array puffer (Bild 6.5). Die Zeichenkette wird mit einem String-Ende-Zeichen abgeschlossen. Der Rest des Arrays puffer bleibt ungenutzt.

Mit dieser Methode erzeugen wir in der folgenden Musterlösung die Web-Seite. Die unveränderlichen Anteile der Web-Seite werden als Text in die Format-Zeichenkette der sprintf()-Funktion eingetragen. An Stelle der variablen IP-Adresse wird ein Platzhalter vorgesehen. Die aktuelle IP-Adresse wird dann zur Laufzeit des Server-Programms an dieser Stelle eingefügt.

6.4.2 Das Programm ServerIPAnzeige.c

```
/*****************************************************************/
/* Dateiname   : ServerIPAnzeige.c                               */
/* Beschreibung: Server-Programm                                 */
/*               Sendet Web-Seite mit IP-Adresse des Client und  */
/*               eine Kopie der HTTP-Nachricht über Port 5000    */
/*               mit Endlos-Schleife für beliebig viele Zugriffe */
/*****************************************************************/

#include <sys/socket.h>
#include <stdio.h>
#include <unistd.h>
#include <arpa/inet.h>
#include <string.h>        <-- enthält die Deklaration von sprintf()

int main()
  {
   int server_socket, neuer_socket;
   int laenge, anzahl;
   struct sockaddr_in serverinfo, clientinfo;
   char empfangene_zeichen[1000];
   char web_seite[1000];       <-- Puffer für die Web-Seite
   unsigned short int portnummer = 5000;
   char server_ip[] = "INADDR_ANY";
   char client_ip[INET_ADDRSTRLEN];

   printf("\n Server: socket()...");

   server_socket = socket(AF_INET, SOCK_STREAM, 0);

   serverinfo.sin_family = AF_INET;
   serverinfo.sin_addr.s_addr = htonl(INADDR_ANY);
   serverinfo.sin_port = htons(portnummer);
   laenge = sizeof(serverinfo);
```

```
printf("\n Server: bind()...");
bind(server_socket, (struct sockaddr *)&serverinfo, laenge);

printf("\n Server: listen()...");
printf("\n Server mit IP %s",server_ip);
printf(" an Port %d wartet...",portnummer);
listen(server_socket, 3);

while(1)
  {
   printf("\n Server: accept()...");
   neuer_socket = accept(server_socket,
                         (struct sockaddr *)&clientinfo, &laenge);
   inet_ntop(AF_INET,&clientinfo.sin_addr.s_addr,
             client_ip,INET_ADDRSTRLEN);
   printf("Verbindung mit %s",client_ip);

   anzahl = read(neuer_socket,empfangene_zeichen,
                 sizeof(empfangene_zeichen));
   empfangene_zeichen[anzahl]=0;

   printf("\n\n empfangen: \n\n%s",empfangene_zeichen);

   sprintf(web_seite,"HTTP/1.1 200 OK\r\n\r\n\
  <html><body><center><h1>Ihre IP-Adresse ist %s</h1></center>",\
   client_ip);

   printf("\n\n Server: sende: \n\n%s",web_seite);
   write(neuer_socket,web_seite,strlen(web_seite));

   sprintf(web_seite,"\
   <h1>Ihre Nachricht ist: <em>%s</em></h1></body></html>",\
   empfangene_zeichen);

   printf("\n\n Server: sende: \n\n%s",web_seite);
   write(neuer_socket,web_seite,strlen(web_seite));

   printf("\n\n Server: close()...");
   close(neuer_socket);
  }
}
```

= Erzeugung der Web-Seite

Die Erzeugung der Web-Seite wurde hier aus Gründen der Übersichtlichkeit in zwei Schritte zerlegt. Im ersten Schritt wird der HTTP-Code und der obere Teil der Web-Seite in den Socket geschrieben:

```
sprintf(web_seite,"HTTP/1.1 200 OK\r\n\r\n\
<html><body><center><h1>Ihre IP-Adresse ist %s</h1></center>",\
client_ip);

printf("\n\n Server: sende: \n\n%s",web_seite);
write(neuer_socket,web_seite,strlen(web_seite));
```

Die IP-Adresse ist als Überschrift formatiert (`<h1>`) und zentriert (`<center>`). An Stelle des Platzhalters `%s` wird die IP-Adresse ausgegeben, die im Textformat im Array `client_ip` gespeichert ist.

Beachten Sie bitte, dass für die `write()`-Funktion die Anzahl der zu sendenden Zeichen mit Hilfe von `strlen()` berechnet wird und nicht, wie zuvor, mit Hilfe von `sizeof()`. Es soll nicht der gesamte Puffer gesendet werden, sondern nur die Zeichen, die wir mit Hilfe von `sprintf()` in den Puffer geschrieben haben. Die Anzahl der zu sendenden Zeichen entspricht genau der „Länge des Strings" (string length = strlen). Die Funktion `strlen()` zählt in dem Textpuffer `web_seite` die Anzahl der Zeichen zwischen dem Anfang des Puffers und dem ersten String-Ende-Zeichen. Die Funktion `strlen()` ist ebenfalls in `string.h` deklariert.

Im zweiten Teil der Web-Seite ist die vom Server empfangene HTTP-Nachricht enthalten:

```
sprintf(web_seite,"\
<h1>Ihre Nachricht ist: <em>%s</em></h1></body></html>",\
empfangene_zeichen);

printf("\n\n Server: sende: \n\n%s",web_seite);
write(neuer_socket,web_seite,strlen(web_seite));
```

Die Nachricht wird aus dem Puffer `empfangene_zeichen` gelesen und an Stelle des Platzhalters `%s` eingefügt. Da vor diesem Platzhalter die HTML-Marke <em> (= emphasize = hervorheben) steht, wird die Nachricht auf dem Bildschirm des Browsers durch Kursivschrift hervorgehoben.

Beachten Sie bitte, dass hier eine Web-Seite aus mehreren Teilen zusammengesetzt wird. Diesen Effekt kennen Sie möglicherweise bereits vom Surfen im Internet. Wenn Sie dort eine Web-Seite aufrufen die viele Informationen enthält, dann kann es vorkommen, dass die Seite nach und nach aufgebaut wird. Der Browser ist also offensichtlich in der Lage, auch bruchstückhafte Web-Seiten zusammenzusetzen. Diese Fähigkeit nutzen wir im vorliegenden Programm zur Vereinfachung unseres Programmcodes aus.

6.4.3 Bildschirmausgaben des Servers

Hier nun gleich der Test des neuen Servers, der mit dem Starten des Server-Programms über die Kommandozeile beginnt:

```
pc01@pc01:~/socket> ServerIPAnzeige

 Server: socket()...
 Server: bind()...
 Server: listen()...
 Server mit IP INADDR_ANY an Port 5000 wartet...
```

Sobald der Server bereit ist, können wir mit Hilfe eines Browsers die Web-Seite abrufen (Eingabe von `http://localhost:5000`). Danach sehen wir die folgende Bildschirmausgabe des Server-Programms:

```
 Server: accept()...Verbindung mit 127.0.0.1

 Server: empfangen:

GET / HTTP/1.0
Connection: Keep-Alive
User-Agent: Mozilla
```

.......hier folgt die gleiche Meldung wie auf S. 121

```
Server: sende:

HTTP/1.1 200 OK

    <html><body><center><h1>Ihre IP-Adresse ist
127.0.0.1</h1></center>
```

= erster Teil der Web-Seite

```
Server: sende:

    <h1>Ihre Nachricht ist: <em>GET / HTTP/1.0
Connection: Keep-Alive
User-Agent: Mozilla/4.78 [de] (X11; U; Linux 2.4.10-4GB i686)
Pragma: no-cache
Host: localhost:5000
Accept: image/gif, image/x-xbitmap, image/jpeg, image/pjpeg, im-
age/png, */*
Accept-Encoding: gzip
Accept-Language: en
Accept-Charset: iso-8859-1,*,utf-8

</em></h1></body></html>
```

= zweiter Teil der Web-Seite

```
Server: close()...
```

6.4.4 Inhalt der erzeugten Web-Seite

Im Browser-Fenster des Clients erscheint der folgende Text, der je nach verwendetem Browser etwas unterschiedlich formatiert sein kann:

Ihre IP-Adresse ist 127.0.0.1

Ihre Nachricht ist *GET / HTTP/1.0 Connection: Keep-Alive User-Agent: Mozilla/4.78 [de] (X11; U; Linux 2.4.10-4GB i686) Host: localhost:5000 Accept: image/gif, image/x-xbitmap, image/jpeg, image/pjpeg, image/png, */* Accept-Encoding: gzip Accept-Language: en Accept-Charset: iso-8859-1,*,utf-8*

6.5 Übungsaufgabe 2: Zugriffszähler

In der zweiten Übung sollen Sie noch eine weitere Variante eines Web-Services realisieren. Diesmal soll der Server die Anzahl der Verbindungen zählen und diese Zahl den Besuchern mitteilen.

Aufgabe: Schreiben Sie ein Server-Programm, das eine Web-Seite erzeugt, auf der die Anzahl der Verbindungen angezeigt wird. Dazu müssen Sie eine Zählvariable einführen und deren Inhalt auf der erzeugten Web-Seite ausgeben.

Formatieren Sie die Web-Seite so, dass der ausgegebene Text in etwa in der Mitte der Web-Seite ausgegeben wird. Der Text soll also auch etwas Abstand vom oberen Bildschirmrand haben. Sie können dies z.B. durch die Ausgabe von Leerzeilen (`<br>`) erreichen.

6.6 Lösungshinweise zu Aufgabe 2

6.6.1 Das Programm ServerZugriffszahl.c

```
/**************************************************************/
/* Dateiname   : ServerZugriffszahl.c                         */
/* Beschreibung: Server-Programm                              */
/*               Sendet Web-Seite mit Zugriffszahl über Port 5000*/
/*              mit Endlos-Schleife für beliebig viele Zugriffe */
/**************************************************************/

#include <sys/socket.h>
#include <stdio.h>
#include <unistd.h>
#include <arpa/inet.h>
#include <string.h>

int main()
```

```
{
 int server_socket, neuer_socket;
 int laenge, anzahl;

 int zaehler = 0;             ← Zugriffszähler

 struct sockaddr_in serverinfo, clientinfo;
 char empfangene_zeichen[1000];
 char web_seite[1000];
 unsigned short int portnummer = 5000;
 char server_ip[] = "INADDR_ANY";
 char client_ip[INET_ADDRSTRLEN];

 printf("\n Server: socket()...");
 server_socket = socket(AF_INET, SOCK_STREAM, 0);
 serverinfo.sin_family = AF_INET;
 serverinfo.sin_addr.s_addr = htonl(INADDR_ANY);
 serverinfo.sin_port = htons(portnummer);
 laenge = sizeof(serverinfo);

 printf("\n Server: bind()...");
 bind(server_socket, (struct sockaddr *)&serverinfo, laenge);

 printf("\n Server: listen()...");
 printf("\n Server mit IP %s",server_ip);
 printf(" an Port %d wartet...",portnummer);
 listen(server_socket, 3);

 while(1)
   {
    printf("\n Server: accept()...");
    neuer_socket = accept(server_socket,
                          (struct sockaddr *)&clientinfo, &laenge);
    inet_ntop(AF_INET,&clientinfo.sin_addr.s_addr,
              client_ip,INET_ADDRSTRLEN);
    printf("Verbindung mit %s",client_ip);

    anzahl = read(neuer_socket,empfangene_zeichen,
             sizeof(empfangene_zeichen));
    empfangene_zeichen[anzahl]=0;
    printf("\n\n Server: empfangen: \n\n%s",empfangene_zeichen);

    zaehler++;             ← Zugriffszähler
```

```
sprintf(web_seite,"HTTP/1.1 200 OK\r\n\r\n\
 <html><body>\n\
  <br><br><br><br>\n\
  <center><h1>Sie sind Besucher Nr. %d</h1></center>\n\
 </body></html>",\
zaehler);
printf("\n\n Server: sende: \n\n%s",web_seite);
write(neuer_socket,web_seite,strlen(web_seite));
printf("\n\n Server: close()...");
close(neuer_socket);
 }
}
```

= Erzeugung der Web-Seite

Die Variable `zaehler` übernimmt in diesem Programm die Aufgabe des Zugriffszählers. Sie wird in jedem Durchlauf der `while`-Schleife um 1 erhöht.

Da die Web-Seite diesmal nur eine Variable enthält, kann sie problemlos in einem Schritt erzeugt werden:

```
sprintf(web_seite,"HTTP/1.1 200 OK\r\n\r\n\
<html><body>\n\
  <br><br><br><br>\n\
  <center><h1>Sie sind Besucher Nr. %d</h1></center>\n\
</body></html>",\
zaehler);
```

Die Zugriffszahl wird an Stelle des Platzhalters %d eingefügt. Der HTML-Code wurde diesmal über mehrere Zeilen verteilt, um die Struktur der Web-Seite deutlicher hervortreten zu lassen. Dies hat aber keinen Einfluss auf das Aussehen der Web-Seite im Browser-Fenster. Lediglich der erzeugte HTML-Code wird etwas besser lesbar.

Beachten Sie auch die Steuerzeichen `\n` (= neue Zeile) am Ende der HTML-Zeilen. Dieses Steuerzeichen bewirkt einen Zeilenumbruch bei der Ausgabe des HTML-Codes durch den Server. Dies werden Sie gleich bei dem nun folgenden Test des Serverprogramms bemerken. Das Einfügen von Zeilenumbrüchen und Einrückungen im HTML-Code vergrößert zwar etwas die Menge der zu sendenden Daten, ist aber trotzdem empfehlenswert, falls abzusehen ist, dass der HTML-Code von jemand betrachtet werden wird.

6.6.2 Bildschirmausgabe des Servers

Wir starten nun den neuen Server durch Eingabe des Namen der ausführbaren Datei:

```
pc01@pc01:~/socket> ServerZugriffszahl

 Server: socket()...
 Server: bind()...
 Server: listen()...
 Server mit IP INADDR_ANY an Port 5000 wartet...
```

Danach wird der Server vom Browser aufgefordert, eine Web-Seite zu senden (URL = `http://localhost:5000`) und wir sehen die folgenden Bildschirmausgaben des Servers:

```
 Server: accept()...Verbindung mit 127.0.0.1

Server: empfangen:

GET / HTTP/1.0
Connection: Keep-Alive
User-Agent: Mozilla
```

.......hier folgt die gleiche Meldung wie auf S. 121

```
 Server: sende:
HTTP/1.1 200 OK
    <html><body>
      <br><br><br><br>
      <center><h1>Sie sind Besucher Nr. 1</h1></center>
    </body></html>
```

= Web-Seite

```
Server: close()...
```

6.6.3 Inhalt der erzeugten Web-Seite

Im Browser-Fenster sollte beim ersten Aufruf der Web-Seite zu lesen sein, dass Sie der erste Besucher waren:

Sie sind Besucher Nr. 1

Wenn Sie nun die Web-Seite erneut anfordern, indem Sie die Schaltfläche „Neu Laden" (Reload) des Browsers betätigen, dann sehen Sie, wie der Zugriffszähler hochgezählt wird.

Tipp: Installieren Sie dieses Programm doch auf Ihrem Rechner als „Falle" für unerwünschte Besucher. Sie können dann mitzählen, wie oft jemand versucht, das Port 5000 Ihres Rechners zu kontaktieren. Damit erwischen Sie jeden „Port-Scanner"...

7 Ein Server, der HTTP-Kommandos analysiert

In diesem Kapitel lernen Sie, wie man die vom Server empfangenen HTTP-Kommandos auswerten kann. Dies ist notwendig, wenn der Server gezielt auf die Wünsche der Clients reagieren soll. Ein erstes Beispielprogramm zeigt, wie Sie die empfangenen Daten mit Hilfe der `strstr()`-Funktion nach charakteristischen Zeichenfolgen durchsuchen können, um spezielle HTTP-Befehle zu erkennen. Die erste Übung erweitert die Analysefähigkeit und extrahiert aus dem Empfangspuffer den Namen einer vom Client angeforderten Datei. Die zweite Übung zeigt Ihnen, wie Sie beliebige Daten vom Nutzer des Clients anfordern können. Dazu erzeugt der Server ein Eingabeformular und sendet dieses an den Client. Die vom Nutzer eingegebenen Daten werden später aus dem Datenpaket entnommen, das der Client nach dem Absenden des ausgefüllten Formulars zum Server schickt.

7.1 Textanalyse mit Hilfe eines "Parsers"

Unsere Aufgabe besteht nun darin, ein Server-Programm zu schreiben, das die Wünsche des Clients „versteht“. Der Client teilt seine Wünsche in Form von Text mit, der aus einer Reihe von definierten Worten in einer festgelegten Reihenfolge besteht. Wir müssen also den Text nach bestimmten Worten durchsuchen und möglicherweise, wenn ein spezielles Wort wurde ist, aus dem Text an definierten Stellen weitere Informationen entnehmen.

Dieses Problem ist in der Datenverarbeitung häufig anzutreffen, beispielsweise bei der Übersetzung von Quellcode in Maschinensprache. Programme, die eine solche Textanalyse machen, werden meist als „Parser“ bezeichnet (to parse = grammatisch zerlegen, analysieren). Unser Server wird daher um einen Parser erweitert, der die HTTP-Befehle des Clients analysiert.

Im ersten Beispielprogramm ist der Parser noch nicht sehr leistungsfähig, er kann aber immerhin schon erkennen, ob der Client einen GET-Befehl gesendet hat oder nicht.

In der ersten Übung wird der Parser erweitert. Falls ein GET-Befehl gefunden worden ist, wird ermittelt, welche Datei der Client gerne erhalten möchte. Diese Information ist ein Parameter des GET-Befehls.

In der zweiten Übung soll der Parser dann GET- und POST-Befehle unterscheiden und dafür passende Antworten an den Client senden.

7.2 Beispielprogramm ServerHTTPAnalyse.c

7.2.1 Quellcode

```
/*****************************************************************/
/* Dateiname   : ServerHTTPAnalyse.c                              */
/* Beschreibung: Server-Programm                                  */
/*               Analysiert einen empfangenen HTTP-Befehl und     */
/*               sucht nach dem GET-Kommando (Parser)             */
/*****************************************************************/

#include <sys/socket.h>
#include <stdio.h>
#include <unistd.h>
#include <arpa/inet.h>
#include <string.h>

int main()
  {
   int server_socket, neuer_socket;
   int anzahl, laenge;
   struct sockaddr_in serverinfo, clientinfo;
   char client_ip[INET_ADDRSTRLEN];
   char empfangen[1000];
   char web_seite[]="HTTP/1.1 200 OK\r\n\r\n";
   char *position;

   server_socket = socket(AF_INET, SOCK_STREAM, 0);
   serverinfo.sin_family = AF_INET;
   serverinfo.sin_addr.s_addr = htonl(INADDR_ANY);
   serverinfo.sin_port = htons(5000);
   laenge = sizeof(serverinfo);
   bind(server_socket, (struct sockaddr *)&serverinfo, laenge);
   listen(server_socket, 3);

   while(1)
     {
      printf("\n Der Server wartet...");
      fflush(stdout);

      neuer_socket = accept(server_socket,
                         (struct sockaddr *)&clientinfo, &laenge);
      inet_ntop(AF_INET,&clientinfo.sin_addr.s_addr,
                client_ip,INET_ADDRSTRLEN);
```

```
        printf("Verbindung mit %s",client_ip);

        anzahl = read(neuer_socket,empfangen,sizeof(empfangen));
        empfangen[anzahl]=0;
        printf("\n\n Empfangen: \n\n%s",empfangen);

/* Anfang des HTTP-Parsers */

        if (position = strstr(empfangen,"GET"))
         {
          printf("GET-Befehl beginnt bei Zeichen %d\n\n",
                (position-empfangen)+1);
         }
        else
         {
         printf("Der HTTP-Parser hat keinen GET-Befehl gefunden\n\n");
         }

/* Ende des HTTP-Parsers */

        write(neuer_socket,web_seite,sizeof(web_seite));
        close(neuer_socket);
      }
  }
```

Ein Hinweis zu den Bildschirmausgaben dieses Programms: Es wurden, im Vergleich zum letzten Kapitel, einige `printf()`-Anweisungen entfernt, um das Programm zu kürzen. Der Server meldet sich nur noch, wenn er in den Wartezustand geht. Diese Meldung wird aber leider vom Betriebssystem unter Umständen zurückgehalten, da die folgende `accept()`-Funktion die weitere Programmausführung anhält. Abhilfe schafft hier die Funktion `fflush()`:

```
fflush(stdout);
```

Die Funktion `fflush()` zwingt das Betriebssystem, die Inhalte von Pufferspeichern in die zugehörigen Dateien zu schreiben. Die Datei `stdout` (standard output) repräsentiert unter Linux die Bildschirmausgabe. In unserem Falle erreichen wir damit, dass die von der `printf()`-Funktion für die Ausgabe erzeugten Daten zum Bildschirm übertragen werden, bevor die nächste Programmzeile in Angriff genommen wird [Herold C].

7.2.2 Textpositionen bestimmen mit der Funktion strstr()

Der Parser des Beispielprogramms `ServerHTTPAnalyse` klärt zwei Fragen hinsichtlich des empfangenen HTTP-Befehls:

- Ist das Wort GET im empfangenen Paket enthalten ?
- Wenn ja, wo genau befindet sich das Wort (Position?) ?

Daher benötigen wir eine Zeiger-Variable vom Typ char, in der gegebenenfalls die Adresse des gefundenen Wortes abgelegt werden kann:

```
char *position;
```

Die Suche nach dem Wort GET übernimmt die bereits in Kapitel 4.3.2 besprochene Funktion strstr() aus der Bibliothek string.h. Diese Funktion liefert die Adresse des ersten Zeichens des gesuchten Textes im durchsuchten Text oder die Konstante NULL, wenn der Text nicht gefunden wird.

Zur Beantwortung der ersten Frage (d.h. ob der Text gefunden worden ist), muss daher geprüft werden, ob der Zeiger position den Wert NULL enthält.

```
position = strstr(empfangen,"GET");
if (position != NULL)
```

Diese beiden Anweisungen sind im Beispielprogramm zu einer Zeile zusammengefasst worden:

```
if (position = strstr(empfangen,"GET"))
```

Dabei wurde ausgenutzt, dass der logische Wert für „falsch" (false) als 0 codiert wird und somit den gleichen Wert hat wie die Konstante NULL. Enthält der Zeiger position die Konstante NULL, dann ist der Ausdruck (position) als logisch „falsch" zu bewerten, und die Anweisungen im if-Zweig der if-Abfrage werden nicht ausgeführt. Nur wenn der Zeiger position eine Adresse enthält, die ungleich NULL ist, dann gelangt das Programm in den if-Zweig.

Beachten Sie hierbei die Abarbeitungsreihenfolge: zuerst wird die strstr()-Funktion ausgeführt. Diese schreibt einen Wert in den Zeiger position. Dann wird die if-Abfrage ausgeführt und der Inhalt von position auf „wahr" (= ungleich 0) oder falsch (= gleich 0) untersucht.

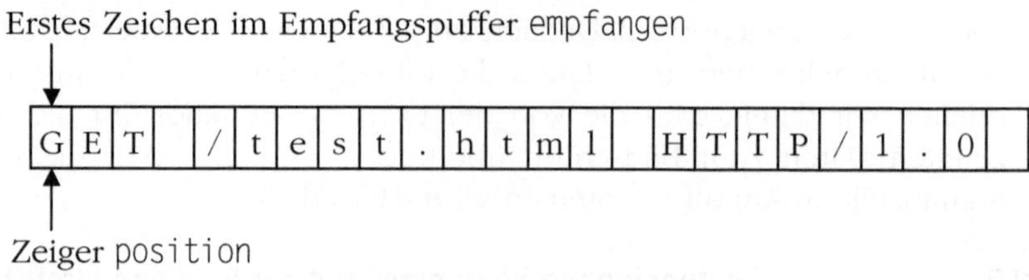

Bild 7.1: Ergebnis der Suche nach dem Wort GET

In Bild 7.1 sind die Zusammenhänge zwischen der Adresse des Puffers empfangen und dem Zeiger position für den Fall dargestellt, dass ein GET-Befehl empfangen worden ist.

Nehmen wir einmal an, das erste Zeichen von empfangen sei an der Adresse 4536678 gespeichert. Falls das Wort GET am Anfang des HTTP-Befehls steht (so sollte es gemäß Standard sein), dann enthält auch der Zeiger position nach Ausführung der strstr()-Funktion diese Adresse.

Diese Adresse hat aber wenig Aussagekraft. Sie kann sich bei jedem Start des Servers ändern, je nachdem, wo das Betriebssystem den Textpuffer empfangen im Arbeitsspeicher anlegt. Daher wird im Beispielprogramm die relative Position ermittelt. Es wird berechnet, das wievielte Zeichen im Textpuffer der erste Buchstabe von GET ist. Dazu muss die Differenz aus der Adresse des gefundenen Textes (position) und der Adresse des Textpuffers (empfangen) gebildet werden. Zu dieser Differenz wird 1 addiert:

Relative Position = (position - empfangen) + 1

Die Formel berechnet allgemein, an welcher Stelle der Text steht. Im dargestellten Beispiel ergibt sich der Wert 1. Beachten Sie bitte, dass die Differenz zweier Zeigerinhalte keine Adresse sondern eine ganze Zahl (Integer) ist. Daher kann diese Differenz mit dem Platzhalter %d ausgegeben werden.

7.2.3 Test des Beispielprogramms

Zum Test des Beispielprogramms wird dieses zuerst auf der Kommandozeile gestartet:

```
pc01@pc01:~/socket> ServerHTTPAnalyse
Der Server wartet...
```

Dann wird der Server mit Hilfe eines Browsers angesprochen und durch Eingabe der URL http://localhost:5000/index.html ein GET-Befehl provoziert:

```
Verbindung mit 127.0.0.1

Empfangen:

GET /index.html HTTP/1.0
Connection: Keep-Alive
User-Agent: Mozilla/4.78 [de] (X11; U; Linux 2.4.10-4GB i686)
Host: localhost:5000
Accept: image/x-xbitmap, image/jpeg, image/pjpeg, image/png, */*
Accept-Encoding: gzip
Accept-Charset: iso-8859-1,*,utf-8
```

Meldung des Mozilla Browsers

Der Parser des Beispielprogramms durchsucht den empfangenen Text und findet das Wort GET an der ersten Textposition :

```
GET-Befehl beginnt bei Zeichen 1
```

Sicherheitshalber hier der Hinweis, das dieses Beispielprogramm in dieser einfachen Form nicht immer zuverlässig funktioniert. Stellen Sie sich vor, der Client sendet einen anderen HTTP-Befehl, im Datenpaket ist aber dennoch das Wort GET enthalten. Dies würde unser Beispielprogramm falsch interpretieren. Man müsste noch sicherstellen, dass nur die erste Zeile der empfangenen Daten durchsucht wird.

7.3 Übungsaufgabe 1: Namen der angeforderten Datei ermitteln

In der folgenden Übung soll der Parser des Beispielprogramms so erweitert werden, dass er einen Parameter des GET-Befehls ermitteln kann.

Aufgabe: Erweitern Sie den HTTP-Parser so, dass er den Namen der vom Client angeforderten Datei ermittelt und auf dem Bildschirm des Servers ausgibt. Dazu muss zunächst geprüft werden, ob ein GET-Befehl vorliegt. In diesem Fall ist die Anfangs- und End-Position des Dateinamens im empfangenen Text zu ermitteln. Der Text zwischen diesen Positionen soll in ein Char-Array kopiert und auf dem Bildschirm ausgegeben werden.

7.4 Lösungshinweise zu Aufgabe 1

7.4.1 Prinzipielle Vorgehensweise bei Aufgabe 1

Sie haben in den bisherigen Kapiteln bereits einige HTTP-Befehle gesehen, die von Browsern an Server gesendet worden sind. Ihnen ist bestimmt aufgefallen, dass gemäß dem HTTP-Protokoll der Dateiname zwischen dem Wort GET und dem Wort HTTP stehen muss. Daher bietet sich die folgende prinzipielle Vorgehensweise an:

1) Position des Wortes GET suchen

   Diese Position in einem Zeiger position1 speichern

2) Position des Wortes HTTP suchen

   Diese Position in einem zweiten Zeiger position2 speichern

3) Unter Berücksichtigung von Trennzeichen

   daraus die Länge des Dateinamens berechnen

4) Den Dateiname mit strncpy() aus den empfangenen Daten

   herauskopieren

Den Programmlaufplan eines Servers, der diese Strategie implementiert, sehen Sie in Bild 7.2. Der HTTP-Parser ist gegenüber dem vorherigen Beispielprogramm um eine weitere Fallunterscheidung erweitert worden.

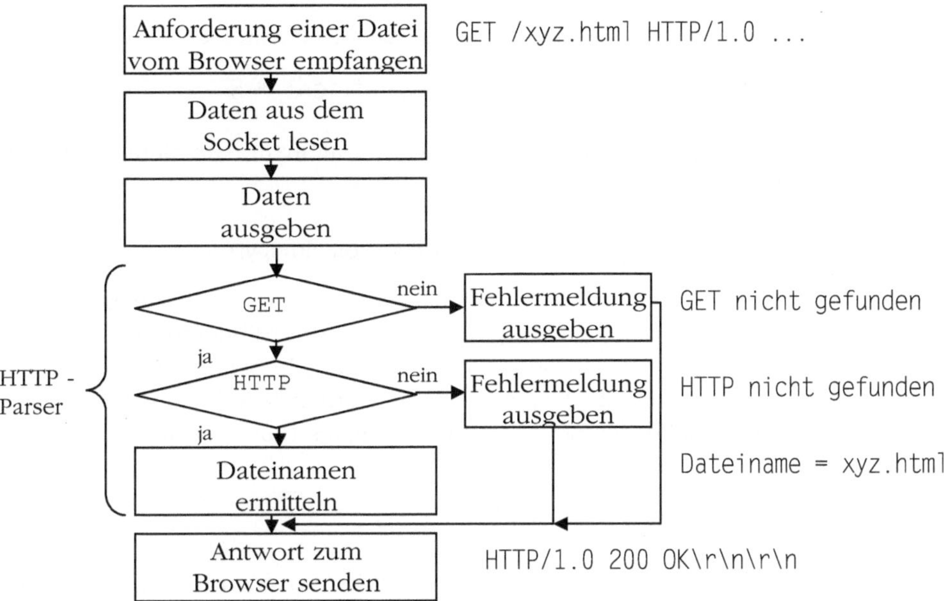

Bild 7.2: Programmablaufplan des Servers

Die exakte Position des gesuchten Dateinamens wird dabei aus den Inhalten der Zeiger `position1` und `position2` bestimmt. Bild 7.3 stellt die Situation für den Fall dar, dass der Client die Datei `test.html` vom Server anfordert:

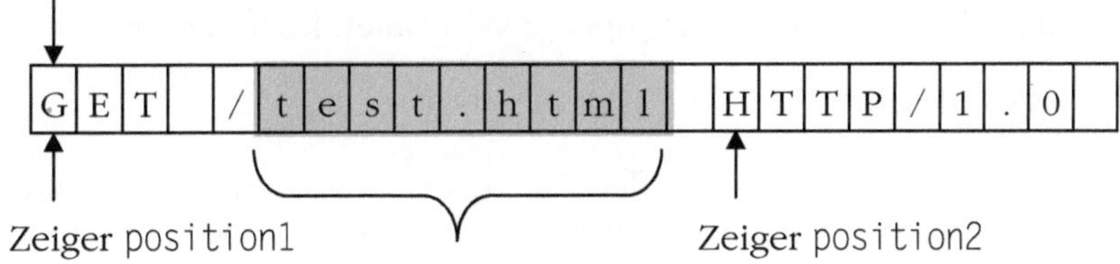

Bild 7.3: Ergebnis der Suche nach dem Dateinamen

Mit Hilfe der `strstr()`-Funktion können die Zeiger `position1` und `position2` mit den Anfangsadressen der Worte `GET` und `HTTP` geladen werden. Die Differenz zwischen diesen beiden Adressen beträgt 15: 3 Zeichen des Wortes GET + 1 Leerzeichen + 1 Schrägstrich + 9 Zeichen des Dateinamens + 1 Leerzeichen. Daher kann die Länge des Dateinamens folgendermaßen berechnet werden: Länge des Dateinamens = `position2 - position1 - 6;`

Das erste Zeichen des Dateinamens hat dabei die Adresse:

Anfangsadresse des Dateinamens = `position1 + 5`

Mit diesen beiden Informationen kann der Dateiname aus dem Empfangspuffer `empfangen` kopiert werden.

7.4.2 Text extrahieren mit der Funktion strncpy()

Zum Kopieren von Text einer bestimmten Länge aus einer Zeichenkette können wir die C-Funktion `strncpy()` aus der String-Bibliothek (`string.h`) verwenden. Die Funktion benötigt als ersten Übergabeparameter die Adresse der Zeichenkette, in der die Kopie angelegt werden soll (`ziel`). Dann folgt die Adresse der Quelle des zu kopierenden Textes (`quelle`) und schließlich die Anzahl der zu kopierenden Bytes (`laenge`)

Aufruf: `strncpy(ziel,quelle,laenge);`

Das folgende Code-Fragment zeigt, wie wir, beginnend an der 6. Stelle der empfangenen Daten (Adresse = `position1+5`) einen Text der in der Variablen `laenge` angegebenen Länge in die Zeichenkette `dateiname` kopieren können:

```
char dateiname[100];
laenge = position2 - position1 - 6;
strncpy(dateiname,position1+5,laenge);
```

Hinweis: Alternativ könnten Sie hier auch mit der Funktion `sscanf()` arbeiten und, beginnend bei `position1+5`, einen String bis zum nächsten Leerzeichen (Platzhalter = `%s`) aus den empfangenen Daten lesen [Herold C]:

```
sscanf(empfangen,"%s",position1+5);
```

Dies funktioniert, solange der Dateiname kein Leerzeichen enthält. Dateinamen enthalten normalerweise keine Leerzeichen, aber man weiß ja nie, was ein Internetnutzer am Browser so eintippt....

7.4.3 Das Programm ServerHTTPAnzeige.c

```
/*****************************************************************/
/* Dateiname   : ServerHTTPAnzeige.c                             */
/* Beschreibung: Server-Programm                                 */
/*               Analysiert einen empfangenen HTTP-Befehl und    */
/*               extrahiert einen Dateinamen (Parser)            */
/*****************************************************************/

#include <sys/socket.h>
#include <stdio.h>
#include <unistd.h>
#include <arpa/inet.h>
#include <string.h>

int main()
 {
  int server_socket, neuer_socket;
  int anzahl, laenge;
  struct sockaddr_in serverinfo, clientinfo;
  char client_ip[INET_ADDRSTRLEN];
  char empfangen[1000];
  char web_seite[] = "HTTP/1.1 200 OK\r\n\r\n";
  char *position1, *position2;
  char dateiname[100];

  server_socket = socket(AF_INET, SOCK_STREAM, 0);

  serverinfo.sin_family = AF_INET;
  serverinfo.sin_addr.s_addr = htonl(INADDR_ANY);
  serverinfo.sin_port = htons(5000);
  laenge = sizeof(serverinfo);

  bind(server_socket, (struct sockaddr *)&serverinfo, laenge);
  listen(server_socket, 3);

  while(1)
   {
    printf("\n Der Server wartet...");
    fflush(stdout);

    neuer_socket = accept(server_socket,
                          (struct sockaddr *)&clientinfo, &laenge);
    inet_ntop(AF_INET,&clientinfo.sin_addr.s_addr,
```

```
          client_ip,INET_ADDRSTRLEN);
    printf("Verbindung mit %s",client_ip);

    anzahl = read(neuer_socket,empfangen,sizeof(empfangen));
    empfangen[anzahl]=0;
    printf("\n\n Empfangen: \n\n%s",empfangen);
```

Anfang des Parsers

```
    if (position1 = strstr(empfangen,"GET"))
     {
      printf("\nGET-Befehl beginnt bei Zeichen %d",
            (position1-empfangen)+1);
      if (position2 = strstr(empfangen,"HTTP"))
       {
        printf("\nHTTP-Marke beginnt bei Zeichen %d",
              (position2-empfangen)+1);
        laenge = position2 - position1 - 6;
        strncpy(dateiname,position1+5,laenge);
        dateiname[laenge]=0;
        printf("\nLaenge = %d",laenge);
        printf("\nDateiname = %s",dateiname);
       }
      else
       {
        printf("\nDer HTTP-Parser hat keinen HTTP-Befehl gefunden");
       }
     }
    else
     {
      printf("\nDer HTTP-Parser hat keinen GET-Befehl gefunden");
     }
    printf("\n\n");
```

Ende des Parsers

```
    write(neuer_socket,web_seite,sizeof(web_seite));
    close(neuer_socket);
   }
}
```

Beachten Sie bitte, dass die `strncpy()`-Funktion kein String-Ende-Zeichen hinter die kopierte Zeichenkette schreibt. Daher muss dies in unserem Programm durch eine Zuweisung erfolgen:

```
dateiname[laenge]=0;
```

7.4.4 Bildschirmausgabe des Servers

Nach dem Start des Servers `ServerHTTPAnzeige` in einem Text-Terminal-Fenster müssen Sie mit Hilfe eines Browsers die Datei `index.html` anfordern (URL = `http//localhost:5000/index.html`), um die folgende Bildschirmausgabe zu sehen:

```
pc01@pc01:~/socket> ServerHTTPAnzeige

 Der Server wartet...

 Verbindung mit 127.0.0.1

 Empfangen:

GET /index.html HTTP/1.0
Connection: Keep-Alive
User-Agent: Mozilla
```

............hier folgt die Mozilla Meldung von S. 135

```
GET-Befehl beginnt bei Zeichen 1
HTTP-Marke beginnt bei Zeichen 17
Laenge = 10
Dateiname = index.html
```

Ausgabe des Parsers

Der Parser erfüllt also seine Aufgabe und extrahiert den Namen der angeforderten Datei aus dem empfangenen Datenpaket. Beachten Sie aber, dass der Parser in der hier gewählten einfachen Variante eine Schwachstelle hat: Wenn der Name der angeforderten Datei die Buchstabenfolge HTTP enthält, dann würde der Parser dies als Ende-Marke interpretieren und nur einen Teil des Dateinamens auswerfen: Aus einem Dateinamen `EineHTTPDatei.txt` macht er `Ein`. Sie können das Problem bei Bedarf beseitigen, indem Sie Leerzeichen und Schrägstrich berücksichtigen oder die Befehlszeile rückwärts durchsuchen (letztes Vorkommen von HTTP)...

7.5 Übungsaufgabe 2: Daten per Formular vom Client holen

In dieser Aufgabe soll ein Server Daten vom Client abholen, die ein Nutzer in ein HTML-Formular eingegeben hat. Hierfür werden zwei HTTP-Befehle, und zwar `GET` und `POST` benötigt. Dies ist eine gute Gelegenheit, unseren HTTP-Parser noch ein wenig weiter zu entwickeln. Zudem erhalten wir einen nützlichen, kleinen Server, mit dessen Hilfe wir über das WWW Daten von Nutzern abfragen können. Eine Anwendung könnte z.B. das Abfragen eines Passworts von einem Nutzer sein: Wenn jemand Kontakt zu unserem Server aufnimmt, dann erhält er erst einmal eine Web-Seite, in der er sein Passwort eintippen muss. Dieses Passwort wird zum Server übertragen und von diesem ausgewertet.

Aufgabe: Erweitern Sie den HTTP-Parser so, dass er einen `GET`-Befehl und einen `POST`-Befehl erkennen kann.

Falls der Client einen `GET`-Befehl schickt, soll der Parser ein Formular an den Client senden, in das ein Text eingegeben werden kann. Das Formular muss so konfiguriert werden, dass der Client die eingegebenen Daten per `POST`-Befehl an den Server schickt.

Falls der Client einen `POST`-Befehl schickt, dann sollen die übertragenen Daten vom Server ausgewertet werden. Die vom Nutzer des Clients eingegebenen Daten sollen auf dem Bildschirm des Servers und im Browser-Fenster des Clients ausgegeben werden.

Falls der Client einen anderen HTTP-Befehl schickt (z.B. `HEAD`), dann soll eine HTTP-Fehlermeldung zum Client geschickt werden, um diesem mitzuteilen, dass der Befehl nicht im Parser des Servers implementiert ist.

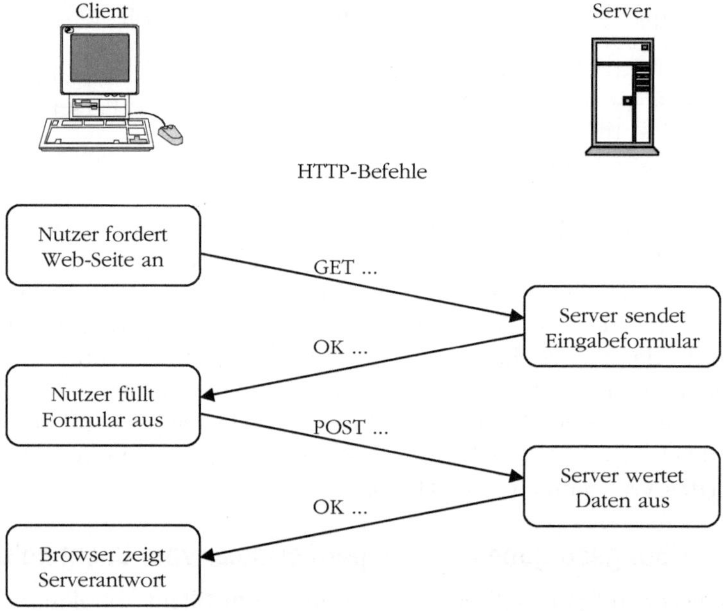

Bild 7.4: Datenabfrage vom Client mit Hilfe eines HTML-Formulars

7.6 Lösungshinweise zu Aufgabe 2

7.6.1 Prinzipieller Ablauf des Programms

Die Kommunikation zwischen Client und Server beginnt mit der Anforderung einer Web-Seite durch den Browser (Bild 7.4). Der Browser verwendet dafür den GET-Befehl.

Der Server erkennt den GET-Befehl und sendet ein OK-Paket mit einem Formular. Der Browser stellt das Formular dar und nimmt die Eingaben des Nutzers entgegen. Sobald der Nutzer die Schaltfläche „abschicken" anklickt, werden die eingegebenen Daten mit Hilfe eines POST-Paketes an den Server geschickt. Der muss den POST-Befehl erkennen und die eingegebenen Daten auswerten. Ein zweites OK-Paket bringt die Antwort des Servers zum Browser.

7.6.2 HTML Formulare

Ein geeignetes Eingabeformular für unsere Übungsaufgabe könnte aus einem Aufforderungstext („Bitte Text eingeben und abschicken"), einem Eingabefeld für beliebigen Text und einer Schaltfläche zum Abschicken der Daten bestehen (Bild 7.5).

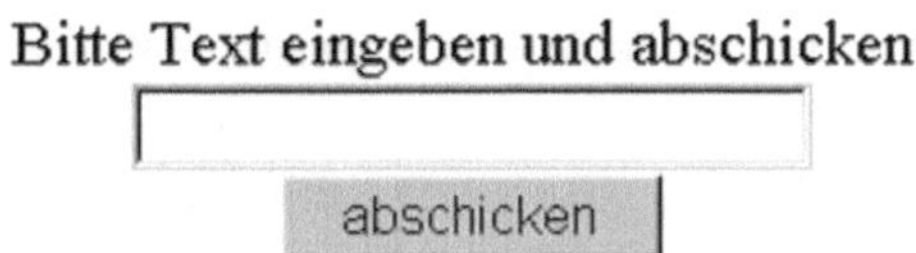

Bild 7.5: HTML-Formular für die Eingabe von Text

In der Seitenbeschreibungssprache HTML wird dieses Formular wie folgt codiert:

```
<center>
   <FORM ACTION="ServerHTTPPost" METHOD="post">
      Bitte Text eingeben und abschicken:
      <br>
      <INPUT TYPE="text" NAME="eingabe">
      <br>
      <INPUT TYPE="submit" VALUE="abschicken">
   </FORM>
</center>
```

Die Marken <center> und </center> platzieren das Formular in der Mitte des Bildschirms. Die Formularbestandteile selbst stehen zwischen den Marken <FORM ...> und </FORM>.

Das Formular hat zwei Parameter: ACTION und METHOD. Mit ACTION wird festgelegt, welche Anwendung des Servers die Formulardaten auswertet. Für unser Beispielprogramm ist der Parameter unwichtig, daher wurde hier einfach der Name des Serverprogramms eingetragen. Der zweite Parameter entscheidet, mit welchem HTTP-Befehl die eingegebenen Daten zurückgeschickt werden. Wir wählen hier die POST-Methode. Bei der POST-Methode werden die eingegebenen Daten an den HTTP-Teil des Datenpakets angehängt und durch eine Leerzeile vom Paketkopf getrennt.

Das Formular beginnt mit einem Text („Bitte Text ...“), der nicht weiter markiert werden muss. Die Marke <br> bewirkt einen Zeilenumbruch, so dass das folgende Eingabefeld in die nächste Zeile gesetzt wird.

Ein Eingabefeld beginnt immer mit der Marke <Input ...> und wird dann durch eine Typ-Angabe näher spezifiziert. Das erste Eingabefeld ist ein Text-Eingabefeld (TYPE="text"). Der eingegebene Text wird in einer Variablen gespeichert, deren Name man durch den Parameter NAME festlegt. In unserem Fall wird die Eingabe in der Variablen eingabe gespeichert (NAME="eingabe"). Dieser Variablenname wird später auch an den Server übertragen, damit er die Eingabe zuordnen kann. Ein Formular kann ja auch mehrere Eingabefelder besitzen.

Das zweite Eingabefeld ist eine Schaltfläche, die durch <br> in die nächste Zeile verschoben wird. Der Typ dieses Eingabefeldes (submit = einreichen) legt fest, dass beim Anklicken der Schaltfläche die Formulardaten abgeschickt werden. Mit dem Parameter VALUE schließlich wird bestimmt, wie die Schaltfläche beschriftet werden soll. In unserem Fall erscheint das Wort abschicken auf der Schaltfläche des Formulars (VALUE="abschicken").

Falls Sie das Formular weiter ausgestalten und verschönern wollen, finden Sie in der HTML-Kurzreferenz im Anhang weitere Hinweise. Für eine ausführlichere Einführung wäre ein Blick in ein HTML-Tutorial im Internet zu empfehlen, z.B. unter der Adresse www.selfhtml.org.

7.6.3 Das Programm ServerHTTPPost.c

```
/*****************************************************************/
/* Dateiname   : ServerHTTPPost.c                                */
/* Beschreibung: Server-Programm                                 */
/*               Sendet ein HTML-Formular und analysiert die vom */
/*               Browser per POST gesendeten Daten (Parser)      */
/*****************************************************************/
```

```
#include <sys/socket.h>
#include <stdio.h>
#include <unistd.h>
#include <arpa/inet.h>
#include <string.h>

int main()
 {
  int server_socket, neuer_socket;
  int anzahl, laenge;
  struct sockaddr_in serverinfo, clientinfo;
  char client_ip[INET_ADDRSTRLEN];
  char empfangen[1000];
  char senden[1000];
  char *position;

  char HTTPok[] = "HTTP/1.1 200 OK\r\n\r\n";

  char HTTPNotImplemented[] ="HTTP/1.1 501 Not Implemented\r\n\r\n";

  char HTMLFormular[] = "\
     <HTML>\n\
       <BODY><center>\n\
         <FORM ACTION=\"ServerHTTPPost\" METHOD=\"post\">\n\
         Bitte Text eingeben und abschicken:\n\
         <br>\n\
         <INPUT TYPE=\"text\" NAME=\"eingabe\">\n\
         <br>\n\
         <INPUT TYPE=\"submit\" VALUE=\"abschicken\">\n\
         </FORM></center>\n\
        </BODY>\n\
      </HTML>\n";

  char HTMLAnfang[] = "\
    <HTML>\n\
      <BODY>\n\
        <center><h1> Ihre Eingabe: ";

  char HTMLEnde[] = "\
        </h1></center>\n\
      </BODY>\n\
    </HTML>";

  server_socket = socket(AF_INET, SOCK_STREAM, 0);
```

```
  serverinfo.sin_family = AF_INET;
  serverinfo.sin_addr.s_addr = htonl(INADDR_ANY);
  serverinfo.sin_port = htons(5000);
  laenge = sizeof(serverinfo);

  bind(server_socket, (struct sockaddr *)&serverinfo, laenge);
  listen(server_socket, 3);

  while(1)
   {
    printf("\n Der Server wartet...");
    fflush(stdout);

    neuer_socket = accept(server_socket,
                          (struct sockaddr *)&clientinfo, &laenge);
    inet_ntop(AF_INET,&clientinfo.sin_addr.s_addr,
              client_ip,INET_ADDRSTRLEN);
    printf("Verbindung mit %s",client_ip);

    anzahl = read(neuer_socket,empfangen,sizeof(empfangen));
    empfangen[anzahl]=0;

    while (strstr(empfangen,"\r\n\r\n")==NULL)
      {
       printf("\n Befehl unvollständig, lese noch einmal...");
       anzahl = anzahl + read(neuer_socket,&empfangen[anzahl],
                sizeof(empfangen) - anzahl);
       empfangen[anzahl]=0;
      }

/* Anfang des HTTP-Parsers */

    if (strstr(empfangen,"GET") != NULL)
     {
      printf("\n\nDer HTTP-Parser hat einen GET-Befehl gefunden");

      printf("\n\n Empfangen: \n\n%s",empfangen);

      strcpy(senden,HTTPok);
      strcat(senden,HTMLFormular);

      printf("\n\n Sende: \n\n%s",senden);
      write(neuer_socket,senden,strlen(senden));
     }
    else if (strstr(empfangen,"POST") != NULL)
     {
```

```
        printf("\n\nDer HTTP-Parser hat einen POST-Befehl gefunden");

        position = strstr(empfangen,"eingabe");
        while (position==NULL)
          {
           printf("\n Befehl unvollständig, lese noch einmal...");
           anzahl = anzahl + read(neuer_socket,&empfangen[anzahl],
                    sizeof(empfangen) - anzahl);
           empfangen[anzahl]=0;
           position = strstr(empfangen,"eingabe");
          }

        printf("\n\n Empfangen: \n\n%s",empfangen);

        position = position + 8;
        printf("\n\n Eingabe in das Formular = %s",position);

        strcpy(senden,HTTPok);
        strcat(senden,HTMLAnfang);
        strcat(senden,position);
        strcat(senden,HTMLEnde);

        printf("\n\n Sende: \n\n%s",senden);
        write(neuer_socket,senden,strlen(senden));
       }
      else
       {
        printf("\n HTTP-Parser hat keinen bekannten Befehl gefunden");

        printf("\n\n Sende: \n\n%s",HTTPNotImplemented);
        write(neuer_socket,HTTPNotImplemented,
             sizeof(HTTPNotImplemented));
       }
      printf("\n\n");

/* Ende des HTTP-Parsers */

      close(neuer_socket);
    }
  }
```

Zu Beginn des Programms werden einige HTML-Code-Fragmente in Text-Arrays abgelegt. Diese Fragmente werden dann bei Bedarf zu ganzen Web-Seiten zusammengestellt. Zum Beispiel finden Sie dort den Anfang und das Ende einer Web-Seite, zwischen die der Server die auszugebenden Daten einfügen kann. Die Web-Seiten werden in dem Text-Puffer senden zusammengestellt und dann mit einem write()-Befehl abgeschickt:

```
strcpy(senden,HTTPok);
strcat(senden,HTMLAnfang);
strcat(senden,position);
strcat(senden,HTMLEnde);
```

Die strcpy()-Funktion (string copy = kopieren) schreibt den HTTP-Code OK in den Sendepuffer. Die strcat()-Funktion (string concatenate = anhängen) hängt daran weitere Textteile. Hier zuerst den Anfang der Web-Seite, dann den Text, der ab der in position gespeicherten Adresse im Empfangspuffer steht (das ist der vom Nutzer ins Formular eingegebene Text), und schließlich das Ende der Web-Seite.

Bei diesem Server ist es wichtig, dass die Daten des Browsers vollständig empfangen worden sind, bevor der Parser seine Arbeit beginnt. Daher finden Sie an zwei Stellen while-Schleifen, die so lange aus dem Socket lesen, bis der erwartete Text auch tatsächlich angekommen ist. Bei der ersten while-Schleife wird auf die Leerzeile nach dem Paketkopf (\r\n\r\n) gewartet. Die zweite while-Schleife wartet auf die Variable des Eingabeformulars, die den Namen eingabe hat.

Der vom Nutzer in das Formular eingegebene Text befindet sich 8 Zeichenpositionen hinter dem Namen der Variablen eingabe. Daher muss die Position des Variablennamens (position) nur um 8 erhöht werden, um den Anfang des eingegebenen Textes zu finden. Da das Formular nur eine Variable enthält, endet der eingegebene Text am Ende der empfangenen Daten, und das Textende muss nicht mehr extra bestimmt werden.

Im dritten Zweig des HTTP-Parsers wird der Fall abgehandelt, dass weder GET noch POST zum Server geschickt wurde. In diesem Fall meldet der Server einen Fehler zum Browser (Not Implemented) und teilt diesem mit, dass dieser Befehl nicht implementiert worden ist.

7.6.4 Bildschirmausgabe des Servers

Starten Sie zum Test des Servers zunächst die Server-Anwendung:

```
pc01@pc01:~/socket>ServerHTTPPost

Der Server wartet...
```

Nun muss der Browser die Kommunikation beginnen und eine beliebige Web-Seite anfordern. Der Name der angeforderten Seite wird vom Parser dieses Servers nicht ausgewertet. Daher genügt die URL http://localhost:5000.

Der Server antwortet auf diesen Befehl mit der Übersendung des HTML-Formulars:

```
Verbindung mit 127.0.0.1

Der HTTP-Parser hat einen GET-Befehl gefunden

 Empfangen:

GET / HTTP/1.0
Connection: Keep-Alive
User-Agent: Mozilla      ............hier folgt die Mozilla Meldung von S. 135

Sende:

     HTTP/1.1 200 OK

     <HTML>
       <BODY><center>
         <FORM ACTION="ServerHTTPPost" METHOD="post">
         Bitte Text eingeben und abschicken:
         <br>
         <INPUT TYPE="text" NAME="eingabe">
         <br>
         <INPUT TYPE="submit" VALUE="abschicken">
         </FORM></center>
        </BODY>
      </HTML>

 Der Server wartet...
```

Damit ist der erste Datenaustausch beendet, und der Server wartet auf den nächsten Befehl des Clients. Im Browserfenster des Clients ist das Formular mit dem Eingabefeld zu sehen. Bei diesem Test wird der Text „Hallo Server" in das Eingabefeld geschrieben. Sobald die Schaltfläche „abschicken" angeklickt wird, sendet der Client den Text mit einem POST-Befehl zum Server:

```
Verbindung mit 127.0.0.1

Der HTTP-Parser hat einen POST-Befehl gefunden

 Empfangen:

POST /ServerHTTPPost HTTP/1.0
Referer: http://localhost:5000/
Connection: Keep-Alive
User-Agent: Mozilla      ............hier folgt die Mozilla Meldung von S. 135
```

```
Content-type: application/x-www-form-urlencoded
Content-length: 20

eingabe=Hallo+Server
```

Der eingegebene Text findet sich im POST-Paket nach einer Leerzeile. Zuerst wird der Variablenname des Formulars übertragen und dann, nach einem Gleichheitszeichen die eingegebenen Daten. Leerzeichen im Text werden durch + Zeichen ersetzt. Dies erleichtert die Verarbeitung des Textes.

Der Parser extrahiert diesen Text, gibt ihn auf dem Bildschirm des Servers aus und sendet ihn auch noch einmal zum Client zurück:

```
 Eingabe in das Formular = Hallo+Server

Sende:

HTTP/1.1 200 OK

    <HTML>
      <BODY>
        <center><h1> Ihre Eingabe: Hallo+Server </h1></center>
      </BODY>
    </HTML>
```

7.6.5 Bildschirmausgabe des Browsers

Von Seiten des Nutzers beginnt die Kommunikation mit der Anforderung einer Web-Seite mit Hilfe des Browsers:

```
http://localhost:5000
```

Daraufhin erscheint das Eingabeformular, in dessen Textfeld dann z.B. der Text „Hallo Server" eingegeben werden kann (Bild 7.6):

Bitte Text eingeben und abschicken:

Hallo Server

abschicken

Bild 7.6: HTML-Formular mit eingegebenem Text

Das Formular wird durch einen Mausklick auf die „abschicken"-Schaltfläche zum Server gesendet. Dieser wertet die Daten aus und meldet zurück, was er als Eingabe erhalten hat:

Ihre Eingabe: Hallo+Server

8 Ein Server, der Dateien sendet

In diesem Kapitel erhalten unsere Web-Server den letzten Schliff. Sie lernen nun, die angeforderten Dateien tatsächlich über das Internet zu versenden. Ein erstes Beispielprogramm prüft, ob eine gewünschte Datei auf dem Server verfügbar ist und für die Übertragung geöffnet werden kann. Im nächsten Schritt wird dann eine Textdatei gelesen und zum Client transportiert. Dieser Server kann beliebige HTML-Dateien versenden, solange diese nur Text enthalten. Das Kapitel endet mit einer Übungsaufgabe, die darin besteht, sowohl Text- als auch Binärdateien zu verschicken. Hierzu müssen Dateitypen und Dateigrößen ermittelt und dem Client mitgeteilt werden. Wir sind danach in der Lage, Web-Seiten mit eingebundenen Grafiken zu versenden.

8.1 Existenz der angeforderten Datei prüfen

Im letzten Kapitel haben wir einen HTTP-Parser geschrieben, der den Namen der vom Browser angeforderten Datei ermittelt. Nun gilt es zu prüfen, ob diese Datei existiert und gelesen werden kann. Eine einfache Lösung dieser Aufgabe besteht darin, die Datei versuchsweise zu öffnen (Bild 8.1).

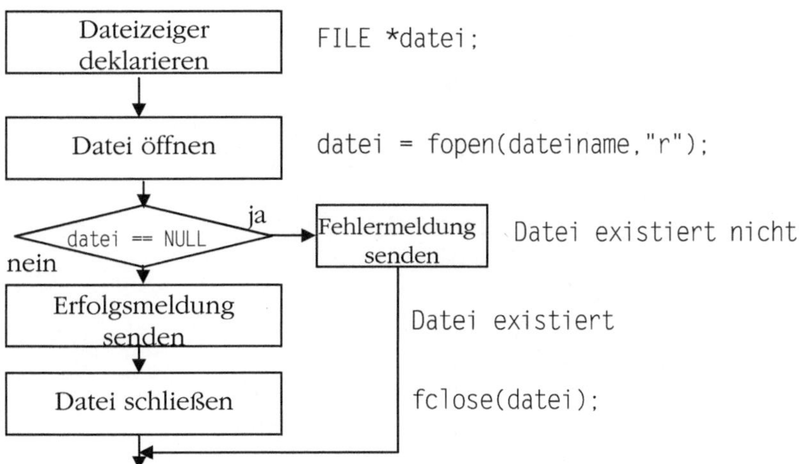

Bild 8.1: Existenz der angeforderten Datei prüfen

Die Funktionen zum Öffnen und Schließen von Dateien kennen Sie bereits aus Kapitel 4.4. Dort hatten wir auch den Dateizeiger eingeführt und gezeigt, dass man anhand des Zeigerinhalts erkennen kann, ob eine Datei erfolgreich geöffnet werden konnte. Der Wert NULL im Dateizeiger signalisiert ein Problem beim Öffnen der Datei.

Im Beispielprogramm wird anhand des Dateizeigers eine Fallunterscheidung durchgeführt. Ist der Zeigerinhalt gleich NULL, dann gibt der Parser eine Fehlermeldung aus. Im anderen Fall wird gemeldet, dass die angeforderte Datei offensichtlich vorhanden ist und auch geöffnet werden konnte.

8.2 Beispielprogramm ServerDateiOeffnen.c

8.2.1 Quellcode

```
/*****************************************************************/
/* Dateiname   : ServerDateiOeffnen.c                           */
/* Beschreibung: Server-Programm                                */
/*               Analysiert einen HTTP-GET-Befehl und versucht  */
/*               die angeforderte Datei zu öffnen               */
/*****************************************************************/

#include <sys/socket.h>
#include <stdio.h>
#include <unistd.h>
#include <arpa/inet.h>
#include <string.h>

int main()
 {
  int server_socket, client_socket;
  int anzahl, laenge;
  struct sockaddr_in serverinfo, clientinfo;
  char client_ip[INET_ADDRSTRLEN];
  char empfangen[1000];
  char *position1, *position2;
  char dateiname[100];
  char text_http_ok[] = "HTTP/1.0 200 OK\r\n\r\n";
  char text_html_anfang[] = "<HTML><BODY>";
  char text_html_ende[] = "</BODY></HTML>";
  char text_dateiname[] = "Dateiname = ";
  char text_kein_GET[] = "kein GET-Befehl gefunden";
  char text_kein_HTTP[] = "kein HTTP-Befehl gefunden";
```

```
char text_datei_existiert[] = "<br>Datei existiert";
char text_keine_datei[] = "<br>Datei existiert nicht";
FILE *datei;

server_socket = socket(AF_INET, SOCK_STREAM, 0);

serverinfo.sin_family = AF_INET;
serverinfo.sin_addr.s_addr = htonl(INADDR_ANY);
serverinfo.sin_port = htons(5000);
laenge = sizeof(serverinfo);

bind(server_socket, (struct sockaddr *)&serverinfo, laenge);
listen(server_socket, 3);

while (1)
 {
  printf("\n Der Server wartet...");
  fflush(stdout);

  client_socket = accept(server_socket,
                         (struct sockaddr *)&clientinfo, &laenge);
  inet_ntop(AF_INET,&clientinfo.sin_addr.s_addr,
            client_ip,INET_ADDRSTRLEN);
  printf("Verbindung mit %s",client_ip);

  anzahl = read(client_socket,empfangen,sizeof(empfangen));
  empfangen[anzahl]=0;
  write(client_socket,text_http_ok,strlen(text_http_ok));
  write(client_socket,text_html_anfang,strlen(text_html_anfang));
  if (position1 = strstr(empfangen,"GET"))
   {
    if (position2 = strstr(empfangen,"HTTP"))
     {
      laenge = position2 - position1 - 6;

      strncpy(dateiname,position1+5,laenge);
      dateiname[laenge]=0;

      printf("\n GET Befehl für Datei %s gefunden",dateiname);

      write(client_socket,text_dateiname,strlen(text_dateiname));
      write(client_socket,dateiname,laenge);

      datei = fopen(dateiname,"rt");
      if (datei==NULL)
       {
```

```
            printf("\n Datei %s existiert nicht",dateiname);
            write(client_socket,text_keine_datei,
                  strlen(text_keine_datei));
           }
          else
           {
            printf("\n Datei %s existiert",dateiname);
            write(client_socket,text_datei_existiert,
                  strlen(text_datei_existiert));
            fclose(datei);
           }
         }
        else
         {
          printf("\n HTTP-Parser hat keinen HTTP-Befehl gefunden");
          write(client_socket,text_kein_HTTP,strlen(text_kein_HTTP));
         }
       }
      else
       {
        printf("\nDer HTTP-Parser hat keinen GET-Befehl gefunden");
        write(client_socket,text_kein_GET,strlen(text_kein_GET));
       }
      printf("\n");
      write(client_socket,text_html_ende,strlen(text_html_ende));
      close(client_socket);
    }
}
```

8.2.2 Test des Beispielprogramms

Für den Test des Beispielprogramms benötigen wir wenigstens eine Datei im Arbeitsverzeichnis des Servers. Im folgenden Beispiel wird die HTML-Datei `prima.html` verwendet, deren Inhalt im Rahmen der nächsten Übungsaufgabe näher erläutert wird. Sie können für diesen Test aber auch jede andere Datei nehmen.

Zunächst ist wieder der Server zu starten:

```
pc01@pc01:~/socket> ServerDateiOeffnen

 Der Server wartet...
```

Wenn Sie mit dem Browser eine nicht existierende Datei anfordern, z.B. `index.html`, dann wird der Parser eine Fehlermeldung generieren:

```
Verbindung mit 127.0.0.1
GET Befehl für Datei index.htm gefunden
Datei index.htm existiert nicht

Der Server wartet...
```

Geben Sie jedoch die URL einer vorhandenen Datei an, dann sollte eine Erfolgsmeldung erscheinen (`http://localhost:5000/prima.html`):

```
Verbindung mit 127.0.0.1
GET Befehl für Datei prima.html gefunden
Datei prima.html existiert

Der Server wartet...
```

8.3 Übungsaufgabe 1: Textdatei an den Browser senden

Im Kapitel 4 hatten Sie gesehen, dass ein Web-Server eine zu übertragende Datei einfach an den HTTP-Code des Paketkopfes anhängt. Als Trennung dient eine Leerzeile. Dies sollen Sie in der folgenden Übung umsetzen. Um keine Probleme mit Steuerzeichen zu bekommen, beschränken wir uns zunächst auf Textdateien.

Aufgabe: Erweitern Sie das vorliegende Programm so, dass es den Inhalt der geöffneten Datei an den Browser sendet.

8.3.1 Datei zeichenweise auslesen und Zeichen senden

Sie können die geöffnete Datei zeichenweise auslesen (Funktion `fgetc()`) und jedes Zeichen in den Socket schreiben (Funktion `write()`). Bild 8.2 zeigt den Programmablauf dieses Teils des Serverprogramms.

Prüfen Sie bei jedem Zeichen, ob das Ende der Datei erreicht worden ist. Das letzte gelesene Zeichen soll nicht gesendet werden, weil dieses Zeichen nicht zur Datei gehört, sondern das Ende der Datei markiert. Die Funktion `fgetc()` gibt am Ende der Datei das Steuerzeichen `EOF` (= End of File = Ende der Datei) als Funktionswert zurück.

8.3.2 Zeichen aus der Datei lesen mit der Funktion fgetc()

Die Funktion `fgetc()` (file get character = lese ein Zeichen aus einer Datei) liest eine Datei sequentiell und zeichenweise aus. Sie benötigt als Übergabeparameter den Dateizeiger und liefert als Funktionswert ein char-Zeichen zurück:

```
zeichen = fgetc(datei);
```

Der erste Aufruf von fgetc() nach dem Öffnen der Datei schreibt das erste Zeichen der Datei in die Variable zeichen. Gleichzeitig wird ein Lesezeiger auf das nächste Zeichen der Datei gesetzt. Der nächste Aufruf ergibt daher das zweite Zeichen.

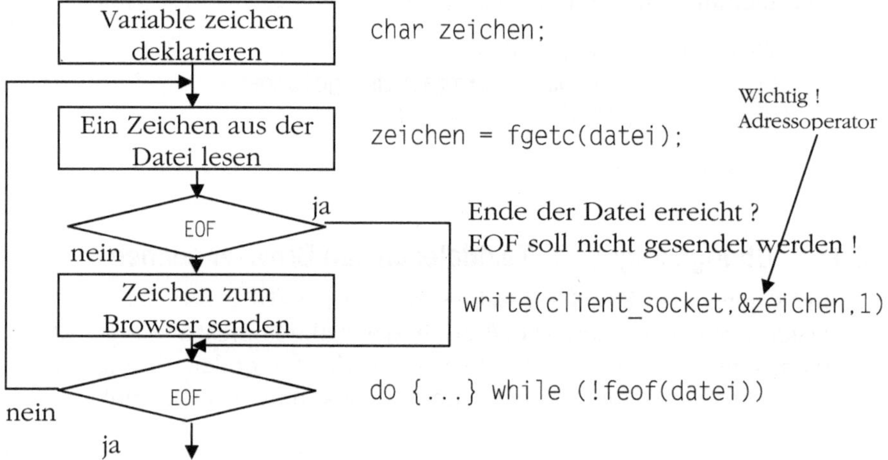

Bild 8.2: Zeichenweises Lesen und Versenden des Dateiinhaltes

Nach dem Lesen des letzten Zeichens der Datei zeigt der Lesezeiger auf das Dateiende. Der nächste Aufruf von fgetc() gibt daher kein gelesenes Zeichen sondern das Steuerzeichen EOF zurück. Dieses Zeichen steht nicht in der Datei sondern wird von fgetc() erzeugt. Am Dateiende wird der Lesezeiger angehalten. Weitere Aufrufe von fgetc() ergeben immer wieder das Zeichen EOF.

8.3.3 Datei-Ende erkennen mit der Funktion feof()

Das Zeichen EOF kann bei Textdateien zur Erkennung des Dateiendes verwendet werden, indem man dieses Zeichen in der Bedingung einer while-Schleife abfragt:

```
do
  {
   zeichen = fgetc(datei)
  } while (zeichen != EOF);
```

Diese Schleife läuft so lange, bis das Zeichen EOF in der Variablen zeichen steht. Bei Binärdateien sollten Sie diese Methode aber nicht anwenden, da in diesen Dateien der Zeichencode von EOF gespeichert sein kann. Die Schleife würde dann beim Lesen des entsprechenden Zeichens abgebrochen, obwohl die Datei noch nicht ganz ausgelesen ist.

Es gibt eine bessere Methode der Datei-Ende-Erkennung, die sowohl bei Text als auch bei Binärdateien funktioniert. Mit Hilfe der Funktion feof() können Sie prüfen, ob der Lesezeiger am Dateiende angekommen ist:

```
ergebnis = feof(datei);
```

Die Funktion liefert den Wert logisch „wahr“ (d.h. eine Zahl ungleich 0), wenn das Dateiende erreicht und das Zeichen EOF erstmals deswegen von fgetc() erzeugt worden ist. Daher kann der Funktionswert dieser Funktion auch als Abbruchkriterium der while-Schleife dienen:

```
do
  {
   zeichen = fgetc(datei)
  } while (!feof(datei));
```

Die Schleife läuft so lange, wie die Funktion keine 0 (logisch “falsch”) zurückgibt. Der Funktionswert wird hier vor der Auswertung durch den „Nicht“-Operator (!) negiert.

Weitergehende Informationen zum Unterschied zwischen Binärdateien und Textdateien finden Sie z.B. bei [Herold C].

8.4 Lösungshinweise zu Aufgabe 1

8.4.1 Das Programm ServerDateiSenden.c

```
/*****************************************************************/
/* Dateiname   : ServerDateiSenden.c                            */
/* Beschreibung: Server-Programm                                */
/*               Analysiert einen HTTP-GET-Befehl und versucht  */
/*               die angeforderte Datei zu senden               */
/*****************************************************************/

#include <sys/socket.h>
#include <stdio.h>
#include <unistd.h>
#include <arpa/inet.h>
#include <string.h>
```

```
int main()
 {
  int server_socket, client_socket;
  int anzahl, laenge;
  struct sockaddr_in serverinfo, clientinfo;
  char zeichen;
  char client_ip[INET_ADDRSTRLEN];
  char empfangen[1000];
  char *position1, *position2;
  char dateiname[100];
  char text_http_ok[] = "HTTP/1.0 200 OK\r\n\r\n";
  char text_html_anfang[] = "<HTML><BODY>";
  char text_html_ende[] = "</BODY></HTML>";
  FILE *datei;

  server_socket = socket(AF_INET, SOCK_STREAM, 0);

  serverinfo.sin_family = AF_INET;
  serverinfo.sin_addr.s_addr = htonl(INADDR_ANY);
  serverinfo.sin_port = htons(5000);
  laenge = sizeof(serverinfo);

  bind(server_socket, (struct sockaddr *)&serverinfo, laenge);
  listen(server_socket, 3);

  while (1)
   {
    printf("\n Der Server wartet...");
    fflush(stdout);

    client_socket = accept(server_socket,
                         (struct sockaddr *)&clientinfo, &laenge);
    inet_ntop(AF_INET,&clientinfo.sin_addr.s_addr,
              client_ip,INET_ADDRSTRLEN);
    printf("Verbindung mit %s",client_ip);

    anzahl = read(client_socket,empfangen,sizeof(empfangen));
    empfangen[anzahl]=0;
    write(client_socket,text_http_ok,strlen(text_http_ok));

    if (position1 = strstr(empfangen,"GET"))
     {
      if (position2 = strstr(empfangen,"HTTP"))
       {
        laenge = position2 - position1 - 6;
```

```
    strncpy(dateiname,position1+5,laenge);
    dateiname[laenge]=0;
    printf("\n GET Befehl fuer Datei %s gefunden",dateiname);
    datei = fopen(dateiname,"rt");
    if (datei==NULL)
     {
      printf("\n Datei existiert nicht");
      write(client_socket,text_html_anfang,
            strlen(text_html_anfang));
      write(client_socket,"<br>Datei existiert nicht",25);
      write(client_socket,text_html_ende,
            strlen(text_html_ende));
     }
    else
     {
      printf("\n Sende Datei %s",dateiname);
      do
       {
        zeichen = fgetc(datei);
        if (!feof(datei))
         {
          write(client_socket,&zeichen,1);
         }
       } while (!feof(datei));
      fclose(datei);
     }
   }
  else
   {
    printf("\nHTTP-Parser hat keinen HTTP-Befehl gefunden");
    write(client_socket,text_html_anfang,strlen(text_html_anfang));
    write(client_socket,"kein HTTP-Befehl gefunden",25);
    write(client_socket,text_html_ende,strlen(text_html_ende));
   }
 }
else
 {
  printf("\n Der HTTP-Parser hat keinen GET-Befehl gefunden");
 write(client_socket,text_html_anfang,strlen(text_html_anfang));
  write(client_socket,"kein GET-Befehl gefunden",24);
```

Datei zeichenweise lesen und in den Socket schreiben

```
      write(client_socket,text_html_ende,strlen(text_html_ende));
    }
    printf("\n");
    close(client_socket);
  }
}
```

8.4.2 Bildschirmausgabe des Servers

Verwenden Sie zum Test des Servers eine HTML-Datei, die den Code einer Web-Seite enthält. Die schon beim letzten Test eingesetzte Datei `prima.html` beispielsweise beschriftet die Titelzeile des Browserfensters (`<TITLE> ... </TITLE>`), erzeugt einen grünen Hintergrund (`BGCOLOR=#00FF00`) und gibt den Text „prima !“ in großer (`<H1> ... </H1>`), roter (`color=#FF0000`) Schrift in der Fenstermitte (`<CENTER> ... </CENTER>`) aus:

```
<HTML>
  <HEAD>
    <TITLE> Testseite f&uuml;r ServerDateiSenden </TITLE>
  </HEAD>
  <BODY BGCOLOR=#00FF00>
    <br><br><br><br>
    <CENTER><H1 color=#FF0000> prima ! </H1></CENTER>
  </BODY>
</HTML>
```

Starten Sie nun den Server `ServerDateiSenden` und fordern Sie mit dem Browser nacheinander die Dateien `index.html` und `prima.html` an:

```
pc01@pc01:~/socket> ServerDateiSenden

 Der Server wartet...

 Verbindung mit 127.0.0.1
 GET Befehl für Datei index.html gefunden
 Datei existiert nicht

 Der Server wartet...

 Verbindung mit 127.0.0.1
 GET Befehl für Datei prima.html gefunden
 Sende Datei prima.html

 Der Server wartet...
```

8.4.3 Bildschirmausgabe des Browsers

Bei der ersten Datei sehen Sie im Browser die Textausgabe „Datei existiert nicht".

Die zweite Datei schreibt in die Titelzeile des Browserfensters den Text „Testseite für ServerDateiSenden" und im Fenster selbst erscheint der Text „prima !" in roter Schrift auf grünem Hintergrund.

8.5 Übungsaufgabe 2: Binärdatei an den Browser senden

Web-Seiten ohne Grafik sind nur der halbe Spaß. Daher werden wir nun unserem Server auch das Versenden von Grafiken ermöglichen. Dazu muss der Parser den Typ der zu versendenden Datei analysieren, die Größe der Datei ermitteln und dem Browser Dateityp und Dateigröße mitteilen.

Aufgabe: Erweitern Sie das vorherige Programm so, dass es die Dateitypen `html` und `png` (ein im Internet übliches Grafik-Format) unterscheiden kann. Der Dateityp soll aus der Dateierweiterung abgeleitet werden. Weiterhin soll das Programm die Größe der Datei ermitteln. Dateityp und Dateigröße sollen per HTTP-Befehl an den Browser übermittelt werden.

8.5.1 Prinzipieller Ablauf des Programms

Die Beschreibung einer Web-Seite in HTML und die einzubindenden Grafiken werden auf dem Web-Server in getrennten Dateien gespeichert. Die HTML-Datei ist im Textformat, die Grafikdatei im Binärformat. Der Browser fordert immer zuerst die HTML-Datei an und analysiert diese. Enthält die Datei Verweise auf Grafiken, dann werden die zugehörigen Grafik-Dateien nacheinander vom Browser angefordert (Bild 8.3).

Der Web-Server erhält somit mehrere `GET`-Befehle hintereinander, die sich nur durch den Namen der angeforderten Datei unterscheiden.

8.5.2 Grafiken in Web-Seiten einbinden

Für das Einbinden von Grafiken in eine Web-Seite wird in HTML die `<IMG...>` Marke verwendet (`IMG` = image = Bild). Sie enthält als Parameter den Namen der Grafikdatei (`SRC` = source = Quelle):

```
<IMG SRC=grafik.jpg>
```

Mit dem hier gezeigten HTML-Code würde die Grafik in der Datei `grafik.jpg` eingebunden. Es ist üblich, den Typ der Grafikdatei durch eine Dateierweiterung zu kennzeichnen. Die wichtigsten Dateitypen sind `jpg` (oder `jpeg`), `gif` und `png`. Der Parser unseres Servers muss daher den Dateinamen nach dem Text `.png` (mit Punkt !) durchsuchen, um den Dateityp festzustellen.

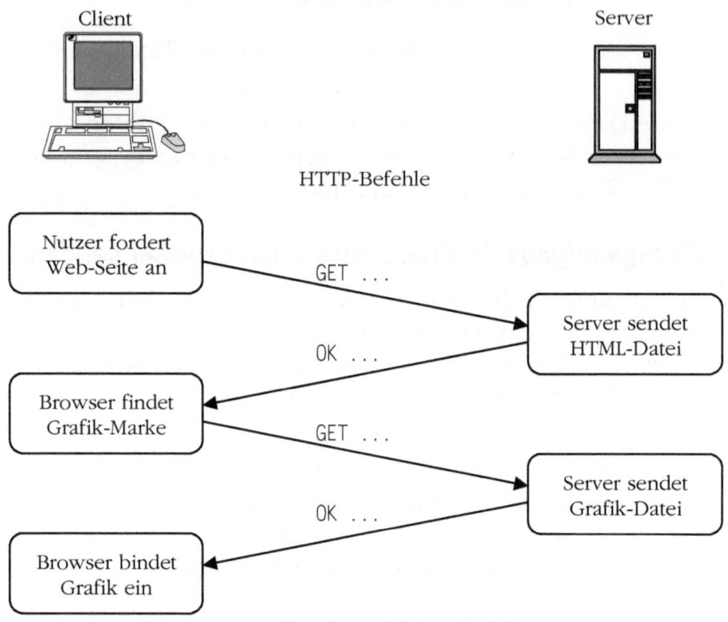

Bild 8.3: Übertragung von Web-Seiten, die Grafiken enthalten

8.5.3 Dateigröße und Dateityp an den Browser senden

Ein Blick auf ein vom Apache Web-Server erzeugtes Datenpaket zeigt, wie im HTTP-Protokoll die Dateigröße und der Dateityp übermittelt wird (siehe Kapitel 4.2.4):

```
...
Accept-Ranges: bytes
Content-Length: 231
Content-Type: text/plain
...
```

Die erste Zeile gibt die Einheit (`bytes`) vor und kann von uns direkt übernommen werden. In der nächsten Zeile müssen wir die Anzahl der Bytes der Datei eintragen und in der letzten Zeile folgt der Dateityp. Für unser Serverprogramm benötigen wir zwei Dateitypen:

`Content-Type: text/html`	für eine HTML-Datei
`Content-Type: image/png`	für eine Grafik im `png` Format

8.5.4 Dateigröße mit Hilfe von fstat() ermitteln

Die Größe der Datei ermitteln wir mit Hilfe der Funktion `fstat()` (definiert in `/sys/stat.h`). Diese Funktion füllt eine Datenstruktur vom Typ `struct stat` (ebenfalls definiert in `/sys/stat.h`) mit diversen Informationen über eine Datei. So erfahren wir auch die Dateigröße, und zwar angegeben in Anzahl der Bytes.

Die Funktion `fstat()` greift auf die Datei mittels eines sogenannten Dateideskriptors zu. Das ist eine vom Betriebssystem bei Aufruf der Funktion `open()` (nicht `fopen()` !) vergebene, eindeutige Dateinummer, die in einer Integervariablen gespeichert werden kann.

Wir benötigen also zunächst drei Variablen:

`int dateigroesse;`	für die Anzahl der Bytes
`int grafikdatei;`	für den Dateideskriptor
`struct stat dateieigenschaften;`	für die Dateiinfos

Dann öffnen wir die Datei, um den Dateideskriptor zu erhalten. Hier wird zum Lesen geöffnet (`O_RDONLY` = open read only), aber das nur pro forma, da die Datei ohne Lesezugriff gleich wieder geschlossen wird. `O_RDONLY` ist eine Integerkonstante, die die Art des Dateizugriffs bitweise codiert. Diese Konstante sowie auch die Funktion `open()` sind in der Header-Datei `fcntl.h` definiert (siehe Funktionsreferenz im Anhang):

```
grafikdatei = open(dateiname, O_RDONLY);
```

Falls die Datei geöffnet werden konnte, können wir mit Hilfe des nun vorhandenen Dateideskriptors `grafikdatei` die Dateieigenschaften ermitteln lassen:

```
fstat(grafikdatei,&dateieigenschaften);
dateigroesse = dateieigenschaften.st_size;
```

Die Dateigröße ist in der Komponenten `st_size` der Datenstruktur `dateieigenschaften` abgelegt und wird in eine Integervariable `dateigroesse` kopiert.

8.5.5 Datei mittels sendfile() an den Browser senden

Linux stellt eine Funktion `sendfile()`bereit, mit der man Dateien auf Betriebssystemebene kopieren kann. Dies spart Zeit, da die Daten nicht erst in die Anwendung und von dort wieder in eine Datei kopiert werden müssen. Ziel der Kopieraktion kann auch ein Socket sein, da dieser unter Linux ja wie eine Datei behandelt wird [WWW:Tranter].

Die Funktion sendfile() ist in der Header-Datei sendfile.h definiert. Sie benötigt vier Parameter:

- das Ziel der Kopieraktion = der Socket (client_socket)
- die Quelle der Daten = die Datei (grafikdatei)
- ab welcher Position soll kopiert werden = eine Zahl (dateioffset)
- wie viele Bytes sollen kopiert werden = eine Zahl (dateigroesse)

Wir wollen ab Position 0 der Datei (Dateianfang) kopieren und setzen die Variable dateioffset auf 0:

```
dateioffset = 0;
```

Da sowohl der Socket als auch die Datei geöffnet sind, kann danach sendfile() gestartet werden. Die Adresse des Dateioffsets wird dabei in den Typ off_t * umgewandelt und die Dateigröße in size_t:

```
        sendfile(client_socket, grafikdatei,
                (off_t *)&dateioffset, (size_t)dateigroesse);
```

Die Funktion sendfile() beschreibt die Variable dateioffset mit der Anzahl der tatsächlich gesendeten Bytes. Diese Information lassen wir uns anzeigen:

```
printf(" Gesendet wurden %d Zeichen\n", dateioffset);
```

Danach kann die Datei wieder geschlossen werden:

```
close(grafikdatei);
```

8.6 Lösungshinweise zu Aufgabe 2

8.6.1 Das Programm ServerGrafikSenden.c

```
/*****************************************************************/
/* Dateiname   : ServerGrafikSenden.c                            */
/* Beschreibung: Server-Programm                                 */
/*               Analysiert einen HTTP-GET-Befehl und versucht   */
/*               eine Grafik-Datei oder eine HTML-Datei zu senden*/
/*****************************************************************/

#include <sys/socket.h>
#include <sys/sendfile.h>
#include <stdio.h>
#include <arpa/inet.h>
```

```
#include <string.h>
#include <unistd.h>
#include <fcntl.h>
#include <sys/stat.h>

int main()
 {
  int server_socket, client_socket;
  int anzahl, laenge, dateigroesse;
  int grafikdatei;
  int dateioffset;
  struct stat dateieigenschaften;
  struct sockaddr_in serverinfo, clientinfo;
  char client_ip[INET_ADDRSTRLEN];
  char empfangen[1000];
  char senden[1000];
  char *position1, *position2;
  char dateiname[100];
  char text_http_ok[] = "HTTP/1.0 200 OK\r\n";
  char text_http_fehler[] ="HTTP/1.1 501 Not Implemented\r\n\r\n";
  char text_http_range[] = "Accept-Ranges: bytes\r\n";
  char text_http_length[] = "Content-Length: ";
  char text_dateigroesse[20];
  char text_http_typ_png[] = "Content-Type: image/png\r\n";
  char text_http_typ_html[] = "Content-Type: text/html\r\n";
  char text_leerzeile[] = "\r\n";
  char text_html_anfang[] = "<HTML><BODY>";
  char text_html_ende[] = "</BODY></HTML>";
  FILE *datei;

  server_socket = socket(AF_INET, SOCK_STREAM, 0);

  serverinfo.sin_family = AF_INET;
  serverinfo.sin_addr.s_addr = htonl(INADDR_ANY);
  serverinfo.sin_port = htons(5000);
  laenge = sizeof(serverinfo);

  bind(server_socket, (struct sockaddr *)&serverinfo, laenge);
  listen(server_socket, 3);

  while (1)
   {
    printf("\n Der Server wartet...");
    fflush(stdout);
```

```
client_socket = accept(server_socket,
                       (struct sockaddr *)&clientinfo, &laenge);
inet_ntop(AF_INET,&clientinfo.sin_addr.s_addr,
        client_ip,INET_ADDRSTRLEN);
printf("Verbindung mit %s",client_ip);

anzahl = read(client_socket,empfangen,sizeof(empfangen));
empfangen[anzahl]=0;

if (position1 = strstr(empfangen,"GET"))
 {
  if (position2 = strstr(empfangen,"HTTP"))
   {
    laenge = position2 - position1 - 6;
    strncpy(dateiname,position1+5,laenge);
    dateiname[laenge]=0;
    printf("\n GET Befehl für Datei %s gefunden",dateiname);

    grafikdatei = open(dateiname, O_RDONLY);

    if (grafikdatei==-1)
     {
      printf("\n Datei existiert nicht\n");

      strcpy(senden,text_http_ok);
      strcat(senden,text_html_anfang);
      strcat(senden,"<br>Datei existiert nicht");
      strcat(senden,text_html_ende);

      write(client_socket,senden,strlen(senden));
     }
    else
     {
      fstat(grafikdatei,&dateieigenschaften);
      dateigroesse = dateieigenschaften.st_size;
      printf("\n Dateigröße = %d Bytes",dateigroesse);
      sprintf(text_dateigroesse,"%d\r\n",dateigroesse);

      strcpy(senden,text_http_ok);
      strcat(senden,text_http_range);
      strcat(senden,text_http_length);
      strcat(senden,text_dateigroesse);
```

```
          if (strstr(dateiname,".png"))
           {
            strcat(senden,text_http_typ_png);
           }
          else
           {
            strcat(senden,text_http_typ_html);
           }
          strcat(senden,text_leerzeile);

          printf("\n Server: sende Paketkopf:\n%s",senden);
          write(client_socket,senden,strlen(senden));

          printf("Server: sende Datei: %s\n",dateiname);

          dateioffset = 0;
          sendfile(client_socket, grafikdatei,
                  (off_t *)&dateioffset, (size_t)dateigroesse);
          printf(" Gesendet wurden %d Zeichen\n", dateioffset);
          close(grafikdatei);
         }
       }
      else
       {
        printf("\nDer HTTP-Parser hat keinen HTTP-Befehl gefunden");
        write(client_socket,text_http_fehler,
              strlen(text_http_fehler));
       }
     }
    else
     {
      printf("\nDer HTTP-Parser hat keinen GET-Befehl gefunden");
     write(client_socket,text_http_fehler,strlen(text_http_fehler));
     }
    close(client_socket);
   }
 }
```

Analyse des Dateityps

Die hier implementierte Analyse des Dateityps ist zugegebenermaßen etwas nachlässig. Es wird nur die Endung .png gesucht und davon ausgegangen, dass alle anderen Dateien im HTML-Format sind. Hier sollten Sie bei Bedarf noch weitere Dateitypen mit Hilfe einer `if ... else if ... else ...` Konstruktion hinzufügen.

Sollte Ihnen die Funktion `sendfile()` nicht zur Verfügung stehen, dann können Sie das Kopieren der Datei in den Socket auch mit „Bordmitteln" erledigen, indem Sie eine `while`-Schleife bis zum Dateiende Zeichen für Zeichen mit `fgetc()` lesen und mit `write()` schreiben lassen (siehe Seite 159).

8.6.2 Bildschirmausgabe des Servers

Für den Test dieses Servers benötigen wir eine Web-Seite mit eingebundener Grafik, wie z.B. die folgende Datei `TheEnd.html`:

```
<HTML>
 <HEAD>
  <TITLE>The End</TITLE>
 </HEAD>
 <BODY BGCOLOR=#FFFFFF>
   <br><br><br><br>
  <CENTER> <IMG SRC=finis.png> </CENTER>
  </BODY>
</HTML>
```

Die hier eingebundene Grafikdatei `finis.png` können Sie von der Web-Seite zu diesem Buch (siehe Vorwort) herunterladen. Sie können die Datei für den Test jedoch auch durch eine beliebige andere Grafikdatei ersetzen.

Die Grafik wird vor weißem Hintergrund (`BGCOLOR=#FFFFFF`) und zentriert (`<center>`) dargestellt. Einige Leerzeilen (`<br>`) verschieben die Grafik im Browserfenster nach unten.

Nach dem Start des Servers und der Eingabe der URL holt der Browser zuerst die HTML-Datei `TheEnd.html` (URL = `http://localhost:5000/TheEnd.html`) und danach automatisch die damit verbundene Grafikdatei `finis.png`:

```
pc01@pc01:~/socket> ServerGrafikSenden

 Der Server wartet...

 Verbindung mit 127.0.0.1
 GET Befehl für Datei TheEnd.html gefunden
 Dateigröße = 135 Bytes

 Server: sende Paketkopf:
```

```
HTTP/1.0 200 OK
Accept-Ranges: bytes
Content-Length: 135
Content-Type: text/html
```



```
Server: sende Datei: TheEnd.html

Der Server wartet...

Verbindung mit 127.0.0.1
GET Befehl für Datei finis.png gefunden
Dateigröße = 1605 Bytes

Server: sende Paketkopf:
```

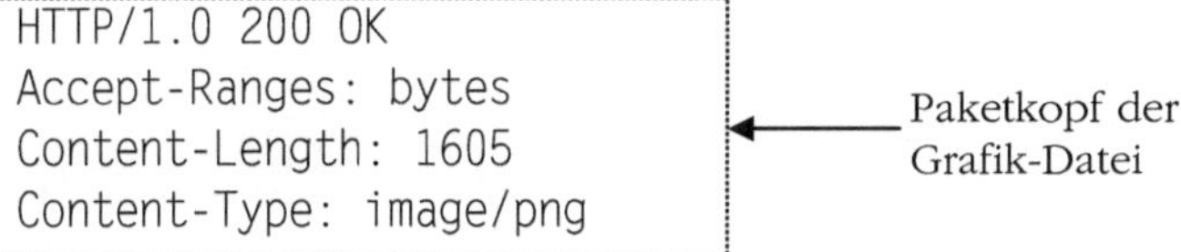

```
HTTP/1.0 200 OK
Accept-Ranges: bytes
Content-Length: 1605
Content-Type: image/png
```



```
Server: sende Datei: finis.png

Der Server wartet...
```

8.6.3 Ausblick

Mit diesem Test endet der „Grundkurs Socketprogrammierung". Sie haben eine Reihe von Client- und Serverprogrammen kennengelernt, deren Vorzug in der Kürze und Übersichtlichkeit liegt. Es wurde aus didaktischen Gründen bewusst auf eine Reihe von Feinheiten verzichtet. Entsprechende Hinweise fanden Sie an geeigneter Stelle.

Sie haben nun das Grundgerüst und können die Programme für Ihre Zwecke ausgestalten und erweitern. In der kommentierten Bibliographie finden Sie Hinweise auf Literatur, die Sie auf diesem Weg unterstützen kann.

Für einen praktischen Einsatz müssen Sie die Programme auf jeden Fall noch sicherer gestalten, damit fehlerhafte Eingaben der Nutzer nicht zu Problemen führen. Auch gegen gezielte Angriffe böswilliger Internetnutzer sollten Sie sich schützen.

Den Server-Programmen mangelt es auch für gewisse Einsatzgebiete an „Performanz". Die hier vorgestellten Server sind mit einem Nutzer bereits ausgelastet. Abhilfe schafft hier der Einstieg in die Programmierung von parallelen Prozessen. Auch für diese anspruchsvolle Programmiertechnik kann

Prozessen. Auch für diese anspruchsvolle Programmiertechnik kann auf geeignete Literatur verwiesen werden.

8.6.4 Bildschirmausgabe des Browsers

Ganz zum Schluss noch das Ergebnis unseres Tests aus Sicht des Browsers. Unter dem Titel „The End“ sollte im Browser das folgende Bild erscheinen:

[1]

[1] Finis [lat.; „Ende“] das; (veraltet) Schlussvermerk in Druckwerken...[Duden]

Anhang

A.1 Kommentierte Bibliographie

In der folgenden Sammlung ist Literatur aus den Themenbereichen Socketprogrammierung / C / Linux zusammengestellt. Soweit verfügbar, werden Angaben zum Inhalt und dem Schwerpunkt der Bücher gemacht.

A.1.1 Bücher

[Abts] Abts, Dietmar:

"**Masterkurs Client/Server-Programmierung mit Java**"

Vieweg; 2. Aufl., 2007, 309 S., ISBN 978-3834803221

Das Buch bietet eine Einführung in die Socketprogrammierung unter Java. Grundkenntnisse der Programmiersprache Java werden vorausgesetzt. Ein Schwerpunkt ist die Erstellung von verteilten Datenbankanwendungen. Client/Serveranwendungen mit dem TCP-Protokoll werden zunächst anhand einfacher Echo-Server und Chat-Programme erläutert. Es folgt ein Web-Server mittels HTTP und mit Datenbankanbindung. Weiterführende Themen sind XML Remote Procedure Calls, Remote Method Invocation (RMI) und Nachrichtendienste mit dem Java Message Service (JMS).

[Almeroth] Almeroth, Kevin C.; Makofske, David B.:

"**Multicast Sockets: Practical Guide for Programmers**"

Morgan Kaufmann Publishers, 2002, 180 S., englisch, ISBN 978-1558608467

Dieses Buch wendet sich an erfahrene Programmierer, die Anwendungen schreiben möchten, die eine Datenübertragung zu mehreren Rechnern vornehmen (1 zu n Kommunikation). Als Programmiersprache wird C, Java und C# eingesetzt. Nach der Darstellung von Multicast-Sockets in den drei genannten Programmiersprachen anhand von Code-Beispielen, werden speziellere Themen, wie Source Specific Multicast, Multicast Adressing and Scope, Multicast Reachability and Scalability sowie Application-Layer Multicast and Reflectors behandelt. Für Programmierer, denen diese Einführung nicht genügt, werden Literaturhinweise für eine tiefergehende Lektüre gegeben.

[Bollow] Bollow, Friedrich; Homann, Matthias; Köhn, Klaus-Peter:

"**C und C++ für Embedded Systems**"

Bonn: mitp, 3. Aufl., 2008, 576 S., ISBN 978-3826659492

Dieses Buch beschreibt die Besonderheiten der C und C++ Programmierung für Embedded Systems und die Erweiterungen von ANSI-C zur Anpassung an die verwendete Hardware. Zielsysteme sind die Prozessoren 80C166, MC68H08 und ARM (32-Bit). Nach einer Einführung in C++ für Mikrocontroller werden eine Vielzahl von Programmbeispielen vorgestellt. Die Beispiele behandeln die serielle Schnittstelle, verschiedene Grafik Displays und Tastaturen. Eine Netzwerk-Schnittstellen- oder Socket-Programmierung wird jedoch nicht erläutert.

[Calvert] Calvert, Kenneth L., Donahoo, Michael J.:

"**TCP/ IP Sockets in Java. Practical Guide for Programmers.**"

Morgan Kaufmann, 2. Aufl., 2008, 192 S., englisch, ISBN 978-0123742551

Socketprogrammierung mit Java. Die Autoren haben auch ein Buch für C geschrieben. Siehe [Donahoo]

[Comer - Band 1] Comer, Douglas E.:

"**TCP/IP Konzepte, Protokolle, Architekturen**"

Bonn: mitp, 1. Aufl., 2003, 677 S., ISBN 978-3826609954, Aus dem Engl. übers., "Principles, protocols, and architecture", 4. Auflage, 2000, 750 S., Serie: "Internetworking with TCP/IP", Band 1, ISBN 0-13-018380-6

Band 1 einer dreibändigen Reihe von Vorlesungsmaterialien einer amerikanischen Universität. Dieses Buch widmet sich ausführlich der Beschreibung der Internet-Protokolle IP und TCP. Es werden unterschiedliche Netzwerktechnologien vorgestellt, unter anderem Ethernet, ATM und mobile Netze. Kapitel 22 (Seite 397-420) beschreibt das Socket-Interface. Es werden die wesentlichen C-Funktionen vorgestellt und jeweils ein vollständiges Beispiel für einen Client und einen Server im Quellcode angegeben. Client und Server realisieren einen whois-Service entsprechend dem Internet-Standard RFC 954.

[Comer - Band 2] Comer, Douglas E.; Stevens, David L.:

"**Design, implementation, and internals**"

Upper Saddle River, NJ: Prentice Hall, 3. Auflage, 1999, 660 S., englisch, Serie: "Internetworking with TCP/IP", Band 2, ISBN 0-13-973843-6

Der Band 2 der Reihe "Internetworking with TCP/IP" beschreibt die Funktionsweise eines TCP/IP-Stacks.

[Comer - Band 3 BSD] Comer, Douglas E.; Stevens, David L.:

"Client-Server programming and applications: BSD socket version with ANSI C"

Upper Saddle River, NJ: Prentice Hall, 2. Auflage, 1996, 519 S., englisch, Serie: "Internetworking with TCP/IP", Band 3, ISBN 978-0132609692

Band 3 der Reihe. Einführung in den Entwurf von Clients und Servern mit Schwerpunkt auf Algorithmen. Es werden zunächst verschiedene Funktionsprinzipien (z.B. iterativ / concurrent) gegeneinander abgewogen. Dann folgt eine Beschreibung der Socket-Funktionen. Es werden verschiedene Clients und Server entwickelt und im Quellcode dokumentiert (TIME, ECHO, DAYTIME, TELNET). Für kompliziertere Services werden Zustandsmaschinen und Konzepte des Multiprozessing eingeführt (select, fork). Weitere Themen sind Multiprotokoll und Multiservice-Server, Tunneling, Application Level Gateways, Remote Procedure Calls, Distributet Programm Generation (Rpcgen), Network File System (NFS), Deadlock and Starvation. Das Buch hat eine Funktionsreferenz und eine ausführliche, wissenschaftliche Bibliographie.

[Comer Band 3 Linux] Comer, Douglas E.; Stevens, David L.:

"Client-Server Programming and Applications Linux/Posix Sockets Version"

Upper Saddle River, NJ: Prentice Hall, 2001, 601 S., englisch, Serie: "Internetworking with TCP/IP", Band 3, ISBN 978-0130320711

Der dritte Band der Serie von Lehrbüchern über die Netzwerktechnologie TCP/IP wurde in drei Versionen neu aufgelegt: für Linux, für Windows und für das TLI-Interface von AT&T. Damit wurde die in einigen Büchern erfolgte Vermischung von betriebssystemabhängigen Codefragmenten vermieden. Das Buch beschreibt ausführlich die Programmierung von Clients und Servern für TCP/IP-Netze in der Programmiersprache C. Ausführliche Beispiele sind im Text enthalten und über eine Web-Seite abrufbar.

[Deutsch] Deutsch, Karl:

"SuSE Linux – System und Anwendungen im Überblick"

Nürnberg: SuSE-Press, 2. Aufl., 2002, 289 S., ISBN 978-3935922180

Dieses Buch ist für Ein- oder Umsteiger auf Linux geeignet, die sich einen Überblick über die verfügbaren Anwendungen unter Linux verschaffen wollen. Für die Programmierung unter C sind insbesondere die Ausführungen zu Editoren, zur Dateiverwaltung und den M-Tools (zur Verwendung von Datenträger für DOS/Windows) interessant.

[Donahoo] Donahoo, Michael J.; Calvert, Kenneth L.:

"**TCP/IP Sockets in C, Second Edition: Practical Guide for Programmers**"

Morgan Kaufmann Publishers, 2009, 216 S., englisch, ISBN 978-0123745408

Dieses Buch bietet eine Einführung in die Socket-Programmierung in C anhand von vielen Beispielen. Es setzt Programmierkenntnisse in C und Erfahrungen mit UNIX voraus. Es ist als begleitendes Programmier-Lehrbuch zu einem Kurs über Netzwerke konzipiert und verzichtet auf eine Darstellung der Prinzipien von TCP/IP und von Netzwerken. Mit seinen ausführlich kommentierten Code-Beispielen, der Funktionsreferenz und den Literaturhinweisen bietet es einen sehr praxisorientierten Einstieg. Dieses Buch erschien zuvor unter dem Titel "Pocket Guide to TCP/ IP Sockets in C".

[Dufter] Dufter, Stefan

"**Client/Server-Programmierung mit C#**"

Vdm Verlag Dr. Müller; 2007, 103 S., ISBN 978-3836412148

Das Buch entstand aus einer Diplomarbeit und befasst sich mit der Client/Server-Programmierung in C#. Hierzu gibt es wenig deutschsprachige Literatur. Das eigentliche Thema wird auf 30 Seiten sehr kurz abgehandelt, wobei zwei Beispielprogramme für die Verwendung der Socket-Klassen bzw. der .Net Remoting-Klassen anhand von Quellcode vorgestellt werden. Ein drittes Beispiel realisiert Webservices (SOAP). Kenntnisse der objektorientierten Programmierung in C# werden vorausgesetzt.

[Gräfe] Gräfe, Martin:

"**C und Linux: die Möglichkeiten des Betriebssystems mit eigenen Programmen nutzen**"

München [u.a.] : Hanser, 3. Aufl., 2005, 332 S., ISBN 978-3446229730

Ein Handbuch für die C-Programmierung unter Linux. Es werden die Linux-spezifischen Compiler und Entwicklungswerkzeuge vorgestellt und die folgenden Linux-Konzepte erläutert: Shell, Dateien und Verzeichnisse, Interprozesskommunikation und Devices. Neu in der 3. Auflage ist ein Kapitel von 30 Seiten über die Netzwerkprogrammierung mit Sockets. Beispielhaft werden Client- und Server-Programme vorgestellt, bis hin zu einem minimalen Web-Server. Weitere Themen sind Grafikprogrammierung und Hardware-Programmierung. Quellcode wird bereitgestellt, Kenntnisse der Sprache C werden vorausgesetzt. Die Programme sind für IP Protokoll Version 4 geschrieben. Im Anhang: Cygwin = Linux-Programmierung unter Windows.

[Gay] Gay, Warren W.:

“**Linux Socket Programming by Example**”

Que, 2000, 558 S., englisch, ISBN 978-0789722416

Dieses Buch führt in die Socket-Programmierung in C unter dem Betriebssystem RedHat 6.0 ein. C-Programmierkenntnisse werden dabei vorausgesetzt. Im ersten Teil werden die grundlegenden Algorithmen von verbindungslosen und verbindungsorientierten Client- und Server-Programmen anhand von konkreten Code-Beispielen vorgestellt. Im zweiten Teil werden fortgeschrittene Themen behandelt: Server, die gleichzeitig mehrere Clients bedienen, spezielle Socket-Optionen, Broadcasting, Priorisierung (Out of Band Data), der inetd-Daemon, Netzwerksicherheit.

[Gourley] Gourley, David; Totty, Brian:

"**HTTP The Definitive Guide**"

O'Reilly, 2002, 656 S., en glisch, ISBN 978-1565925090

Ein umfangreiches Buch über die technischen Prinzipen des World Wide Web und dessen Protokoll HTTP. Kein Programmierhandbuch, es sind jedoch kleinere Programmfragmente in Perl eingestreut, z.B auch ein minimaler Web-Server. Das Buch beginnt mit einem Kapitel über das HTTP Protokoll (URL, Messages, Connection-Management), dann werden die Komponenten des WWW erklärt (Server, Proxies, Caches, Gateways, Tunnels, Relays, Robots). Es folgt ein Kapitel über Identifikation, Authentication und Security. Schließlich werden Aspekte der Zeichencodierung besprochen. Das letzte Kapitel befasst sich mit Serverarchitekturen (Hosting, Load balancing, Redirection, Logging). Im Anhang: 100 Seiten Spezifikationen und Codes.

[Haase] Haase, Oliver

"**Kommunikation in verteilten Anwendungen**"

München: Oldenbourg , 2. Aufl., 2008, 244 S., ISBN 978-3486584813

Mit dem Untertitel: "Einführung in Sockets, Java RMI, CORBA und Jini". Socketprogrammierung in der Programmiersprache Java.

[Heinzl] Heinzl, Steffen; Mathes, Markus:

"**Middleware in Java: Leitfaden zum Entwurf verteilter Anwendungen**"

Vieweg+Teubner, 2005, 280 S., ISBN 978-3528059125

Untertitel: Implementierung von verteilten Systemen über JMS - Verteilte Objekte über RMI und CORBA“. Eine Einführung in die Socketprogrammierung unter Java, mit der besonderen Betonung verteilter Anwendungen. Daher werden Themen wie Nebenläufigkeit und Synchronisation vertieft behandelt. Vor- und Nachteile von Client/Server-Anwendungen werden diskutiert. Die Einführung in die Socketprogrammierung beginnt mit einem kurzen Überblick über die Funktionen der Socket-Programmierschnittstelle und deren Umsetzung in Java. Als Fallbeispiele werden ein Daytime-, eine Echo- und ein File-Server vorgestellt. Es folgen Ausführungen zur Serialisierung, verteilten Objekten mittels Remote Method Invocation (RMI) und eine Einführung in CORBA (common Object Request Broker Architecture). Das Buch schließt mit dem Java Message Servive (JMS) für nachrichtenorientierte Kommunikation.

[Herold C] Herold, Helmut; Arndt, Jörg:

"**C-Programmierung unter Linux / Unix / Windows**"

Millin, 1. Aufl., 2004, 1085 S., ISBN 978-3899901238

Eine sehr ausführliche und tiefgehende Einführung in die Programmiersprache C. Insbesondere wird die letzte Erweiterung des C-Standards (C99) berücksichtigt. Neben den im Sprachumfang enthaltenen Kontrollstrukturen, Datentypen und Operatoren wird auch eine Funktionssammlung zur Grafikprogrammierung beschrieben. Weiterführende Themen sind Zeiger, Arrays, Kommandozeilenparameter, dynamische Speicherverwaltung, Strukturen, Dateien, Prozesse und Signale. Zusätzlich zu den im Buch bereits enthaltenen Übungsaufgaben gibt es noch ein weiteres Übungsbuch mit ca. 500 Übungsaufgaben und dazu ein Lösungsbuch. Die Socket-Programmierung wird von Herold nicht hier, sondern in [Herold Linux] behandelt.

[Herold Linux] Herold, Helmut:

„**Linux / Unix- Systemprogrammierung**".

München: Addison-Wesley, 3. Aufl., 2004, 1296 Seiten, ISBN 978-3827321602

Eine sehr umfangreiche Einführung in die C-Programmierung unter Unix. Es werden der Umgang mit Dateien, Verzeichnissen und Rechten behandelt. Interessant für die Programmierung von Client- und Server-Anwendungen sind die Kapitel über Unix-Prozesse, die Prozesssteuerung und das Signal-Konzept von Unix. Weitere Kapitel befassen sich mit Streams, Pipes und Message-Queues und weiteren klassischen Methoden zur Realisierung von Client-Server-Anwendungen. Seit der 3. Auflage gibt es ein Kapitel über Socket-Programmierung: Kapitel 20 erläutert auf ca. 200 Seiten die Netzwerkprogrammierung mit Sockets. Protokollversionen sind IPv4 und IPv6. Es werden diverse Beispielprogramme vorgestellt, z.B. für TCP, UDP, Unicast und Multicast.

[Jones] Jones, M. Tim:

"**BSD Sockets Programming from a Multi-Language Perspective**"

Charles River Media, 2003, 350 S., englisch, ISBN 978-1584502685

Das Buch stellt insbesondere die Vor- und Nachteile der Socketprogrammierung unter den Programmiersprachen C, Java, Ruby, Python, Perl und Tcl dar. Behandelt werden Web-Server und E-Mail-Clients.

[Kinzel] Kinzel, Wolfgang:

"**Programmierkurs für Naturwissenschaftler und Ingenieure**"

München [u.a.] : Addison-Wesley, 2001, 207 S., ISBN 978-3827317797

Untertitel: : Schnelleinstieg in Linux, C, Java und Mathematica/Maple. Eine Einführung in C und Linux, kein Kapitel über Socket-Programmierung.

[Kofler] Kofler, Michael:

"**Linux. Installation, Konfiguration, Anwendung**"

München: Addison-Wesley, 8. Aufl., 2007, 1344 S., ISBN 978-3827324788

Ein Buch mit 3 DVDs (Fedora 8, openSUSE 10.3, Ubuntu 7.10), das immer wieder aktualisiert und neu aufgelegt wird.

[Küveler] Küveler, Gerd; Schwoch, Dietrich:

"**Informatik für Ingenieure, Band 2**"

Braunschweig: Vieweg+Teubner, 5. Aufl., 2007, 322 S., ISBN 978-3834801876

Band 2: "Rechnernetze" der zweibändigen Reihe "Informatik für Ingenieure". Themen sind serielle Schnittstelle, 7-Schichtenmodell, LAN, Ethernet, TCP/IP, Netzwerkbetriebssysteme, IP, DNS, Zugangsprotokolle und Anwendungen (z.B. HTTP) des Internet, Sicherheit, VPN, WLAN. In Kapitel 21 erhält man auf ca. 10 Seiten einen Einblick in die Netzwerkprogrammierung mit Sockets mit C unter Windows. Es wird je ein Client- und ein Server-Programm vorgestellt.

[Lopo] Lopo, Eric DeCastro; Aitken, Peter; Jones, Bradley L.:

"**C-Programmierung für Linux in 21 Tagen**

München/Germany : Markt + Technik Verl., 2000, 862 S. "Teach yourself C for Linux programming in 21 days" - Aus dem Engl. übers., ISBN 978-3827257420

Untertitel: Einstieg in die traditionelle Linux-Programmiersprache; von den Programmiergrundlagen bis hin zur Entwicklung grafischer Benutzeroberflächen gtk+; OpenSource-Tools wie gcc, gdb, ddd und make einsetzen. Als Lehrbuch zum Selbststudium konzipiert, keine Socketprogrammierung.

[Mandl] Mandl, Peter, Bakomenko, Andreas, Weiß, Johannes:

"**Grundkurs Datenkommunikation - TCP/IP-basierte Kommunikation**"

Vieweg+Teubner, 2008, 402 S., ISBN-13: 978-3834805171

Ein Buch über Rechnernetze und Protokolle, das auch ein Kapitel über Socketprogrammierung enthält. Nach einer Einführung der wichtigsten Socket-Funktionen wird an ausgewählten Beispielen die Socketprogrammierung in C, Java und C# vorgestellt. Kenntnisse der Programmiersprachen wird vorausgesetzt. Das Beispielprogramm für C lehnt sich an das Buch von Stevens [Stevens Unix] an. Das Buch versteht sich nicht als Programmierlehrbuch. Schwerpunkt ist die Darstellung der Datenkommunikationstechnik, in deren Rahmen die Socketprogrammierung exemplarisch vorgestellt wird.

[Matthew] Matthew, Neil; Stones, Richard:

"**Linux-Programmierung**"

Bonn: Mitp, 3. Aufl. 2005, 846 S., übersetzte Ausgabe, ISBN 978-3826615337

Untertitel: I/O, Sockets, Debuggen, POSIX-Threads, Shellprogrammierung, Kernel- und Treiberprogrammierung, X-Programmierung, Tcl, GTK+/Gnome, Perl und CGI, RCS, SCCS und CVS. Die Socket-Programmierung wird in Kapitel 15 auf ca. 30 Seiten abgehandelt und ist nicht das Kernthema des Buches. Wegen der Kürze ist dies für Einsteiger weniger geeignet. Für weitergehende Interessen ist das Buch eine reichhaltige Fundgrube, wie der folgende Auszug aus dem Inhaltsverzeichnis zeigt: Shell-Programmierung, mit Dateien arbeiten, die UNIX-Umgebung, Terminals, Datenverwaltung, MySQL, Entwicklungswerkzeuge, Debugging, Prozesse und Signale, Posix-Threads, Prozesskommunikation: Pipes, Semaphore, Nachrichtenwarteschlangen und gemeinsam genutzter Arbeitsspeicher, Sockets, TCL: Tol Command Language, X-Programmierung, GNOME-Programmierung mit GTK+, die Programmiersprache Perl, für das Internet programmieren: HTML, CGI, Gerätetreiber

[Quade] Quade, Jürgen; Kunst, Eva-Katharina:

"**Linux-Treiber entwickeln**"

Heidelberg: dpunkt: 2. Aufl., 2006, 492 S., ISBN 978-3898643924

Untertitel: : Eine systematische Einführung in Gerätetreiber für den Kernel 2.6. Das Buch führt in die Entwicklung und Programmierung von Linux-Gerätetreibern ein. Es bietet somit für interessierte Leser einen Einblick in die

Ebene unterhalb der Socketschnittstelle. Insbesondere wird in Kapitel 8 das Netzwerk-Subsystem von Linux vorgestellt.

[Quinn] Quinn, Bob; Shute, Dave:

"**Windows Sockets Network Programming**"

Addison-Wesley, 5. Aufl., 1997, 637 S., englisch, ISBN 978-0201633726

Untertitel: includes coverage of WinSock 1.1 and 2.0.

[Rescorla] Rescorla, Eric:

"**SSL and TLS : designing and building secure systems**"

Boston u.a.: Addison-Wesley, 2003, 499 S., englisch, ISBN 978-0201615982

Das Buch erklärt die Funktionsweise und Anwendung der Protokolle SSL (Secure Socket Layer) und TLS (Transport Layer Security) zur Absicherung von Kommunikationsanwendungen. Die Programmbeispiele sind in C und Java ausgeführt. Anwendungen sind E-Mail (SMTP) und WWW (HTTP).

[Robbins] Robbins, Kay A.; Robbins, Steven:

"**UNIX Systems Programming**"

Prentice Hall, 2003, 893 S., englisch, ISBN 978-0130424112

Untertitel: Communication, Concurrency and Threads. Ein Lehr- und Arbeitsbuch der University of Texas at San Antonio aus dem Jahr 1996, das 2003 neu überarbeitet wurde. Kernthema ist die Systemprogrammierung mit Anwendung auf Kommunikationsprogramme. Programmiersprache ist C, Kenntnisse werden vorausgesetzt. Socketprogrammierung wird für die IP-Version 4 vorgestellt, wobei die Autoren eine eigene abstrakte Programmierschnittstelle entwickeln. Das Buch ist projektorientiert, ein Teil der Programme müssen selbst codiert werden, wobei die Algorithmen vorgegeben werden. Zu den Projekten gehört ein Web-Server (TCP) und ein Internet-Radio (UDP). Quellcode kann von der Web-Seite der Universität heruntergeladen werden: http://usp.cs.utsa.edu/usp

[RRZN] Regionales Rechenzentrum für Niedersachsen / Universität Hannover

"**C Die Programmiersprache C. Ein Nachschlagewerk**"

Hannover, RRZN, 16. Auflage, 2007, 150 S., Bezug nur über die Rechenzentren von Universitäten und Fachhochschulen und nur für Hochschulangehörige möglich (www.rrzn.de).

Empfehlenswert als Nachschlagewerk für C-Programmierer. In knapper und übersichtlicher Form sind die wesentlichen Sprachelemente der Programmiersprache C zusammengestellt (Grundelemente, Präprozessoranweisungen, Typen, Deklaration und Definition, Ausdrücke, Anweisungen, Funktionen, Ein/Ausgabe, Standardbibliotheken). Aufgrund des niedrigen Preises für Studierende sehr zu empfehlen.

[Rubini] Rubini, Alessandro; Corbert, Jonathan:

"**Linux- Gerätetreiber**"

Beijing [u.a.] : O'Reilly , 2. Aufl., 2002, 590 S., Aus dem Engl. übers.: "Linux device drivers", ISBN 978-3897211384

Dieses Buch beschreibt nicht die Anwendung, sondern die Erstellung von Sockets. Es ist geeignet für Entwickler von neuer Hardware, von Embedded-Systemen und von Treiber-Software für Linux. Es führt in die Architektur und Programmierung des Linux-Kernels ein. Kapitel 14 (Seite 453 – 498) widmet sich den Netzwerk-Treibern. Dieses Kapitel bietet einen Einblick in die Architektur des Linux Netzwerk-Subsystems und der dort verwendeten Funktionen und Datenstrukturen. Insbesondere wird der Aufbau des Socket-Buffers und der Socket-Buffer-Datenstruktur erläutert.

[Snader] Snader, Jon C.:

"**Effective TCP/IP Programming: 44 tips to improve your network programming**"

Boston: Addison-Wesley, 2000, 299 S., ISBN 978-0201615890

Eine praxisorientierte Einführung in die Socket-Programmierung mit C. Der Stoff wird in Form von 44 „Tipps“ dargeboten, in denen wichtige Aspekte von Netzwerkprogrammen abgehandelt werden. Der Autor macht gezielt auf „Fallgruben“ aufmerksam und erläutert die Hintergründe häufig auftretender Probleme. Zusätzlich zu dem Programmier-Teil des Buches gibt es ein Kapitel über Hilfsprogramme zur Analyse von Netzwerken (ping, tcpdump, traceroute, ttcp, lsof, netstat).

[Stevens 1] Stevens, W. Richard:

"**Programmieren von UNIX- Netzwerken. Netzwerk-APIs: Sockets u. XTI**"

München [u.a.] : Hanser, 2. Auflage, 2000, 1008 S., ISBN 978-3446213340, aus dem Engl. übers.: "UNIX network programming , Volume 1: Networking APIs, Sockets and XTI", Prentice Hall, 2. Auflage, 1997, 1240 S., englisch.

Von Richard Stevens sind insgesamt fünf Bücher erschienen, auf die sich viele Autoren beziehen. Drei Bücher der Serie „TCP/IP illustrated" beschreiben die Protokolle und ihre Implementierung, während die zwei Bücher der Serie „UNIX Network Programming" sich mit der Verwendung von TCP/IP in Netzwerkanwendungen beschäftigen.

Band 1 der Reihe „UNIX Network Programming" erläutert ausführlich und an Beispielen das Socket-Interface und das XTI-Interface als Programmierschnittstelle. Es werden Clients und Server realisiert. Zu den fortgeschrittenen Themen gehören Multicasting, Routing, nicht blockierende Ein/Ausgabe, Raw Sockets (IP-Ebene), Link-Level Programmierung.

[Stevens 2] Stevens, W. Richard:

"**Unix Network Programming, Vol. 2: Interprocess Communications**"

Prentice Hall, 2. Auflage, 1999, 555 S., englisch, ISBN 978-0130810816

Band 2 der Reihe „UNIX Network Programming" behandelt die Kommunikation zwischen UNIX-Prozess (IPC) in verschiedenen Varianten: Pipes, Fifos, Message Queues, Semaphoren und die Nutzung von gemeinsamen Speicherbereichen. Insbesondere werden die POSIX Standards bezüglich IPC und Threads und Synchronisationsmethoden mit Mutexen, Zustandsvariablen und Schreib-Lese-Sperren vorgestellt.

[Stevens TCP 1] Stevens, W. Richard:

"**The protocols**"

10. Aufl., 1997, 576 S., Serie: "TCP/IP illustrated", Bd. 1, ISBN 978-0201633467

Band 1 der Reihe „TCP/IP illustrated" stellt die gesamte TCP/IP Protokollfamilie vor. Von den im Protokollstapel unter IP angesiedelten Protokolle der Sicherungsschicht wird Ethernet, SLIP, PPP, ARP und RARP behandelt. Ein großer Teil des Buches beschäftigt sich mit IP und ICMP sowie zugehörigen Testprogrammen (ping und traceroute). Der zweite Hauptteil ist UDP und TCP, und zwar jeweils mit zugehörigen Anwendungsprotokollen: DNS, TFTP, BOOTP, telnet, rlogin, FTP, SNMP und NFS.

[Stevens TCP 1 deutsch] Stevens, W. Richard; Travis, Ian:

"**TCP/IP: Der Klassiker. Protokollanalyse. Aufgaben und Lösungen**"

Hüthig, 2008, 696 S., ISBN 978-3778540367

Deutsche Übersetzung des o.g. Buches [Stevens TCP 1].

[Stevens TCP 2] Stevens, W. Richard; Wright, Gary R.:

"**The Implementation**"

2. Aufl., 1995, 1174 S., Serie: "TCP/IP illustrated", Bd. 2, ISBN 978-0201633542

Band 2 der Reihe „TCP/IP illustrated“ dokumentiert die Implementierung der zuvor beschriebenen Protokolle. Der als Open Source vorliegende Code der BSD-Implementierung wird im Detail analysiert und erläutert. Das Buch ist vor allem für Leser interessant, die eine eigene Implementierung eines TCP/IP-Stacks anfertigen wollen.

[Stevens TCP 3] Stevens, W. Richard:

"**TCP for transactions, HTTP, NNTP, and the UNIX Domain protocols**"

3. Aufl., 1996, 328 S., Serie: "TCP/IP illustrated", Bd. 3, ISBN 978-0201634952

Band 3 der Reihe „TCP/IP illustrated“ beschäftigt sich ausführlich mit den Anwendungsprotokollen des WWW (HTTP) und der News-Groups (NNTP). Weiterhin sind Ergänzungen zu Band 1 (T/TCP-Protokoll) und Band 2 (UNIX domain sockets) mit aufgenommen worden.

[Teufel] Teufel, Stefanie:

"**Jetzt lerne ich SUSE Linux 10.1**"

Markt + Technik, 2006, 401 S., ISBN 978-3827240880

Handbuch zur Installation, Konfiguration und Anwendung von Linux.

[Walter] Walter, Klaus-Dieter:

"**Messen, Steuern, Regeln mit Linux**"

Poing : Franzis, 2001, 336 S., ISBN 978-3772344848

Untertitel: Einsatzmöglichkeiten für Linux in Embedded Systems“; [auf CD-ROM: Embedded Web-Server, vorkonfiguriertes Linux für ein minimales i386-System, C-Quellcodes zur Kommunikation per TCP/IP, C-Quellcodes zur Ansteuerung von I/Os per Web-Server]. Einstieg in die Verwendung von Linux für Embedded Systems am Beispiel des DIL/NetPCs. Dieser Kleinstrechner enthält einen 32-Bit-Controller (AMD SC410) mit Ethernet-Interface. Der Autor beschreibt die Hardwareanforderungen, den Aufbau eines Embedded Linux, den Aufbau eines Entwicklungssystems und die Installation von Linux. Es werden C-Programme für den Zugriff auf Hardwarekomponenten entwickelt. Ein Kapitel führt in die Socket-Programmierung ein. Es gibt eine Anleitung zur Konfiguration des TCP/IP-Stacks. Es wird ein UDP-Server und ein UDP-Client im Quellcode dokumentiert. Als Embedded Web-Server wird das Programm thttpd (tiny httpd-Server) der ACME Labs eingesetzt, dessen Quellcode im Internet offengelegt ist (www.acme.com).

[Walton] Walton, Sean:

"**Linux Socket Programming**"

Indianapolis, Ind.: Sams, 2001, 531 S., englisch, ISBN 978-0672319358

Socketprogrammierung für Linux anhand der Programmiersprachen C, C++ und Java. Teil I erläutert die Programmierung eines Clients in C. Programmierkenntnisse und Linux-Erfahrungen werden vorausgesetzt. Als Beispiel wird ein HTTP-Client vorgestellt. Teil II beschreibt die Server-Programmierung in C. Dabei werden die Konzepte des Multitasking, Load Control, Blockierung, Performance und Stabilität behandelt. Teil III widmet sich der objektorientierten Client/Server-Programmierung mit Hilfe von C++ und Java. Teil IV behandelt weiterführende Themen wie Remote Procedure Calls, Sicherheit (Secure Socket Layer SSL), Multicast, Broadcast, Mbone, Raw Sockets und IPV6. Ausführlicher Anhang von ca. 100 Seiten für C++ und Java.

[Welsh] Welsh, Matt; Dalheimer, Matthias Kalle, Dawson, Terry; Kaufman, Lar

"**Linux. Wegweiser zur Installation und Konfiguration**"

Beijing: O'Reilly, 4. Aufl., 2003, 755 S., ISBN 978-3897213531

Nützlich ist die ausführliche Bibliographie auf den Seiten 725 bis 730.

[Zahn] Zahn, Markus:

"**UNIX-Netzwerkprogrammierung mit Threads, Sockets und SSL**"

Berlin: Springer-Verlag, 2006, 434 S., ISBN 978-3540002994

Das Buch eignet sich als Lektüre zum Weiterarbeiten: es ist neueren Datums, auf Deutsch, enthält umfangreiche Programmbeispiele und viele für ein vertieftes Verständnis nützliche Hintergrundinformationen. Es werden sowohl TCP- als auch UDP-Sockets behandelt, die Beispiele sind für die Protokolle IPv4 und IPv6 geeignet. Netzwerkdienste werden zuerst mit UNIX-eigenen Anwendungen wie telnet und inetd getestet, danach wird beispielhaft ein TIME-Client und Server entwickelt. Weitere Themen, die im vorliegenden Buch aus Platzgründen gekürzt werden mussten, finden breiten Raum, z.B. die Behandlung von Fehlern und das Multiplexen von Netzwerkverbindungen. Zwei Kapitel befassen sich mit der Absicherung des Netzwerkverkehrs mittels SSL (Secure Socket Layer). Hilfreich ist auch das ausführliche Literaturverzeichnis.

A.1.2 Web-Seiten

[WWW:BEEJS] "**Beej's Guide to Network Programming**"

http://beej.us/guide/bgnet/output/print/bgnet_A4.pdf

Englischsprachiges Tutorial zur Socket-Programmierung.

[WWW:GCC] "**GCC, the GNU C Compiler Collection**"

http://gcc.gnu.org/

Offizielle englischsprachige Web-Seite zum GNU-C Compiler gcc

[www:Knopper] "**Knoppix**"

http://www.knopper.net/knoppix/

Web-Seite zu Knoppix, der Linux-Distribution, die man ohne Installation von CD- bzw. DVD starten kann (siehe auch: Kapitel 2.8).

[www:Knoppix c't] "**Knoppix CD/DVD als Zeitschriftenbeilage**"

http://www.heise.de/ct/

Die Computer-Fachzeitschrift c't enthält als Beilage eine CD/DVD mit einer speziellen Knoppix-Edition (siehe Kapitel 2).

[WWW.RFC] "**RFCs**"

http://www.rfc-editor.org

Bezugs- und Informationsquelle für Internet-Standards (RFCs)

[WWW:Socket] "**Socket (Software)**"

http://de.wikipedia.org/wiki/Socket_(Software)

Wikipedia Eintrag: Erläuterungen zur Socket-Programmierung in verschiedenen Programmiersprachen und für verschiedene Betriebssysteme, mit einer weiterführenden Liste von Web-Links.

[WWW:Tranter] "**Exploring the sendfile system call**"

http://www.ub.uni-stuttgart.de/lg/issue91/tranter.html

Ein Beitrag aus der "Linux Gazette" von Jeff Tranter, über die Vorzüge und Verwendung der Funktion sendfile(), mit Sourcecode.

A.2 Linux Kurzreferenz

Verzeichnisse:

	`mkdir` *`verzeichnis`*	erstellt ein Verzeichnis
	`rmdir` *`verzeichnis`*	löscht ein Verzeichnis
	`cd` *`verzeichnis`*	wechselt in ein Verzeichnis
	`dir`	zeigt den Inhalt eines Verzeichnisses
oder	`ls -l`	

Dateien:	`rm` *`dateiname`*	löscht eine Datei
	`mv` *`alter_name neuer_name`*	benennt eine Datei um
	`cp` *`datei kopie`*	erstellt eine Kopie der Datei

Editoren:	`mc`	(Dateimanager, enthält einen Editor, Taste F2)
	`kedit`	(nur im Grafikmodus)
	`joe`	(nur im Textmodus)

mit Kontrollkommandos	`Strg+K H`	= Hilfe
	`Strg+K D`	= Sichern
	`Strg+K X`	= Sichern und Beenden
	`Strg+C`	= Beenden
	`Strg+K S`	= Beendet Tastensperre
	`Strg+K Q`	= Beendet Tastensperre

z.B.: `joe prog.c` öffnet die Datei `prog.c`

C-Compiler: `gcc -o` *`ausführbare_datei quellcode_datei.c`*

z.B.: `gcc -o prog prog.c` → übersetzt `prog.c` in `prog`

Ausführen:

`prog`	führt das Programm `prog` im aktuellen Verzeichnis aus
`./prog`	führt das Programm `prog` im Arbeitsverzeichnis aus
`prog &`	führt Programm aus und ermöglicht weitere Eingaben
`Netscape &`	startet einen Browser aus einem Textfenster

Ausführbar machen `chmod +x prog` macht `prog` ausführbar

Programm beenden: `STRG+C`

oder `ps` Prozess-Nummer (PID) ermitteln

und `kill -9` *`PID`* Prozess über PID beenden

Dateimanager `mc` Midnight-Commander, Dateimanager Textmodus

DOS-Disketten:

`mcopy` *`quelle ziel`*	Datei auf eine DOS-Diskette kopieren
`mcopy *.c a:`	speichert alle C-Dateien auf Diskette
`mcopy a: *`	kopiert alle Dateien von Diskette
`mdir a:`	zeigt den Inhalt der Diskette an

Grafikoberfläche:

`startx` startet die Grafikoberfläche aus dem Textmodus

Wechsel in Administrator-Modus: `su` „Superuser", root

Beenden:

`Strg+Alt+Backspace`	beendet die Grafikoberfläche
`Strg+Alt+Entf`	beendet LINUX
`shutdown -h now`	beendet LINUX und verhindert Neustart

A.3 HTML Kurzreferenz

Hinweis: HTML unterscheidet nicht zwischen Groß- und Kleinschreibung. Die hier angegebenen Marken können daher auch klein geschrieben werden.

Struktur

<HTML> Datei enthält HTML-Code </HTML>

<HEAD> Erster Teil eines HTML-Dokuments

<TITLE> Titel der Web-Seite

<BODY> Zweiter Teil des HTML-Dokuments (Inhalt)

mit Attributen BACKGROUND, BGCOLOR, TEXT, LINK

Überschriften

<H1> Überschriften (headings) in 6 Ebenen: <H1> bis <H6>

<P> Abschnitt (Paragraph) mit Zeilenumbruch

<P ALIGN=CENTER> mit den Werten CENTER, RIGHT, LEFT

Listen

<UL> Liste ohne Nummerierung (unnumbered lists)

<LI> Element innerhalb einer Liste (list item)

<OL> Nummerierte Liste (ordered list)

<DL> Definitions-Liste (definition list)

<DT> Definition einer Definitions-Liste (definition term)

<DD> Daten einer Definitionsliste (definition description)

Formatierter Text

<PRE> Formatierter Text in nichtproportionaler Schrift (preformatted)

Zitate

<BLOCKQUOTE> Zitat-Block

Zeilenumbruch

 Zeilenumbruch ohne Absatzabstand (forced line break)

Horizontale Linie

<HR> (horizontal rules) auch: <HR SIZE=4 WIDTH="50%">

Logische Textstile

<DFN> Stil für Definitionen (definition)

<EM> Stil für Hervorhebung (emphasis)

<CITE> Stil für Zitate (citation)

<CODE> Stil für Quellcode (computer code)

<KBD> Stil für Tastatureingabe (user keyboard entry)

<SAMP> Stil für Einzelbuchstaben (sequence of literal characters)

<STRONG> Stil für starke Hervorhebung (strong emphasis).

<VAR> Stil für Variablen (variable)

Konkrete Textstile

<B> Fettdruck (bold text)

<I> Kursivschrift (italic text)

<TT> Schreibmaschinenschrift, nicht proportional (typewriter text)

Sonderzeichen

"	"	quotation mark
<	<	less than
>	>	greater than
&	&	ampersand
ä	ä	a umlaut (klein)
Ä	Ä	A umlaut (klein)
ü	ü	u umlaut (klein)
Ü	Ü	U umlaut (klein)
ö	ö	o umlaut (klein)
Ö	Ö	O umlaut (groß)
		space
ñ	ñ	n tilde

Hyperlink

<A HREF="url"> text </A> Hyperlink (anchor)

Tabellen

<TABLE> Beginn einer Tabelle

mit Attribut BORDER (Rahmenstärke)

<CAPTION> Überschrift der Tabelle.

<TR> Beginn einer Tabellenzeile (table row)

<TH> Beginn einer Tabellen-Kopfzeile (table header cell)

<TD> Beginn einer Tabellen-Datenzelle (table data cell)

mit Attributen: ALIGN (LEFT, CENTER, RIGHT),
VALIGN (TOP, MIDDLE, BOTTOM),
COLSPAN, ROWSPAN, NOWRAP

Grafiken

<IMG SRC=Bilddatei> mit Attributen HEIGHT, WIDTH, ALT, ALIGN

Formulare

<FORM ACTION="url" METHOD=opt>

mit den Optionen opt = POST oder GET

<INPUT Type=typ>

mit den Typen typ = TEXT, PASSWORD, CHECKBOX, RADIO,
SUBMIT, RESET, FILE, HIDDEN, IMAGE

und den Attributen NAME, VALUE, CHECKED, SIZE,
TEXTAREA, MAXLENGTH

<SELECT> und <OPTION>

mit den Attributen NAME, SIZE, MULTIPLE, SELECTED

<TEXTAREA>

mit Attributen NAME, ROWS, COLS, WRAP

A.4 C-Funktionsreferenz

Die C-Funktionsreferenz enthält ausgewählte Funktionen für die Socket-Programmierung, die größtenteils im vorliegenden Buch benötigt wurden. Weitere Funktionen finden Sie in der folgenden Übersicht.

accept()	Server-Funktion: nimmt eine Verbindung an
bind()	Server-Funktion: IP-Adresse und Port-Nummer festlegen
close()	Schließt einen Socket
connect()	Client-Funktion: baut eine Verbindung auf
getaddrinfo()	Symbolischen Namen zu IP-Adresse wandeln (IPv4 u IPv6)
gethostbyaddr()	veraltet! Symbolischen Namen zur IP-Adresse ermitteln
gethostbyname()	veraltet! IP-Adresse zum symbolischen Namen ermitteln
gethostid()	IP-Adresse des eigenen Rechners ermitteln
gethostname()	Symbolischen Namen des eigenen Rechners ermitteln
getsockopt()	Konfiguration (options) eines Sockets ermitteln
htonl()	32-Bit-Zahl von Host-Format zum Network-Format wandeln
htons()	16-Bit-Zahl von Host-Format zum Network-Format wandeln
inet_addr()	veraltet ! IP-Adresse (Text) in 32-Bit-Zahl wandeln
inet_aton()	veraltet! IP-Adresse (Text) in 32-Bit (Network) wandeln
inet_ntoa()	veraltet! IP-Adresse von 32-Bit-Zahl in Text wandeln
inet_ntop()	IP-Adresse von Binärzahl in Text wandeln (IPv4 u IPv6)
inet_pton()	IP-Adresse von Text in Binärzahl wandeln (IPv4 u IPv6)
listen()	Server-Funktion: aktiviert den Server
ntohl()	32-Bit-Zahl von Network-Format zum Host-Format wandeln
ntohs()	16-Bit-Zahl von Network-Format zum Host-Format wandeln
read()	Daten aus dem Socket lesen
recv()	Daten über TCP-Verbindung empfangen
recvfrom()	Daten über UDP verbindungslos empfangen
recvmsg()	Daten mit IP-Paketkopf aus dem Socket lesen
send()	Daten über TCP-Verbindung senden
sendfile()	Datei in den Socket schreiben
sendmsg()	Daten mit IP-Paketkopf in den Socket schreiben
sendto()	Daten über UDP verbindungslos versenden
select()	Prüfung des Status bei Verwendung mehrerer Sockets
Setsockopt()	Konfiguration (options) eines Sockets verändern
sethostid()	IP-Adresse konfigurieren (nur mit Administratorrechten)
shutdown()	Verbindung beenden ohne den Socket zu schließen
socket()	Einen Socket erzeugen
write()	Daten in den Socket schreiben

A.4.1 accept()

Diese Funktion wird von Server-Programmen verwendet, um eingehende Verbindungswünsche anzunehmen. Die Funktion wird nur von Servern benötigt, die mit dem TCP-Protokoll arbeiten (Socket Typ SOCK_STREAM). Vor dem Aufruf von accept() muss zunächst ein Socket erzeugt (Funktion socket()), initialisiert (Funktion bind()) und aktiviert (Funktion listen()) worden sein. Die Funktion nimmt die nächste Verbindung an, die in der Warteschlange eingetragen ist, und erzeugt einen neuen Socket für diese Verbindung. Es wird dann eine Socket-Nummer als Rückgabewert zur Verfügung gestellt. Liegt kein Verbindungswunsch vor, dann wartet die Funktion auf ankommende Verbindungswünsche und blockiert so lange das Server-Programm.

Include-Datei:

```
#include <sys/socket.h>
```

Verwendung:

```
neuer_socket = accept(server_socket, &client_info, &laenge);
```

Übergabeparameter:

Name	Typ	Bedeutung
server_socket	int	Socket Nummer des aktiven Server-Sockets, der zur Verbindungsannahme bereit steht.
client_info	struct sockaddr *	Zeiger auf eine Datenstruktur, in die die Funktion die IP-Adresse und das Port des Kommunikationspartners (Clients) einträgt.
laenge	int *	Zeiger auf eine Integer-Variable, in der die Funktion die Anzahl der Bytes der client_info Datenstruktur speichert.

Rückgabewert:

Name	Typ	Bedeutung
neuer_socket	int	Socket-Nummer des neu erstellten Sockets. Im Fehlerfall wird –1 zurückgegeben und die globale Fehlervariable errno mit einem Fehlercode geladen.

A.4.2 bind()

Diese Funktion wird von Server-Programmen verwendet, um einem Socket eine IP-Adresse und eine Port-Nummer zuzuweisen. Dies ist nur dann nötig, wenn der Server einen bestimmten Port benutzen soll. Ohne diese Funktion wird dem Socket vom Betriebssystem automatisch eine Port-Nummer zugewiesen.

Include-Datei:

```
#include <sys/socket.h>
```

Verwendung:

```
ergebnis = bind(server_socket, &server_info, laenge);
```

Übergabeparameter:

Name	Typ	Bedeutung
server_socket	int	Socket Nummer des aktiven Server-Sockets, dem eine IP-Adresse und Port-Nummer zugewiesen werden soll.
server_info	struct sockaddr *	Zeiger auf eine Datenstruktur, in der die IP-Adresse und das Port des Servers zuvor eingetragen worden ist.
laenge	int	Integer-Variable, in der die Funktion die Anzahl der Bytes der server_info Datenstruktur speichert.

Rückgabewert:

Name	Typ	Bedeutung
ergebnis	int	Bei Erfolg wird eine 0 zurückgegeben. Ein Fehler wird durch –1 gemeldet, und die globale Fehlervariable errno wird mit einem Fehlercode geladen.

Mögliche Fehler sind z.B. eine ungültige Socket-Nummer, eine ungültige IP-Adresse, ein bereits von einem anderen Server belegtes Port, fehlende Rechte usw.

A.4.3 close()

Diese Funktion schließt einen geöffneten Socket. Damit können die vom Socket belegten Systemressourcen freigegeben werden. Die in einem Socket eventuell noch ungelesenen Daten gehen verloren.

Da mehrere Prozesse einen Socket gemeinsam benutzen können, überwacht Linux anhand eines Zählers, wie viele Prozesse den Socket nutzen. Erst wenn alle Prozesse die Funktion `close()` aufgerufen haben, wird der Socket tatsächlich entfernt.

Die Funktion `close()` kann auch auf Dateien angewendet werden, da diese vom Betriebssystem wie Sockets behandelt werden.

Fehlt dieser Funktionsaufruf, dann werden die noch geöffneten Sockets beim Beenden des Programms automatisch vom Betriebssystem geschlossen.

Include-Datei:

```
#include <unistd.h>
```

Verwendung:

```
ergebnis = close(socket_nummer);
```

Übergabeparameter:

Name	Typ	Bedeutung
`socket_nummer`	`int`	Socket-Nummer des Sockets, der geschlossen werden soll.

Rückgabewert:

Name	Typ	Bedeutung
`ergebnis`	`int`	Bei Erfolg wird eine 0 zurückgegeben. Ein Fehler wird durch –1 gemeldet, und die globale Fehlervariable `errno` wird mit einem Fehlercode geladen.

Ein möglicher Fehler ist eine ungültige Socket-Nummer, d.h. die Nummer eines nicht oder nicht mehr existierenden Sockets.

A.4.4 connect()

Diese Funktion wird von Client-Programmen verwendet, um eine Verbindung zu einem Server aufzubauen. Die Wirkung der Funktion ist abhängig vom verwendeten Transportprotokoll. Bei TCP (Socket Typ SOCK_STREAM) wird mit Hilfe eines Handshake-Verfahrens tatsächlich eine Verbindung zum Server aufgebaut und somit die Verfügbarkeit des Servers überprüft. Bei UDP (Socket Typ SOCK_DGRAM) wird nur die IP-Adresse und Port-Nummer des Kommunikationspartners gespeichert. Dies hat den Vorteil, dass danach die Funktionen send() und recv() ohne erneute Zielangabe verwendet werden können.

Include-Datei:

```
#include <sys/socket.h>
```

Verwendung:

```
ergebnis = connect(socket_nummer, &adress_info, laenge);
```

Übergabeparameter:

Name	Typ	Bedeutung
socket_nummer	int	Socket Nummer des aktiven Client-Sockets, über den die Verbindung aufgebaut werden soll.
adress_info	struct sockaddr *	Zeiger auf eine Datenstruktur, in der die IP-Adresse und die Port-Nummer des Kommunikationspartners (Servers) eingetragen worden ist.
laenge	int	Integer-Variable, in der die Anzahl der Bytes der adress_info Datenstruktur gespeichert ist.

Rückgabewert:

Name	Typ	Bedeutung
ergebnis	int	Bei Erfolg wird eine 0 zurückgegeben. Ein Fehler wird durch –1 gemeldet, und die globale Fehlervariable errno wird mit einem Fehlercode geladen.

Mögliche Fehler ergeben sich insbesondere bei TCP bei einem gescheiterten Versuch, eine Verbindung zum Server herzustellen.

A.4.5 fclose()

Diese Funktion schließt eine geöffnete Datei. Damit können die für den Dateizugriff belegten Systemressourcen (Pufferspeicher etc.) freigegeben werden. Die Datei kann erst danach von anderen Programmen geöffnet werden.

Fehlt dieser Funktionsaufruf, dann werden die noch geöffneten Dateien beim Beenden des Programms automatisch vom Betriebssystem geschlossen.

Include-Datei:

```
#include <stdio.h>
```

Verwendung:

```
ergebnis = fclose(dateizeiger);
```

Übergabeparameter:

Name	Typ	Bedeutung
dateizeiger	FILE *	Zeiger auf die Dateibeschreibung der Datei, die geschlossen werden soll.

Rückgabewert:

Name	Typ	Bedeutung
ergebnis	int	Bei Erfolg wird eine 0 zurückgegeben. Ein Fehler wird durch –1 gemeldet, und die globale Fehlervariable errno wird mit einem Fehlercode geladen.

Ein möglicher Fehler ist ein ungültiger Dateizeiger, d.h. ein Zeiger auf die Beschreibung einer nicht oder nicht mehr geöffneten Datei.

A.4.6 fgetc()

Diese Funktion liest ein Zeichen aus einer geöffneten Datei. Bei jedem Aufruf dieser Funktion wird das nächste, bisher noch nicht gelesene Zeichen im Integer-Format zurückgegeben. Die Leseposition wird in der Dateibeschreibung gespeichert.

Erreicht die Funktion das Ende der Datei, dann wird der vordefinierte Wert `EOF` (end of file = Dateiende) zurückgegeben. Das `EOF`-Zeichen ist nicht in der Datei gespeichert, sondern wird von `fgetc()` erzeugt. Weitere Aufrufe von `fgetc()` geben immer den Wert `EOF` zurück.

Das Dateiende sollte bei Binärdateien durch Aufruf der Funktion `feof()` abgefragt werden, da der Code des EOF-Zeichens in Binärdateien enthalten sein kann.

Include-Datei:

```
#include <stdio.h>
```

Verwendung:

```
zeichen = fgetc(dateizeiger);
```

Übergabeparameter:

Name	Typ	Bedeutung
`dateizeiger`	`FILE *`	Zeiger auf die Dateibeschreibung der Datei, aus der gelesen werden soll.

Rückgabewert:

Name	Typ	Bedeutung
`zeichen`	`int`	Es wird das aus der Datei gelesene Zeichen zurückgegeben. Am Ende der Datei wird der vordefinierte Wert `EOF` zurückgegeben.

A.4.7 fopen()

Diese Funktion öffnet eine Datei. Als Parameter werden der Name der Datei und die Betriebsart (der Modus) benötigt. Der Modus legt z.B. fest, ob in die Datei geschrieben oder aus der Datei gelesen werden soll.

Die Funktion liefert einen Zeiger auf eine Dateibeschreibung zurück. Die Dateibeschreibung ist eine vordefinierte Datenstruktur, in der das Betriebssystem den aktuellen Status des Dateizugriffes speichert.

Kann eine Datei nicht geöffnet werden, dann liefert die Funktion einen `NULL`-Zeiger zurück. Dieser `NULL`-Wert ist vordefiniert.

Zur Bestimmung der Betriebsart wird eine Zeichenkette übergeben, die aus maximal 3 der folgenden Buchstaben bestehen kann:

(1) `r` (read = lesen), `w` (write = schreiben) oder `a` (append = anhängen)
(2) `b` (binary = binär) oder `t` (text, dieser Buchstabe kann fehlen)
(3) + (Lesen oder Schreiben)

Beispiele: `rb` = read binary = binäre Datei zum Lesen öffnen
`wt` = write text = Text-Datei zum Schreiben öffnen

Include-Datei:

```
#include <stdio.h>
```

Verwendung:

```
dateizeiger = fopen(dateiname, modus);
```

Übergabeparameter:

Name	Typ	Bedeutung
`dateiname`	`const char *`	Zeiger auf eine Zeichenkette, die den Dateinamen enthält.
`modus`	`const char *`	Zeiger auf eine Zeichenkette, die den Modus festlegt.

Rückgabewert:

Name	Typ	Bedeutung
`dateizeiger`	`FILE *`	Zeiger auf die Dateibeschreibung.

A.4.8 fprintf()

Diese Funktion schreibt formatierten Text in eine Datei. Als Parameter werden der Dateizeiger, eine Format-Zeichenkette und ggf. eine Liste von Variablen benötigt (siehe auch `printf()`, `sprintf()`).

Die Funktion liefert das Ergebnis 0 zurück, wenn der Schreibvorgang erfolgreich durchgeführt werden konnte.

Die Formatzeichenkette kann Text, Steuerzeichen und Platzhalter für Variablen enthalten.

Steuerzeichen werden durch einen Schrägstrich-rückwärts (backslash) gekennzeichnet, z.B. `\n` für neue Zeile.

Platzhalter beginnen mit einem Prozentzeichen, und der folgende Buchstabe gibt das Ausgabeformat der zugehörigen Variablen an:

`%d` für eine Integerzahl (Dezimalzahl)
`%c` für ein Zeichen (character)

Es sind noch wesentlich mehr Platzhalter definiert. Weiterhin kann auch die Anzahl der ausgegebenen Stellen im Detail festgelegt werden.

Include-Datei:

```
#include <stdio.h>
```

Verwendung:

```
ergebnis = fprintf(dateizeiger, format, var1, var2, ...);
```

Übergabeparameter:

Name	Typ	Bedeutung
`dateizeiger`	`FILE *`	Zeiger auf die Dateibeschreibung.
`format`	`char *`	Zeiger auf eine Zeichenkette, die das Ausgabeformat festlegt.
`var1, var2, ...`	`alle`	Liste der auszugebenden Variablen

Rückgabewert:

Name	Typ	Bedeutung
`ergebnis`	`int`	Bei Erfolg wird eine 0 zurückgegeben. Ein Fehler wird durch –1 gemeldet

A.4.9 fstat()

Diese Funktion gibt Informationen über eine zuvor mit `open()` geöffnete Datei (Low-Level-Zugriff) zurück. Somit können z.B. die Dateigröße und die Zugriffsrechte ermittelt werden. Als Parameter eine Dateinummer und ein Zeiger auf eine Datenstruktur zur Aufnahme der Datei-Information benötigt.

Include-Datei:

```
#include <sys/stat.h>
```

Verwendung:

```
ergebnis = fstat(dateinummer, &dateiinfo);
```

Übergabeparameter:

Name	Typ	Bedeutung
dateinummer	int	Zahl zur Identifikation der Datei.
dateiinfo	struct stat *	Zeiger auf eine Struktur, in der die Informationen über die Datei abgespeichert werden können.

Rückgabewert:

Name	Typ	Bedeutung
ergebnis	int	Bei Erfolg wird eine 0 zurückgegeben. Ein Fehler wird durch –1 gemeldet, z.B. bei ungültigem Dateizeiger

A.4.10 htonl()

Diese Funktion wandelt 32-Bit-Integer-Zahlen (`long int`) vom Zahlenformat des Rechners (Host Byte Order) in das Zahlenformat des Netzwerks (Network Byte Order) um.

Diese Funktion kann bei IP-Adressen angewendet werden, die in 32-Bit-Integer-Variablen gespeichert sind.

Die Parameter sind als `unsigned` deklariert, da nur positive Zahlenwerte vorkommen und daher das Vorzeichen (Sign) nicht benötigt wird.

Include-Datei:

```
#include <netinet/in.h>
```

Verwendung:

```
netz_zahl = htonl(host_zahl);
```

Übergabeparameter:

Name	Typ	Bedeutung
host_zahl	unsigned long int	32-Bit-Integer-Zahl im Format des Rechners (Host Byte Order)

Rückgabewert:

Name	Typ	Bedeutung
netz_zahl	unsigned long int	32-Bit-Integer-Zahl im Format des Netzwerks (Network Byte Order)

Siehe auch `htons()` für 16-Bit-Integer-Zahlen und `ntohl()` für die Umwandlung vom Netzwerkformat in das Format des Rechners.

A.4.11 htons()

Diese Funktion wandelt 16-Bit-Integer-Zahlen (`short int`) vom Zahlenformat des Rechners (Host Byte Order) in das Zahlenformat des Netzwerks (Network Byte Order) um.

Diese Funktion kann bei Port-Nummern angewendet werden, die in 16-Bit-Integer-Variablen gespeichert sind.

Die Parameter sind als `unsigned` deklariert, da nur positive Zahlenwerte vorkommen und daher das Vorzeichen (Sign) nicht benötigt wird.

Include-Datei:

```
#include <netinet/in.h>
```

Verwendung:

```
netz_zahl = htons(host_zahl);
```

Übergabeparameter:

Name	Typ	Bedeutung
host_zahl	unsigned short int	16-Bit-Integer-Zahl im Format des Rechners (Host Byte Order)

Rückgabewert:

Name	Typ	Bedeutung
netz_zahl	unsigned short int	16-Bit-Integer-Zahl im Format des Netzwerks (Network Byte Order)

Siehe auch `htonl()` für 32-Bit-Integer-Zahlen und `ntohs()` für die Umwandlung vom Netzwerkformat in das Format des Rechners.

A.4.12 inet_addr() - veraltet

Diese Funktion wandelt eine IP-Adresse (IPv4) im Textformat (Dotted Decimal Format) in das Binärformat (32-Bit-Integer-Zahl) um. Die Binärzahl ist im Netzwerk Datenformat (Network Byte Order). Die Funktion wird benötigt, um die Adressinformation für einen neuen Socket zusammenzustellen.

Diese Funktion sollte nicht mehr verwendet werden, da der Rückgabewert im Fehlerfall nicht eindeutig ist. Der Fehlercode `-1` entspricht der gültigen IP-Adresse `255.255.255.255`. Er steht im Widerspruch zur Deklaration des Rückgabewertes als `unsigned`, da eine vorzeichenlose Variable per Definition keine negativen Zahlen enthält.

Es wird empfohlen, die Funktion `inet_pton()` zu verwenden, da diese eine verbesserte Fehlerbehandlung besitzt. Die Funktion `inet_addr()` ist nur aus Gründen der Rückwärtskompatibilität noch in den Bibliotheken enthalten.

Include-Datei:

```
#include <netinet/in.h>
```

Verwendung:

```
ip_binaer = inet_addr(ip_text);
```

Übergabeparameter:

Name	Typ	Bedeutung
`ip_text`	`const char *`	Zeiger auf eine Textkonstante, in der die IP-Adresse in Dezimalschreibweise abgelegt ist (Dotted Decimal Format). Beispiel: "`123.123.123.123`"

Rückgabewert:

Name	Typ	Bedeutung
`ip_binaer`	`unsigned long int`	32-Bit-Integer-Zahl im Format des Netzwerks (Network Byte Order). Für den Fehlerfall ist der Wert –1 vorgesehen, der aber nicht im Wertebereich des Rückgabewertes liegt.

Siehe auch `inet_aton()` für eine verbesserte Fehlerbehandlung. Für IPv6 wurde die Funktion `inet_pton()` eingeführt.

A.4.13 inet_aton() - veraltet

Diese Funktion wandelt eine IP-Adresse (IPv4) im Textformat (Dotted Decimal Format) in das Binärformat (32-Bit-Integer-Zahl) um. Die Binärzahl ist im Netzwerk Datenformat (Network Byte Order). Die Funktion wird benötigt, um die Adressinformation für einen neuen Socket zusammenzustellen.

Die Funktion wurde als Ersatz für die fehlerhafte Funktion `inet_addr()` eingeführt. Da die Funktion nur IPv4 kennt, gilt sie als veraltet.

Include-Datei:

```
#include <netinet/in.h>
```

Verwendung:

```
ergebnis = inet_aton(ip_text, &ip_binaer);
```

Übergabeparameter:

Name	Typ	Bedeutung
`ip_text`	`const char *`	Zeiger auf eine Textkonstante, in der die IP-Adresse in Dezimalschreibweise abgelegt ist (Dotted Decimal Format). Beispiel: "`123.123.123.123`"
`ip_binaer`	`struct in_addr *`	Zeiger auf eine Struktur vom Typ `in_addr`. Diese Struktur enthält eine 32-Bit-Integer-Variable. Somit kann man diese Funktion verwenden, um direkt das Feld `sin_addr` der Struktur `sockaddr_in` zu füllen.

Rückgabewert:

Name	Typ	Bedeutung
`ergebnis`	`int`	Bei Erfolg wird eine 0 zurückgegeben. Ein Fehler wird durch –1 gemeldet. Die globale Fehlervariable `errno` wird von dieser Funktion nicht beschrieben.

Ältere Programme verwenden noch die Funktion `inet_addr()`, bei der die Fehlerbehandlung nicht funktioniert. Für IPv6 wurde `inet_pton()` eingeführt.

A.4.14 inet_ntoa() - veraltet

Diese Funktion wandelt eine IP-Adresse im Binärformat (32-Bit-Integer-Zahl) in das Textformat (Dotted Decimal Format, IPv4) um. Die Binärzahl ist im Netzwerk Datenformat (Network Byte Order). Die Funktion wird benötigt, um die Adressinformation einer vom Server angenommenen Verbindung in lesbaren Text umzuwandeln.

Bei der Verwendung dieser Funktion ist zu beachten, dass sie einen Zeiger auf eine Textkonstante zurückliefert. Die Textkonstante ist mit statischem Speicher realisiert. Ein erneuter Aufruf der Funktion überschreibt das Ergebnis des letzten Aufrufs. Besser: `inet_ntop()` verwenden !

Include-Datei:

```
#include <netinet/in.h>
```

Verwendung:

```
ip_text = inet_ntoa(&ip_binaer);
```

Übergabeparameter:

Name	Typ	Bedeutung
ip_binaer	struct in_addr *	Zeiger vom Typ struct `in_addr`. Dieser Zeiger zeigt auf eine 32-Bit-Integer-Variable, in der die IP-Adresse im Binärformat (Network Byte Order) abgelegt ist.

Rückgabewert:

Name	Typ	Bedeutung
ip_text	const char *	Zeiger auf eine Textkonstante (statisches Textfeld), in der die IP-Adresse in Dezimalschreibweise abgelegt ist. Da alle Bitkombinationen erlaubt sind, ist kein Fehlerfall definiert, und die globale Fehlervariable `errno` wird nicht beschrieben.

Für IPv6 wurde die Funktion `inet_ntop()` eingeführt.

A.4.15 inet_ntop()

Diese Funktion wandelt eine IP-Adresse im Binärformat (network format) in das Textformat (presentation format) um. Die Funktion kann sowohl für IPv4 als auch IPv6 verwendet werden. Die Funktion wird benötigt, um die Adressinformation einer vom Server angenommenen Verbindung in lesbaren Text umzuwandeln.

Konstanten für die Auswahl der IP-Version:

AF_INET	Internet-Protokoll Version 4 (IPv4)
AF_INET6	Internet-Protokoll Version 6 (IPv6)

Include-Datei:

```
#include <arpa/inet.h>
```

Verwendung:

```
ergebnis = inet_ntop(ip_version,&ip_binaer,ip_text,laenge);
```

Übergabeparameter:

Name	Typ	Bedeutung
ip_version	int	Angabe der IP-Version (auch als Adressfamilie bezeichnet)
ip_binaer	const void *	Zeiger zeigt auf eine Variable, in der die IP-Adresse im Binärformat abgelegt ist.
ip_text	char *	Zeiger auf ein char-Array für die IP-Adresse im Textformat
laenge	socklen_t	Länge des IP-Adressen-Textes

Rückgabewert:

Name	Typ	Bedeutung
ergebnis	const char *	Zeiger ist NULL bei einem Fehler.

A.4.16 inet_pton()

Diese Funktion wandelt eine IP-Adresse im Textformat (presentation format) um in das Binärformat (network format) . Die Funktion kann sowohl für IPv4 als auch IPv6 verwendet werden. Die Funktion wird benötigt, um einer vom Nutzer/Programmierer im Textformat angegebene IP-Adresse, in das Binärformat umzuwandeln.

Konstanten für die Auswahl der IP-Version:

`AF_INET`	Internet-Protokoll Version 4 (IPv4)
`AF_INET6`	Internet-Protokoll Version 6 (IPv6)

Include-Datei:

```
#include <arpa/inet.h>
```

Verwendung:

```
ergebnis = inet_pton(ip_version,ip_text, &ip_binaer);
```

Übergabeparameter:

Name	Typ	Bedeutung
`ip_version`	`int`	Angabe der IP-Version (auch als Adressfamilie bezeichnet)
`ip_text`	`char *`	Adresse des Array, in dem IP-Adresse im Textformat bereitgestellt wurde
`ip_binaer`	`const void *`	Zeiger zeigt auf eine Variable, in der die IP-Adresse im Binärformat abgelegt werden soll.

Rückgabewert:

Name	Typ	Bedeutung
`ergebnis`	`int`	Bei ungültiger IP-Version wird eine –1 zurückgegeben und die globale Variable `errno` beschrieben.

A.4.17 listen()

Diese Funktion wird von Server-Programmen verwendet, um den Socket zu aktivieren. Der Socket wird damit zu einen „listening socket", der auf Verbindungsanfragen reagieren kann. Die Funktion wird nur von Servern benötigt, die mit dem TCP-Protokoll arbeiten (Socket Typ `SOCK_STREAM`). Vor dem Aufruf von `listen()` muss zunächst ein Socket erzeugt (Funktion `socket()`) und initialisiert (Funktion `bind()`) worden sein. Die Funktion legt zudem fest, wie viele ankommende Verbindungen in der Warteschlange der Protokollsoftware eingereiht werden sollen (backlog). Ist diese Warteschlange voll, dann werden Verbindungswünsche abgewiesen, ohne dass der Server davon erfährt.

Include-Datei:

```
#include <sys/socket.h>
```

Verwendung:

```
ergebnis = listen(server_socket, anzahl);
```

Übergabeparameter:

Name	Typ	Bedeutung
`server_socket`	`int`	Socket-Nummer des Server-Sockets, der zur Verbindungsannahme aktiviert werden soll.
`anzahl`	`int`	Anzahl der Verbindungen in der Warteschlange des Socket (backlog). Der Maximalwert dieses Parameters ist systemabhängig.

Rückgabewert:

Name	Typ	Bedeutung
`ergebnis`	`int`	Bei Erfolg wird eine 0 zurückgegeben. Ein Fehler wird durch –1 gemeldet, und die globale Fehlervariable `errno` enthält einen Fehlercode.

A.4.18 main()

Diese Funktion stellt das Hauptprogramm der Anwendung dar und muss in jeder Anwendung vorhanden sein. Die Übergabeparameter dienen zur Speicherung von Kommandozeilenparametern, die beim Start der Anwendung eingegeben werden können. Der Rückgabewert wird vom Betriebssystem ausgewertet.

Include-Datei:

`keine` (diese Funktion ist immer definiert)

Verwendung:

```
int main(anzahl_param, param_zeiger)
   {
      return(ergebnis);
   }
```

Übergabeparameter:

Name	Typ	Bedeutung
`anzahl_param`	`int`	Anzahl der eingegebenen Kommandozeilenparameter. Der Wert ist immer größer als 0, da der Name der Anwendung den ersten Parameter darstellt.
`param_zeiger`	`char *`	Zeiger auf ein Feld von Zeigern des Typs `char`. Die einzelnen Zeiger zeigen auf die Textfelder der einzelnen Kommandozeilenparameter.

Rückgabewert:

Name	Typ	Bedeutung
`ergebnis`	`int`	Bei Erfolg sollte eine 0 zurückgegeben werden. Ein Fehler sollte durch –1 gemeldet und die globale Fehlervariable `errno` mit einem systemspezifischen Fehlercode beschrieben werden.

Anstelle der Übergabeparameter kann auch das Kennwort `void` eingegeben werden, um dem Compiler mitzuteilen, dass die Kommandozeilenparameter nicht ausgewertet werden.

A.4.19 ntohl()

Diese Funktion wandelt 32-Bit-Integer-Zahlen (`long int`) vom Zahlenformat des Netzwerks (Network Byte Order) in das Zahlenformat des Rechners (Host Byte Order) um.

Diese Funktion kann bei IP-Adressen angewendet werden, die in 32-Bit-Integer-Variablen gespeichert sind.

Die Parameter sind als `unsigned` deklariert, da nur positive Zahlenwerte vorkommen und daher das Vorzeichen (Sign) nicht benötigt wird.

Include-Datei:

```
#include <netinet/in.h>
```

Verwendung:

```
host_zahl = ntohl(netz_zahl);
```

Übergabeparameter:

Name	Typ	Bedeutung
netz_zahl	unsigned long int	32-Bit-Integer-Zahl im Format des Netzwerks (Network Byte Order)

Rückgabewert:

Name	Typ	Bedeutung
host_zahl	unsigned long int	32-Bit-Integer-Zahl im Format des Rechners (Host Byte Order)

Siehe auch `ntohs()` für 16-Bit-Integer-Zahlen und `htonl()` für die Umwandlung vom Format des Rechners in das Netzwerkformat.

A.4.20 ntohs()

Diese Funktion wandelt 16-Bit-Integer-Zahlen (`short int`) vom Zahlenformat des Netzwerks (Network Byte Order) in das Zahlenformat des Rechners (Host Byte Order) um.

Diese Funktion kann bei Port-Nummern angewendet werden, die in 16-Bit-Integer-Variablen gespeichert sind.

Die Parameter sind als `unsigned` deklariert, da nur positive Zahlenwerte vorkommen und daher das Vorzeichen (Sign) nicht benötigt wird.

Include-Datei:

```
#include <netinet/in.h>
```

Verwendung:

```
host_zahl = ntohs(netz_zahl);
```

Übergabeparameter:

Name	Typ	Bedeutung
`netz_zahl`	`unsigned short int`	16-Bit-Integer-Zahl im Format des Netzwerks (Network Byte Order)

Rückgabewert:

Name	Typ	Bedeutung
`host_zahl`	`unsigned short int`	16-Bit-Integer-Zahl im Format des Rechners (Host Byte Order)

Siehe auch `ntohl()` für 32-Bit-Integer-Zahlen und `htons()` für die Umwandlung vom Format des Rechners in das Netzwerkformat.

A.4.21 open()

Diese Funktion öffnet eine Datei für einen „low-level"-Dateizugriff („ohne Komfort"). Als Parameter werden der Name der Datei und eine Zahl, die angibt, wie die Datei geöffnet werden soll, benötigt. Die Zahl legt z.B. fest, ob in die Datei geschrieben oder aus der Datei gelesen werden soll.

Die Funktion liefert eine eindeutige Dateinummer (oft als Dateideskriptor bezeichnet) zurück. Im Gegensatz zu fopen() wird keine Dateibeschreibungsstruktur angelegt. Der Dateideskriptor wird von verschiedenen Dateifunktionen, wie z.B. `read()`, `write()` und `fstat()` benötigt.

Kann eine Datei nicht geöffnet werden, dann liefert die Funktion den Wert –1 zurück. Die Aktion beim Öffnen der Datei wird über vordefinierte Konstanten ausgewählt, die auch bitweise verknüpft werden können („Flags"):

Beispiele: `O_RDONLY` = read only =Datei zum Lesen öffnen
`O_WRONLY` = write only = Datei zum Schreiben öffnen
`O_RDWR` = read and write = Lesen und Schreiben

Include-Datei:

```
#include <fcntl.h>
```

Verwendung:

```
ergebnis = fopen(dateiname, aktion);
```

Übergabeparameter:

Name	Typ	Bedeutung
dateiname	const char *	Zeiger auf eine Zeichenkette, die den Dateinamen enthält.
aktion	int	Eine Zahl, die festlegt, wie die Datei zu öffnen ist.

Rückgabewert:

Name	Typ	Bedeutung
ergebnis	int	Dateideskriptor.

Weitere Infos finden Sie in den Manual-Seiten von Linux: `man 2 open`

A.4.22 printf()

Diese Funktion schreibt formatierten Text auf den Bildschirm (bzw. Standardausgabe `stdout`). Als Parameter werden eine Format-Zeichenkette und ggf. eine Liste von Variablen benötigt (siehe auch `sprintf()`, `fprintf()`).

Die Funktion liefert das Ergebnis 0 zurück, wenn der Schreibvorgang erfolgreich durchgeführt werden konnte.

Die Formatzeichenkette kann Text, Steuerzeichen und Platzhalter für Variablen enthalten.

Steuerzeichen werden durch einen Schrägstrich-rückwärts (backslash) gekennzeichnet, z.B. `\n` für neue Zeile.

Platzhalter beginnen mit einem Prozentzeichen, und der folgende Buchstabe gibt das Ausgabeformat der zugehörigen Variablen an:

`%d` für eine Integerzahl (Dezimalzahl)
`%f` für eine Gleitkommazahl (floating point)
`%c` für ein Zeichen (character)

Es sind noch wesentlich mehr Platzhalter definiert. Weiterhin kann auch die Anzahl der ausgegebenen Stellen im Detail festgelegt werden.

Include-Datei:

```
#include <stdio.h>
```

Verwendung:

```
ergebnis = printf(format, var1, var2, ...);
```

Übergabeparameter:

Name	Typ	Bedeutung
`format`	`char *`	Zeiger auf eine Zeichenkette, die das Ausgabeformat festlegt.
`var1, var2, ...`	`alle`	Liste der auszugebenden Variablen

Rückgabewert:

Name	Typ	Bedeutung
`ergebnis`	`int`	Bei Erfolg wird eine 0 zurückgegeben. Ein Fehler wird durch –1 gemeldet

A.4.23 read()

Mit dieser Funktion können Client- und Serverprogramme Daten aus einem Socket lesen. Diese Funktion ist bei normalen TCP-Verbindungen sinnvoll, die keine besondere Steuerungsoptionen benötigen.

Als Parameter werden eine Socket-Nummer, ein Zeiger auf einen Datenpuffer und eine Angabe über die Größe des Datenpuffers benötigt (siehe auch `recv()`, `recvfrom()`, `recvmsg()`).

Die Funktion liefert die Anzahl der gelesenen Bytes zurück. Eine negative Zahl signalisiert einen Fehler.

Include-Datei:

```
#include <sys/socket.h>
```

Verwendung:

```
ergebnis = read(socket, puffer, anzahl);
```

Übergabeparameter:

Name	Typ	Bedeutung
`socket`	`int`	Nummer des Sockets, aus dem gelesen werden soll.
`puffer`	`char *`	Zeiger auf den Datenpuffer
`anzahl`	`int`	Anzahl der maximal erlaubten Datenbytes. Dies entspricht in der Regel der Größe des Datenpuffers.

Rückgabewert:

Name	Typ	Bedeutung
`ergebnis`	`int`	Bei Erfolg wird die Anzahl der gelesenen Bytes zurückgegeben. Ein Fehler wird durch –1 gemeldet. Dann wird auch die globale Fehlervariable `errno` gesetzt.

A.4.24 recv()

Mit dieser Funktion können Client- und Serverprogramme Daten aus einem Socket lesen. Diese Funktion ist nur bei TCP-Verbindungen sinnvoll, die besondere Steuerungsoptionen benötigen.

Als Parameter werden eine Socket-Nummer, ein Zeiger auf einen Datenpuffer, eine Angabe über die Größe des Datenpuffers und eine Optionsvariable benötigt (siehe auch `read()`, `recvfrom()`, `recvmsg()`).

Die Funktion liefert die Anzahl der gelesenen Bytes zurück. Eine negative Zahl signalisiert einen Fehler.

Include-Datei:

```
#include <sys/socket.h>
```

Verwendung:

```
ergebnis = recv(socket, puffer, anzahl, optionen);
```

Übergabeparameter:

Name	Typ	Bedeutung
socket	int	Nummer des Sockets, aus dem gelesen werden soll.
puffer	char *	Zeiger auf den Datenpuffer
anzahl	int	Anzahl der maximal erlaubten Datenbytes. Dies entspricht in der Regel der Größe des Datenpuffers.
optionen	int	Binär codierte Angabe der gewünschten Empfangsoptionen

Rückgabewert:

Name	Typ	Bedeutung
ergebnis	int	Bei Erfolg wird die Anzahl der gelesenen Bytes zurückgegeben. Ein Fehler wird durch –1 gemeldet. Dann wird auch die globale Fehlervariable errno gesetzt.

A.4.25 recvfrom()

Mit dieser Funktion können Client- und Serverprogramme Daten aus einem Socket lesen. Diese Funktion ist bei UDP-Verbindungen sinnvoll und erlaubt die Auswahl besonderer Steuerungsoptionen.

Als Parameter werden eine Socket-Nummer, ein Zeiger auf einen Datenpuffer, die Größe des Datenpuffers, eine Optionsvariable, eine Datenstruktur für die Senderadresse und eine Variable für die Länge der Senderadresse benötigt (siehe auch read(), recv(), recvmsg()).

Die Funktion liefert die Anzahl der gelesenen Bytes zurück. Eine negative Zahl signalisiert einen Fehler.

Include-Datei:

```
#include <sys/socket.h>
```

Verwendung:

```
erg = recvfrom(socket, puffer, anzahl, opt, adresse, laenge);
```

Übergabeparameter:

Name	Typ	Bedeutung
socket	int	Nummer des Sockets
puffer	char *	Zeiger auf den Datenpuffer
anzahl	int	Anzahl der maximal erlaubten Bytes..
opt	int	Angabe der Empfangsoptionen
adresse	sockaddr *	Zeiger auf eine Struktur, in die die Adresse des Senders geschrieben wird
laenge	int *	Zeiger auf eine Int-Variable, in die die Länge der Adresse geschrieben wird.

Rückgabewert:

Name	Typ	Bedeutung
erg	int	Es wird die Anzahl der gelesenen Bytes zurückgegeben. Ein Fehler wird durch –1 gemeldet. Die globale Fehlervariable errno wird gesetzt.

A.4.26 recvmsg()

Mit dieser Funktion können Client- und Serverprogramme Daten aus einem Socket lesen, wobei auch die Daten des Paketkopfes mitgeliefert werden.

Als Parameter werden eine Socket-Nummer, ein Zeiger auf eine Datenstruktur, und eine Optionsvariable benötigt (siehe auch `read()`, `recv()`, `recvfrom()`).

Die Funktion liefert die Anzahl der gelesenen Bytes zurück. Eine negative Zahl signalisiert einen Fehler.

Include-Datei:

```
#include <sys/socket.h>
```

Verwendung:

```
ergebnis = recvmsg(socket, datenstruktur, optionen);
```

Übergabeparameter:

Name	Typ	Bedeutung
`socket`	`int`	Nummer des Sockets
`datenstruktur`	`struct msghdr *`	Zeiger auf eine Datenstruktur in einem vordefinierten Format. In dieser Struktur werden die empfangenen Daten gespeichert.
`optionen`	`int`	Angabe der Empfangsoptionen

Rückgabewert:

Name	Typ	Bedeutung
`ergebnis`	`int`	Es wird die Anzahl der gelesenen Bytes zurückgegeben. Ein Fehler wird durch –1 gemeldet. Die globale Fehlervariable `errno` wird gesetzt.

A.4.27 send()

Mit dieser Funktion können Client- und Serverprogramme Daten senden. Die Daten werden transparent gesendet, d.h. Steuerzeichen im Datenblock werden ebenfalls übertragen. Diese Funktion ist für TCP-Verbindungen geeignet.

Als Parameter werden eine Socket-Nummer, ein Zeiger auf einen Datenblock, die Länge des Datenblocks und eine Optionsvariable benötigt (siehe auch `sendto()`, `sendmsg()`, `sendfile()` und `write()`).

Die Funktion liefert die Anzahl der gesendeten Bytes zurück. Eine negative Zahl signalisiert einen Fehler.

Include-Datei:

```
#include <sys/socket.h>
```

Verwendung:

```
ergebnis = send(socket, daten, laenge, optionen);
```

Übergabeparameter:

Name	Typ	Bedeutung
`socket`	`int`	Nummer des Sockets
`daten`	`char *`	Zeiger auf einen Datenblock (Puffer). Dort sind die zu sendenden Daten gespeichert. (Meist ein Char-Array, es sind aber auch andere Zeiger erlaubt.)
`laenge`	`int`	Länge des Datenblocks
`optionen`	`int`	Angabe der Sendeoptionen, wird meist auf 0 gesetzt.

Rückgabewert:

Name	Typ	Bedeutung
`ergebnis`	`int`	Es wird die Anzahl der gesendeten Bytes zurückgegeben. Ein Fehler wird durch –1 gemeldet. Die globale Fehlervariable `errno` wird gesetzt.

A.4.28 sendfile()

Mit dieser Funktion können Client- und Serverprogramme Daten ganzer Dateien senden.

Als Parameter werden eine Socket Nummer, eine Datei Nummer, ein Zeiger auf eine Offset-Variable und die Anzahl der zu sendenden Bytes benötigt (siehe auch `send()`, `sendmsg()`, `sendto()` und `write()`).

Die Funktion liefert die Anzahl der gesendeten Bytes zurück. Eine negative Zahl signalisiert einen Fehler.

Include-Datei:

```
#include <sys/sendfile.h>
```

Verwendung:

```
ergebnis = sendfile(socket, datei, offset, anzahl);
```

Übergabeparameter:

Name	Typ	Bedeutung
`socket`	`int`	Nummer des Sockets
`datei`	`int`	Nummer der Datei
`offset`	`off_t *`	Zeiger auf eine Variable, die den Offset vom Anfang der Datei erhält. Diese Variable wird aktualisiert und zeigt nach dem Senden auf das nächste, noch nicht gesendete Byte der Datei.
`anzahl`	`int`	Anzahl der zu sendenden Bytes

Rückgabewert:

Name	Typ	Bedeutung
`ergebnis`	`int`	Es wird die Anzahl der gesendeten Bytes zurückgegeben. Ein Fehler wird durch –1 gemeldet. Die globale Fehlervariable `errno` wird gesetzt.

Literaturhinweis: [www.Tranter] im Literaturverzeichnis.

A.4.29 sendmsg()

Mit dieser Funktion können Client- und Serverprogramme Daten senden. Diese Funktion erlaubt den Zugriff auf den Kopf des Datenpaketes und erfordert eine spezielle Datenstruktur für die Datenübergabe.

Als Parameter werden eine Socket-Nummer, ein Zeiger auf die Datenstruktur und eine Optionsvariable benötigt (siehe auch `sendto()`, `send()`, `sendfile()` und `write()`).

Die Funktion liefert die Anzahl der gesendeten Bytes zurück. Eine negative Zahl signalisiert einen Fehler.

Include-Datei:

```
#include <sys/socket.h>
```

Verwendung:

```
ergebnis = sendmsg(socket, datenstruktur, optionen);
```

Übergabeparameter:

Name	Typ	Bedeutung
socket	int	Nummer des Sockets
datenstruktur	struct msghdr *	Zeiger auf eine Datenstruktur von vordefiniertem Aufbau. Dort sind die zu sendenden Daten gespeichert.
optionen	int	Angabe der Sendeoptionen

Rückgabewert:

Name	Typ	Bedeutung
erg	int	Es wird die Anzahl der gesendeten Bytes zurückgegeben. Ein Fehler wird durch –1 gemeldet. Die globale Fehlervariable errno wird gesetzt.

A.4.30 sendto()

Mit dieser Funktion können Client- und Serverprogramme Daten senden. Diese Funktion ist insbesondere für UDP geeignet.

Als Parameter werden eine Socket-Nummer, ein Zeiger auf den Datenpuffer, die Länge des Datenpuffers, eine Optionsvariable, die Adresse des Zielrechners und die Länge der Adressdaten benötigt (siehe auch `send()`, `sendmsg()`, `sendfile()` und `write()`).

Die Funktion liefert die Anzahl der gesendeten Bytes zurück. Eine negative Zahl signalisiert einen Fehler.

Include-Datei:

```
#include <sys/socket.h>
```

Verwendung:

```
erg = sendto(socket, daten, laenge, opt, adresse, adrlaenge);
```

Übergabeparameter:

Name	Typ	Bedeutung
`socket`	`int`	Nummer des Sockets
`daten`	`char *`	Zeiger auf einen Datenblock (Puffer). Mit den zu sendenden Daten
`laenge`	`int`	Länge des Datenblocks
`optionen`	`int`	Angabe der Sendeoptionen
`adresse`	`struct sockaddr *`	Zeiger auf Adressen-Datenstruktur
`adrlaenge`	`int`	Länge der Adress-Datenstruktur

Rückgabewert:

Name	Typ	Bedeutung
`ergebnis`	`int`	Es wird die Anzahl der gesendeten Bytes zurückgegeben. Ein Fehler wird durch –1 gemeldet. Die globale Fehlervariable `errno` wird gesetzt.

A.4.31 socket()

Mit dieser Funktion können Client- und Serverprogramme einen Socket anlegen, der danach für den Datenaustausch genutzt werden kann. Die Erzeugung eines Sockets ist der erste Schritt beim Aufbau einer Kommunikationsverbindung. Im Socket werden Verbindungsinformationen und Daten gespeichert. Er dient als Schnittstelle zwischen Anwendung und Betriebssystem.

Als Parameter werden eine Bereichsangabe, eine Angabe des Verbindungstyps und evtl. eine Protokollnummer benötigt.

Die Funktion liefert eine eindeutige Socket-Nummer zurück. Eine negative Zahl ist der Hinweis auf ein Problem.

Include-Datei:

```
#include <sys/socket.h>
```

Verwendung:

```
nummer = socket(bereich, verbindungstyp, protokoll);
```

Übergabeparameter:

Name	Typ	Bedeutung
`bereich`	`int`	Einsatzbereich des Sockets, z.B.: Linux-Socket (AF_LINUX) oder Internet-Socket (AF_INET).
`verbindungstyp`	`int`	Typ der Verbindung, z.B. verbindungslos (SOCK_DGRAM) oder verbindungsorientiert (SOCK_STREAM).
`protokoll`	`int`	Angabe eines speziellen Protokolls. Falls hier 0 angegeben wird, wählt der Rechner ein geeignetes Protokoll aus.

Rückgabewert:

Name	Typ	Bedeutung
`nummer`	`int`	Es wird eine eindeutige Nummer zurückgegeben, anhand derer der Socket später identifiziert werden kann. Im Fehlerfall ist die Zahl –1.

A.4.32 sprintf()

Diese Funktion schreibt formatierten Text in eine Zeichenkette. Als Parameter werden ein Zeiger auf die Zeichenkette, eine Format-Zeichenkette und ggf. eine Liste von Variablen benötigt (siehe auch `printf()`, `fprintf()`).

Die Funktion liefert das Ergebnis 0 zurück, wenn der Schreibvorgang erfolgreich durchgeführt werden konnte.

Die Formatzeichenkette kann Text, Steuerzeichen und Platzhalter für Variablen enthalten. Steuerzeichen werden durch einen Schrägstrich-rückwärts (backslash) gekennzeichnet, z.B. `\n` für neue Zeile.

Platzhalter beginnen mit einem Prozentzeichen, und der folgende Buchstabe gibt das Ausgabeformat der zugehörigen Variablen an:

`%d` für eine Integerzahl (Dezimalzahl)
`%c` für ein Zeichen (character)

Es sind noch wesentlich mehr Platzhalter definiert. Weiterhin kann auch die Anzahl der ausgegebenen Stellen im Detail festgelegt werden.

Include-Datei:

```
#include <stdio.h>
```

Verwendung:

```
ergebnis = sprintf(textzeiger, format, var1, var2, ...);
```

Übergabeparameter:

Name	Typ	Bedeutung
`textzeiger`	`char *`	Zeiger auf die zu beschreibende Zeichenkette.
`format`	`char *`	Zeiger auf eine Zeichenkette, die das Ausgabeformat festlegt.
`var1, var2, ...`	`alle`	Liste der auszugebenden Variablen

Rückgabewert:

Name	Typ	Bedeutung
`ergebnis`	`int`	Bei Erfolg wird eine 0 zurückgegeben. Ein Fehler wird durch –1 gemeldet

A.4.33 strcat()

Diese Funktion hängt eine Zeichenkette an eine zweite Zeichenkette an (concatenate = anhängen). Als Parameter werden zwei Zeiger auf Zeichenketten benötigt. Das String-Ende-Zeichen der ersten Zeichenkette wird überschrieben.

Die Funktion liefert einen Zeiger auf die Zeichenkette zurück, an die die zweite Zeichenkette angefügt worden ist.

Include-Datei:

```
#include <string.h>
```

Verwendung:

```
ziel = strcat(ziel, quelle);
```

Übergabeparameter:

Name	Typ	Bedeutung
ziel	char *	Zeiger auf die Zeichenkette, die verlängert werden soll.
quelle	char *	Zeiger auf die Zeichenkette, die angehängt werden soll.

Rückgabewert:

Name	Typ	Bedeutung
ziel	char *	Zeiger auf die Zeichenkette, die verlängert werden soll.

Soll die Anzahl der anzuhängenden Zeichen beschränkt werden, kann die Funktion strncat() eingesetzt werden.

A.4.34 strncpy()

Diese Funktion kopiert eine Zeichenkette in eine zweite Zeichenkette, wobei die Anzahl der kopierten Zeichen begrenzt ist. Als Parameter werden zwei Zeiger auf Zeichenketten und die Anzahl der maximal zu kopierenden Zeichen benötigt.

Die Funktion liefert einen Zeiger auf die Zeichenkette zurück, in die die Zeichen hineinkopiert worden sind.

Include-Datei:

```
#include <string.h>
```

Verwendung:

```
ziel = strncpy(ziel, quelle, anzahl);
```

Übergabeparameter:

Name	Typ	Bedeutung
ziel	char *	Zeiger auf die zu beschreibende Zeichenkette.
quelle	char *	Zeiger auf die Zeichenkette, aus der die Zeichen kopiert werden.
anzahl	size_t	Eine Integer-Zahl, die angibt, wie viele Zeichen maximal kopiert werden sollen. Der Typ size_t ist in der Include-Datei string.h definiert.

Rückgabewert:

Name	Typ	Bedeutung
ziel	char *	Zeiger auf die beschriebene Zeichenkette. Dieser Zeiger entspricht dem ersten Übergabeparameter, der hier wieder zurückgegeben wird. Damit wird die Verschachtelung von Funktionsaufrufen vereinfacht.

A.4.35 strstr()

Diese Funktion sucht das erste Auftreten einer Zeichenkette in einer zweiten Zeichenkette. Als Parameter werden zwei Zeiger auf Zeichenketten benötigt.

Die Funktion liefert einen Zeiger auf den Anfang der gefundenen Zeichenkette zurück. Wird die Zeichenkette nicht gefunden, dann wird der `NULL`-Zeiger zurückgegeben. Dieser Zeigerwert ist vordefiniert.

Include-Datei:

```
#include <string.h>
```

Verwendung:

```
gefunden = strstr(durchsucht, gesucht);
```

Übergabeparameter:

Name	Typ	Bedeutung
`durchsucht`	`char *`	Zeiger auf die zu durchsuchende Zeichenkette.
`gesucht`	`char *`	Zeiger auf die gesuchte Zeichenkette.

Rückgabewert:

Name	Typ	Bedeutung
`gefunden`	`char *`	Zeiger auf die gefundene Zeichenkette. Dieser Zeiger zeigt in die durchsuchte Zeichenkette oder enthält den Wert `NULL`.

A.4.36 write()

Mit dieser Funktion können Client- und Serverprogramme Daten senden. Diese Funktion erlaubt im Gegensatz zu `send()` keine Sende-Optionen (z.B.: Out-of-Band, don't route, don't wait, no signal etc. [Walton, S.429]).

Als Parameter werden eine Socket Nummer, ein Zeiger auf den Datenpuffer, und die Länge des Datenpuffers benötigt. (siehe auch `send()`, `sendmsg()`, `sendfile()` und `sendto()`).

Die Funktion liefert die Anzahl der gesendeten Bytes zurück. Eine negative Zahl signalisiert einen Fehler.

Include-Datei:

```
#include <sys/socket.h>
```

Verwendung:

```
ergebnis = write(socket, daten, laenge);
```

Übergabeparameter:

Name	Typ	Bedeutung
socket	int	Nummer des Sockets
daten	char *	Zeiger auf einen Datenblock (Puffer). Mit den zu sendenden Daten
laenge	int	Länge des Datenblocks

Rückgabewert:

Name	Typ	Bedeutung
ergebnis	int	Es wird die Anzahl der gesendeten Bytes zurückgegeben. Ein Fehler wird durch –1 gemeldet. Die globale Fehlervariable `errno` wird gesetzt.

Sachwortverzeichnis

A

B

C

D

E

F

G

H

I

N

O

P

Q

R

T

U

V

W

X

VIEWEG+
TEUBNER